JN236364

Marketing Game

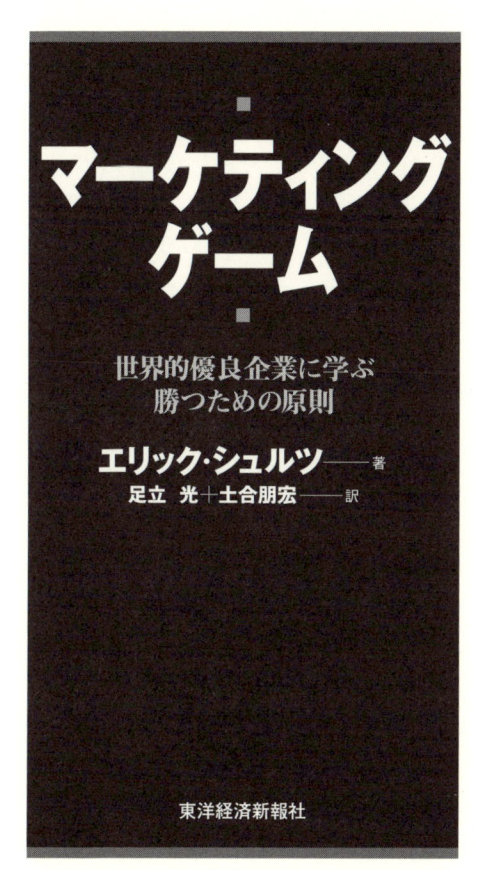

マーケティング
ゲーム

世界的優良企業に学ぶ
勝つための原則

エリック・シュルツ——著

足立 光＋土合朋宏——訳

東洋経済新報社

Original Title
THE MARKETING GAME
By Eric Schulz
Copyright © 2001 by Eric Schulz
Japanese translation rights arranged with
Adams Media Corporation
through Japan UNI Agency, Inc., Tokyo

訳者まえがき

　本書は、マーケティングにおいて世界的に有名な企業であるP&G社、コカ・コーラ社、ウォルト・ディズニー社などでマーケティングを実践してきた著者が、新しいマーケティングのスタンダードをわかりやすく描き出している好著である。彼は本書で、それらマーケティングの先進企業において実践されている原理・原則やテクニックを、極めて網羅的に、豊富な実例と共に、平易な文章で解説している。

　詳しい内容は本文に譲るが、本書の主な特徴は3つある。まず、本書で解説されている原則や考え方は、全て優れたマーケティングを行う世界的な企業で実践されている内容であるため、難しいマーケティング書のように理論を中心とするのではなく、わかりやすい実例が豊富に含まれていること。次に、「イベント・マーケティング」、「スポーツ・マーケティング」、「流通販促」、「ライセンシング」など、一般的なマーケティング書ではあまり見かけないが、実践上は極めて重要なマーケティングの要素が網羅的に解説されていること。そして最後に、「優れた広告とは何か？」だけではなく「優れた広告を作るために広告代理店とどのように付き合うか」という章や、マーケティングを効果的に実践して行くための組織運営についての章があるなど、マーケティングのスキルのみならず組織運営にまで踏み込んだ内容だということである。

　本書はその極めて実践的な内容から、企業におけるマーケティング・企画・広告・販促担当者はもちろん、消費財・食品などの企業を担当する広告代理店の営業やプランニングの担当者にとって、日々の仕事のハンドブックとして非常に参考になると信じている。また、実例が豊富に含まれているので、マーケティングや企業戦略を勉強する学生にとっても、理論と実践をつなぐケースとして最適であると考えている。

本書を翻訳することになった経緯を簡単にお話ししておきたい。足立が2001年の春〜夏にかけてシカゴに長期出張中、週末に何気なく立ち寄った書店で手にとったのが、1999年の末に出版されて以来ベストセラーとなっていた本書との出会いであった。足立は職業柄、日本で出版されたマーケティングに関わる本には大体目を通していたのだが、本書は全く見たことがなかったこと、また足立が以前在籍していたP&G社のマーケティング手法を解説していることが、興味を抱いたきっかけであった。

　内容に目を通してみると、確かにP&G社をはじめ、コカ・コーラ社やディズニー社などの事例が豊富で、読み物としても十分に面白いだけでなく、実務的にも非常に「使える」本であることが判明した。足立はマーケティングや販売を専門分野とする経営コンサルタントとして、一般的な日本企業のマーケティングの弱さを常々実感しており、またP&G社などの優れたマーケティングを行う企業のマーケティング手法は日本企業においても非常に有効であると理解していたため、本書との出会いには何か運命的なものを感じた。帰国後、一橋大学の竹内弘高ゼミの友人で、翻訳・出版経験があり、飲料業界の表現などに詳しい土合の協力を得、足立が仕事上の付き合いのあった東洋経済新報社で出版される運びとなった。

　第1章から第11章までを足立、第12章から第18章までを土合が下訳を行い、足立が全体を通して監訳作業を行った後、共同で最終修正を行った。実際に翻訳を始めてみると、外資系企業で長年マーケティングを担当していた足立と土合にとっては、使用されている英語も慣れ親しんだものであった。正直、「こんな内容を本にして、問題にならないのか？」と我々が心配するくらい、米国一流企業のマーケティングのエッセンスを本書が捉えているのが驚きであった。但し、米国では常識とされるようなブランドや有名人が多数登場すること、米国のことわざやコマーシャルなどをもじった冗談が多いこと、また著者の文体が軽妙で言葉遊びが多いことなどから、翻訳の表現には苦労した。翻訳に当たっては、著者エリック・シュルツ氏の軽妙な文体を保つように努力しつつも、ビジネス書としてあまり軽くなりすぎないこと、また、マーケティング用語や米国文化にあまり馴染みのない読者にも理解できるような表現を心がけた。ブ

ランドや人名などの固有名詞は、読者が興味をもたれた場合に探しやすいように、日本語と英語を併記した。翻訳や内容に関する御質問や御意見を、訳者まで御連絡をいただければ幸甚である。

　本書の出版にあたり、多くの方々にお世話になった。特に、出版に向けて有益な示唆とご尽力をいただいた東洋経済新報社出版局の大貫英範氏および遠藤康友氏、東洋経済新報社との橋渡しをして頂いた松木道代氏、下調べ等をお手伝いいただいた井内徹氏には、改めてお礼を申し上げたい。

　私事に渉るが、翻訳作業を行った2001年の10月から2002年の2月は、足立家には初めての子供である亜美が誕生（12月18日）した時期であり、また土合家は結婚後最初の1年の貴重な数カ月であった。妻である辛美鎭と土合明美は、ただでさえ多忙な我々が、このような重要な時期の週末を本書のために用いることの意義を理解し、心から励まし、支えてくれた。心から感謝したい。

　　2002年3月

　　　　　　　　　　　　　　　　　　　　　　　　　　足立　　光
　　　　　　　　　　　　　　　　　　　　　　　　　　土合　朋宏

本書の構成と読み方

　あなたは、競合企業は何か自分の知らないビジネスの秘訣を知っているのではないかと疑ったことがあるかもしれない。確かに今まではそういうこともあったかもしれないが、これからは違う。本書では、これまで語られることがなかった世界で最高のマーケティングを行っている企業が実践する、戦略やマーケティングにおける手法・考え方を明らかにする。

　成功している理由は、たまたま幸運に恵まれたからなどでは決してない。競合企業より深く消費者を理解し、またマーケティングをより賢く行っているからこそ、成功しているのである。本書をお読みいただければ、世界のトップ企業が競合から一歩抜け出すために実践している戦略的手法を、あなたのものにすることができる。本書では、あなたの事業をより効果的に展開するために、マーケティングの戦略や戦術をどのように実践すべきかを解説しており、あなたが競合に勝つための以下のような原則が数多く説明されている。

● 競争に勝つための原則 ●

世界のトップ企業が実践している戦略の原則は、企業の規模や製品の分野に関係なく有効である

また、ある特定の製品カテゴリーで効果的な戦略や消費者理解は、消費者の考え方や行動が似ている分野であれば、異なる製品カテゴリーに対しても適用が可能である

　例えば、消費者が朝起きた時に毎日使用するような製品であれば、全く何の共通点もない製品でない限り、消費者が朝使用する他の製品から学ぶことができるし、また消費者理解を共有することができる。

　有名な石鹸ブランド、「コースト」(Coast)の例を考えてみよう。「コースト」の広告メッセージは、「『コースト』石鹸を使って朝のシャワーを浴びれば、

弾ける泡立ちと爽やかな香りで、爽快で元気な気分になる」というものである。「コースト」のこの戦略は、街のコーヒーショップにも応用することができる。「コースト」の戦略の真似をした、「ジョーのコーヒーショップは、素晴らしいコーヒーの味と香りで、あなたが1日を爽快で元気な気分で始めることができるようにする」というコンセプトは、十分に効果的に見える。たぶん、「ジョーのコーヒーショップ」が実際にこのようなコンセプトを確立すれば、市場では特徴あるコーヒーショップとなるはずである。

さて、お気づきになったであろうか？ 今まさに、あなたは企業のマーケティングにおいて最もシンプルな原則を学習したのである。

> ● 競争に勝つための原則 ●
> 他の企業からビジネスのアイデアを盗むことは、「悪い」こと（タブー）などではなく、「賢い」ことであり、また既に毎日多くの企業が行っていることである！

最も成功している企業やブランドは、常に他のブランド・企業・製品がどのようなマーケティングを行っているのかを分析し、何が効果的で何が効果的でないのかを学習している。このような企業では、効果的と判断された要素を自社のアイデアの中に取り込み、ビジネスに応用している。素晴らしい戦略のなかで、全てが新しい「オリジナル」の戦略は少ない。多くの偉大なアイデアは、どこかで誰かが行ったアイデアを、より上手に異なるやり方で実践しているだけに過ぎない。本書では、街のレストランから多国籍企業まで、どのようなビジネスにも応用できるような素晴らしい考え方を網羅的に紹介している。

本書で紹介する考え方の多くは、**P&G社** (The Procter & Gamble Company)、**ウォルト・ディズニー社** (The Walt Disney Studios)、そして**コカ・コーラ社** (The Coca-Cola Company) というマーケティングのトップ企業で、私自身が過去10年以上にわたって働くなかで学んだことである。私は幸運にも、このような素晴らしい企業において多くの重要・大規模プロジェクトに携わって

きた。コカ・コーラ社では、マーケティングの歴史で最大の規模であり、そして最も高価な国際的統合マーケティング・キャンペーンでもある、1996年のアトランタ・オリンピックのマーケティングを担当した。ディズニー社では、単なる映画やテレビ番組のビデオ化ではなく、全くオリジナルな内容のビデオを発売するという、今ではホーム・ビデオ市場の大きな部分を占めるまでになった新コンセプト、「ダイレクト・トゥ・ビデオ（direct-to-video）」を開発した。P&G社では、「フォルジャーズ」（Folgers）コーヒー、「シトラス・ヒル」（Citrus Hill）オレンジ・ジュース、「ハワイアン・パンチ」（Hawaiian Punch）ジュース、そして「ダンカン・ハインツ」（Duncan Hines）ケーキ・ミックスなどのブランドを担当し、「フォルジャーズ・コーヒー・シングルズ」（Folgers Coffee Singles）の全国発売計画の策定や、現在では競合ブランドにまで採用された「シトラス・ヒル」の「注ぎ口」導入の提案を行った。また、その後「ダンカン・カップ」（Duncan Cups）として発売された電子レンジ・デザートを検討するために、メモリアル・デーの連休を家で100種類もの電子レンジ・ケーキを作って過ごしたこともある。

　このような有名ブランドでの仕事は大変面白くてやりがいがあったが、私は同時に「テキサン」（Texsun）ジュースや「スペシャル・オリンピック」（Special Olympics）などの小さくて無名のブランドにも携わった。私は両極端のブランドを担当する中で、優れたマーケティング戦略はビジネスの規模に関係なく適用できることを、身をもって経験した。優れた戦略は、もしきちんと実行されれば、「コカ・コーラ・クラシック」（Coca-Cola Classic）でも町の靴修理店でも、同じように効果的なのである。

　本書の各章では、マーケティングの成功と失敗の両方の例を解説するようにしている。これは、読者が現実や仮想の例を頭の中に思い描いていただければ、戦略を理解しやすいのではと考えたからである。実際の失敗例として取り上げた企業やブランドには大変申し訳ないが、本書で現実を認識していただければと思う。もしこのような企業やブランドで働いている方が本書を読む機会があれば、ぜひ本書の考え方を少しでも検討して、ビジネスを改善していただくことを切に願う。

本書は、第1部で**マーケティングの基礎**、続く第2部で**基本的製品戦略**、第3部で**消費者コミュニケーション**、そして最後の第4部で**販売促進・その他のマーケティング活動**について解説するという構成になっている。この構成には理由がある。あなたが家を建てる時のことを考えてみていただきたい。家を建てる時、最も簡単で楽しいのは、最終的に出来上がった家の姿を思い浮かべることである。しかし、レンガの石畳やジャグジー・バスなどを考える前に、まず家の基礎工事や、水道の配管や、電気の配線を決定しなくてはならない。このような基礎部分を作るために、あなたは念入りで綿密な計画を行うであろう。

マーケティングも同じである。プロモーションなどのマーケティング計画を策定する際は、体系的で、しかも消費者に魅力的になるようにしなくてはならない。思いつきでマーケティングを行っても、決して成功しない。とりあえずプロモーションを行い、その後はその場その場で考える、というわけにはいかないのである。まず最初に必要なのは、しっかりとした戦略的基礎の構築であり、詳細のマーケティング計画はその後で考えればよい。戦略的基礎に基づいて策定されたマーケティング計画には、あなたも自信を持つことができるはずである。もしあなたが本書の各章の順番に従って事業企画を考えていただければ、重要な要素を何も見逃すことなく、あなたのビジネスを伸ばすための強力な計画を策定することができるであろう。

本書では、できる限りマーケティングの専門用語や流行語を排して平易な言葉を使い、誰にでもわかりやすくなるように努力した。本書に登場する基本的な原則の中には、MBAでも教えているものもある。しかし本書には、ビジネススクールでは教わることのできない、実際のビジネスに基づく数多くの戦略的知見や示唆が含まれている。基本的な原則と共にこれらの知見や示唆を理解することで、マーケティングの効果が最大化されるのである。

忙しい日々の生活の中で、本書を手に取り、私の考えを読むために時間を使っていただいている読者の皆様に、心から感謝したい。各章は、忙しい読者のためにできるだけ簡潔にするように心がけた。但し、各章で挙げている例は全て、重要な戦略を説明し、またそれらの戦略の有効性を解説している。重要な

知見や示唆を見落とさないためにも、是非じっくりと腰を落ち着けて、本書をお読みいただきたい。

本文に入る前に、最後にもうひとつだけ付け加えたい。本書は、あなたのマーケティングに対する考え方を、永久に変えてしまうであろう。ぜひ、お楽しみいただきたい。

エリック・シュルツ

（注）
- 「ダンカン・ハインツ」（Duncan Hines）は1997年にMBW Investors LLCに売却され、現在は傘下のオーロラ社（Aurola Foods Inc.）に属している
- 「シトラス・ヒル」（Citrus Hill）は1992年に発売中止となっている
- 「ハワイアン・パンチ」（Hawaiian Punch）は1999年にキャドベリー・シュウェップス社（Cadbury Schweppes plc）に売却され、現在は傘下のドクターペッパー・セブンアップ社（Dr Pepper/Seven Up, Inc.）に属している

本書を読者にとってできるだけ実践的にするため、
本文中に3つのアイコンを設定した。設定した各アイコンは、次のとおり。

考えてみよう …ケース・スタディなど、マーケティングにおける考え方の練習問題を示している

やってみよう …読者がすぐに実践することができる、マーケティングのヒントを得るための行動を示している

ツール …世界のマーケティング先進企業で実践されている、マーケティングの手法を示している

謝　辞

　本書を執筆するに当たっては実に多くの方の御協力をいただいた。なかでも、私の親友であり、同僚であるリサ・クレメンツ（Lisa Clements）はまるで私の専属編集者のように、執筆が滞り気味の私を励まし、本書を良くするための様々なヒントやアイデアを提供してくれた。彼女は、必要な内容はきちんと網羅されているか、話の筋は通っているか、順序や流れは適切か、などを確認する私の「第2の目」として非常に貴重な存在であり、また彼女が「シュルツ語」と呼んだほど特殊な私の英語を、「普通」の英語に修正してくれた。この場を借りて最大の感謝の意を表したい。

　また、本書の出版を熱意を持って実現して下さった、アダムス・メディア・コーポレーション（Adams Media Corporation）と担当のジュリー・キャスティグリア（Julie Castiglia）にも、感謝の意を表したい。

　そして最後に、本書で私が書いている内容の多くを私に教えてくれた、何年も共に働いた同僚でもある、素晴らしいマーケティングの達人たちを忘れてはならない。特に、生涯で最高の師であるブリカム＆ヤング大学のピート・クラーク博士（Dr. Pete Clarke）、私の友人でもありメンターでもあるダグ・ホール（Doug Hall）、私をP&G社に採用し、最初の成功体験を与えてくれたマーク・アプソン（Mark Upson）、生涯で最高の上司であったセルゲイ・クハルスキー（Sergei Kuharsky）、私が生涯で出会った最高のマーケティングの達人ブレンダン・ハリス（Brendan Harris）、とてつもなく創造的なプロモーションの天才グラント・ハリソン（Grant Harrison）、そして私とのマーケティングの理論に関する討論に夜更けまで付き合っていただいた多くの友人や同僚に対して、感謝の意を表したい。本書の多くは、このような人々との夜遅くまでの討論によって触発され、形成された考え方である。

マーケティング・ゲーム ～世界的優良企業に学ぶ、勝つための原則～●目次

訳者まえがき ……………………………………………………………1
本書の構成と読み方 ……………………………………………………4
謝　辞 ……………………………………………………………………9

第1部　マーケティングの基礎

第1章　不可能を可能にする組織運営 …………………16

各部門における目標設定●19／ワーキング・ミッション・ステートメントの策定●22／行動計画の策定●24／行動計画が効果的な理由●27／行動計画と事業計画の違い●27

第2章　創造的なブレーン・ストーミング …………………33

「ブレーン・ドレイニング」●34／ブレーン・ストーミングを成功させるための準備●35／ブレーン・ストーミング実施の6つのポイント●37／ブレーン・ストーミングの真実●39／ブレーン・ストーミングでの効果的なエクササイズ●39／ブレーン・ストーミングは想像力が命●43

第3章　調査を超えた消費者理解 …………………………45

一般的な消費者調査の問題点●46／競合との「知的」な差別化●46／現場から消費者の洞察を得る手法●47／他分野のアイデアの活用●48／重要な洞察は正しい消費者理解から●49／学習するためには謙虚な態度が必要●50／思い込みの罠●54／消費者が言うことが、必ずしも本当に意味することではない●56

第4章　ブランドの要、戦略的コンセプトの開発　………60

戦略的コンセプト開発に必要な能力●61／戦略的コンセプトのＡＢＣ●62／差別化されたコンセプトの開発●65／ターゲット消費者の特定●67／消費者便益●68／心理的な消費者便益●69／消費者が納得できる「信じる理由」の設定●70／パッション・ポイント●71／なぜ「思い」が重要なのか●72／パッション・ポイントは自分の中に●75

第5章　成功する新製品開発　………80

新製品コンセプト開発の秘訣●81／新製品開発の落とし穴●86／優れた新製品開発の方法──アイデアを外部から買ってしまう●93／リスクとリターン●94

第2部　基本的製品戦略

第6章　正しい価格設定とは？　………98

マキアベリ式価格設定●99／価格に敏感な業界●100／価格に敏感でない業界●101／価格弾力性●102／販売部門とマーケティング部門のジレンマ●105／「最低価格」戦略●108／「安物」という心理●109／「お買い得（ベスト・バリュー）」と謳う効果●110／製品ライフサイクルに基づく価格設定●110／フェレンギ星人式「儲け第一主義」の価格設定●111

第7章　カテゴリーを独占する製品ミックス　………113

セグメント分析●114／使用機会の細分化●119／細分化が成功しない場合●121／「シンプル」の重要性●123／ファイター・ブランド●124／プレミアム・ブランド●126／中小企業にとっての製品ミックス●130

第8章　強力なパッケージ ……………………………………………132

広告・宣伝の限界●133／強力なパッケージ・コピーを前面で●133／独自性のあるパッケージ●135／パッケージ機能の改善による消費者満足度の向上●136／パッケージによってブランド・パーソナリティーを構築する●140／ブランドとして統一感のあるパッケージ●141／素早く読むことができるパッケージ●142／パッケージの工夫で売上拡大も可能●143／競合を考えないパッケージ開発●144／パッケージ開発を始める前に検討すべきこと●145／流行のデザインを採用すべきか？●146／パッケージ・ブリーフの作成●146／中小企業にとってのパッケージ開発●148

第9章　流通戦略の謎を解く ……………………………………………151

流通戦略●152／チャネル戦略●157／間違った流通戦略は、ブランドを崩壊させる●158／流通チャネルごとの製品戦略●159／店内露出の最大化●160／棚スペースの拡大●161／ブロッキング戦略●162／特別陳列●163

第3部　消費者コミュニケーション

第10章　優れた広告への第一歩 …………………………………………168

広告代理店は利益でのみ動く●169／広告代理店はあなたのパートナーではない●171／広告代理店は調査会社ではない●172／最高のクリエイティブ・チームでも成功は保証されない●172／「大きい広告代理店」は必ずしも「良い広告代理店」ではない●173／広告代理店にとっての「成功」とは？●174／広告代理店との上手な付き合い方●174

第11章　広告・宣伝の「6つの大罪」 …………………………………187

消費者の心の琴線に触れることの重要性●188／分析対象業界の拡大●189／広告・宣伝の「6つの大罪」●190／広告製作に「絶対の方程式」はない●198

第12章　戦略的広報活動 ……201

マスコミへの窓口はひとつだけ●202／広報部門に人員をさけない場合●204／戦略的広報活動の3つの種類●205／広報を装ったマーケティング●206／マーケティング広報で最も重要な要素●208／ハリウッド流広報●209／マイアミ大学での「フォルジャーズ」コーヒーの広報活動●212／戦略的広報活動を立案する2つのステップ●214／面白いアイデアがチャンスを生む●215

第4部　販売促進・その他のマーケティング活動

第13章　流通販促の秘密 ……220

ＭＢＡ卒の経理担当者による影響●221／ロビンソン＝パットマン法●222／ＭＤＦ●222／山積み、値引き、チラシ特売●223／店内販促活動●224／小売主導の販促活動●227／ロビンソン＝パットマン法を回避する方法●231

第14章　あなたの知らない消費者プロモーション ……240

戦略的な消費者プロモーションの開発●241／消費者プロモーションの4つの落とし穴●242／効果的な消費者プロモーションの要素●246／消費者プロモーションによるブランド・パーソナリティーの確立●248／他人のパーソナリティーを借りる●250／継続促進プロモーション●252／独占的な消費者プロモーション●253／詰めの一手が足りない消費者プロモーション●254／プロモーション企画会社の活用方法●260／大成功を夢見る●261

第15章　効果的なスポーツ協賛活動 ……263

ようこそ夢の国に●266／協賛すべきか、せざるべきか？●267／ブランドとの関連性と適合性●270／思っている以上に費用がかかる！●273／市場

での効果を考える●274／スポーツ協賛の大失敗事例●280／地元に根ざしたスポーツ協賛●281

第16章　価値を創造する戦略的提携 ……………………284

「理想追求型」提携によるマーケティング●285／独自の慈善活動組織の設立●291／小売店での店内プロモーション●293／ハリウッド・マーケティング●294／コンサート・ツアーへの協賛●298／テレビ番組への協賛●300／中小企業のための効果的な提携●301／今までにないアイデアを考える●302

第17章　一流企業が行うイベント活動の秘密 ……………304

企画立案以前の活動●304／組織体制●305／計画立案●306／企業広告の洪水の中で目立つ秘訣●311／小さな企業がイベントで成功する方法●312／独自イベントの開発●313／地元のテレビ・ラジオ局とのイベント活動●315／ブランドとの関連性が最も重要●316

第18章　ビジネスになるライセンシング ……………………318

ライセンシングのメリット●319／ライセンシングのプロセス●320／大手企業がライセンス供与を行う理由●321／「ミッキー・マウス」のライセンシング会社●323／正しいライセンスの活用方法●325／ライセンシングを賢く活用している製品カテゴリー●330／最適なライセンサーを発見する●331

エピローグ …………………………………………………335

第1部

マーケティングの基礎

第1章　不可能を可能にする**組織運営**
第2章　創造的な**ブレーン・ストーミング**
第3章　調査を超えた**消費者理解**
第4章　ブランドの要、**戦略的コンセプト**の開発
第5章　成功する**新製品開発**

Part1 Planning

第 1 章 不可能を可能にする組織運営

成功ビジョンを組織全体で共有する

　多くの企業で、企業全体のビジネス目標やCEOの考える成長ビジョンが、社員と全く共有されていない。毎日出社して、自分の席で自分の与えられた仕事を淡々とこなし、働いた分の給料をもらって自分の家に帰る、というだけの人の何と多いことか！　経営陣以外で、ビジネスの全体像はおろか、自分の仕事や作業が会社全体の目標にどのように貢献しているのかを理解している社員は、ほとんどいないのが実情ではないだろうか？

　どのような団体行動でも、どこに向かっているのかを誰も理解していなければ、どこにも到達することはできない。経営コンサルティング会社は90年代の半ばにこのことに気付き、株主や社員が企業の究極の目標・ゴールを理解できるように、「ミッション・ステートメント（企業の使命に関する声明書）」の策定を企業に提言し始めた。しかし、コンサルティングの結果としてでき上がったのは、たいてい冗長で美辞麗句が並んだ非常に退屈な内容であった。例として、ホールマーク社（Hallmark）が公開しているミッション・ステートメントを紹介する。

> **ホールマーク社のミッション・ステートメント**
>
> これが、ホールマーク社である。
> 我々は製品とサービスを通じて、人々の生活を豊かにし、
> 人々のつながりを深めなければならないと信じている。
> 提供する全てのコンセプト、製品、サービスにおける
> 創造性と高品質が、我々の成功の鍵である。
> ホールマーク社で最も重要な資源は人材である。
> 優れた財務状況は決して最終的な目標ではないが、
> 我々の広汎な使命を達成するためには必須である。

　ホールマーク社のカードと同様、確かによくできている。このミッション・ステートメントを策定するために、ホールマーク社の経営陣と口やかましいコンサルタントたちが多くの時間をかけたに違いない。実際、このミッション・ステートメントは見栄えが良く、ぼんやりとしながらも温かみがある内容となっている。

　では、一歩引いて考えてみていただきたい。もしあなたがホールマーク社の経営陣だとしたら、自社の経営上の規律を世界に向かって公表するであろうか？　競合のギブソン・グリーティング・カード社（Gibson Greeting Cards）やアメリカン・グリーティング社（American Greetings）が、ホールマーク社のアニュアル・レポート（年次報告書）を読むかもしれないとは考えないであろうか？

　実際には、企業のミッション・ステートメントは外部向けに「当たりのよい」言葉を並べただけのカモフラージュでしかない。企業の内部では往々にして、全く異なる規律やより具体的な使命に基づいて組織が運営されているのである。

Part1 Planning

> ● 競争に勝つための原則 ●
>
> 優れたマーケティングを行う世界的な企業は、対外的に発表される「ミッション（使命）」とは別に、企業の究極的な目標と目標達成への道を明確にした「ワーキング・ミッション・ステートメント」を社内向けに明文化している

　ワーキング・ミッション・ステートメントは、社員が「何をすべきか」について、簡潔で明確、しかも覚えやすい文章で表現したものである。このステートメントは、社員の意識を究極の目的に集中させ、また社員に成功への道筋を明示するための戦略的なツールである。私の理解する限りでは、ホールマーク社のワーキング・ミッション・ステートメントは以下の通りである。

ホールマーク社のワーキング・ミッション・ステートメント

1) 人々の生活を豊かにし、人々のつながりを深めることができるような、ユニークで高品質な製品を開発する
2) ホールマーク社の製品の「温かくて親しみやすい」という精神を、店舗にも反映する

　一見、公式な（対外向けの）ミッション・ステートメントと同じような内容に見える。しかしこのワーキング・ミッション・ステートメントでは、製品開発こそが企業としての最優先課題であり、ホールマーク社の製品はユニーク（他では手に入らない）でなくてはならないことが明確にされているだけでなく、製品が消費者にどのような価値を提供するべきか、店舗の環境はどうあるべきかについても述べられている。さらに何より重要なのは、このステートメントであれば、どんな社員でも30秒もあれば記憶できることである。社員に企業の戦略的目標を明確に理解してもらうためには、まず誰にでも覚えやすいワーキング・ミッション・ステートメントが必要なのである。

各部門における目標設定

● 競争に勝つための原則 ●
全ての部門において、企業のミッション達成に自分たちがどのように貢献すべきかを明確化した「部門ミッション」を策定する。また、部門の業務の目的と測定可能な達成目標を明示した「行動計画」を策定する

　成功している企業では、社内向けコミュニケーションや組織内の報告・責任体制など、社内の業務プロセスの継続的な改善に時間と労力を惜しまない。このような企業では、ワーキング・ミッションを常に明確に規定しているだけでなく、他にも以下に述べる2つの非常に重要なことを行っている。

1) 部門ミッションと行動計画をひとつの文書にまとめ、部門全体として何を達成しようとしているか、どうやって成功を測定するか、達成にはどのような障害があるかなどについて、部門の全員が共通認識を持つ
2) 部門ミッションと行動計画を明確に規定することにより、間違った意思決定を減少させ、また優先順位の高い行動の見落としを防ぐ

　しっかり規定された目標がない場合には、ビジネスを行う上で「敵は自分自身」という状態になりかねない。各社員が企業全体の目標について部分的な知識しか持たずに、自分で独自に設定した目標に基づいて仕事をしているようでは、社員のモラールの低下は免れず、また企業としての成功もおぼつかない。このような状態では、社員は自分が抱える優先順位の高い仕事には一生懸命になるかもしれないが、同僚の仕事の目標や状況には全く興味を示さないであろうし、他人のためには時間も使いたがらない。社員が全体像から孤立したこのような状況は、私企業や同族企業など、社員が「自分の世界」で仕事をしていても大丈夫な余裕がある企業で特に顕著な問題となっている。

Part1 Planning

❗ マーケティング・ゴールド・スタンダード

　世界で最も体系的にマーケティングを行う企業でも、特に組織変更や新規部門の設立などの場合に、組織運営に明確さを欠くことがある。コカ・コーラ社（Coca-Cola）でも、事業ミッションや行動目標といった考え方は、私が入社後しばらくしてからオリンピック・マーケティング・チームの役割を定義するために導入された。1996年のオリンピック開催地であったアトランタに本社を置くコカ・コーラ社では、オリンピックはどのような会議でも重要な討議項目のひとつとなっていた。当時オリンピック・マーケティング・チームのディレクターであった私は、毎日いくつもの会議に出席を要請され、多忙を極めていた。会社中の全ての部署が、オリンピックに関連した何かをやりたがっているようであった。

　当時の我々は、会社全体としてビジネスの相乗効果を考えるどころではなく、まさに混乱状態にあった。マーケティング関連だけでも、社内で数百もの企画が検討されていた。中にはよいアイデアもあったのだが、企画の中身があまりにも多岐にわたっていて（特定地域のプロジェクト、販売促進のアイデア、オリンピック選手の出演依頼、オリンピックのピンバッジ製作、「コカ・コーラ」ブランドのオリンピック関連品、等）全く収拾がついていなかった。また同時に、社外の企画会社などが「オリンピックを記念して、アトランタの市内にエッフェル塔を建造してはどうか？」とか、「世界で最も高い、平和祈願のトーテム・ポールの建立に協賛して欲しい」とか、または「試合当日のアトランタの上空を、『コカ・コーラ』の風船でいっぱいにしてはどうか？」など、数千もの企画を提案してきていた。

　それらのアイデア・企画の中でも飛び抜けて変わっていたのは、リンドバーグ（Charles Lindbergh）が大西洋横断をした飛行機「セントルイス号」（Spirit of St. Louis）のレプリカを自ら製作したフランス人の提案であった。彼はその飛行機を「スプライト」（Sprite）のように塗装し、「スプライト号」（The Sprit of Sprite）と名付けていた。彼の計画では、リンドバーグがかつて行った有名なニューヨークからパリまでの大西洋横断飛行を、オリンピック開会式前夜にこの飛行機で再現するので、コカ・コーラ社にこの飛行イベントの費用100万ドルを拠出して欲しいということであった。言

うまでもなく、このイベントが実現することはなかった。

　私と経営陣が「オリンピック・マーケティング・チームは、オリンピック関連事業全体の中でどのような使命があり、また具体的に何を達成することに責任を持っているのか」を明確にしない限り、全体的目標を共有していない数千ものプロジェクトが、戦略的な相乗効果も検討されないまま会社全体を巻き込んで実行されてしまうことは火を見るより明らかであった。

　そこでオリンピック・マーケティング・チームの役割を定義するため、経営陣はオフィスを2日間離れ、オリンピック・マーケティングに関するミッション・ステートメントと行動計画を策定した。ミッション・ステートメントとしてコカ・コーラ社のオリンピックに関する全体目標が策定され、行動計画として以下の5点に関する明確な方向性が合意された。

a) オリンピック・マーケティング・チームが権限をもつ分野
b) オリンピック・マーケティング・チームが完遂しなくてはならない具体的な任務
c) オリンピック・マーケティング・チームが目指す理想の姿
d) 「成功」の判断方法・測定手段
e) チームに課せられた任務の遂行に影響を与える可能性がある、チームの権限外の事柄

　これだけのことを決定したというと、まるで厚い説明書でも作成したかのように聞こえるかもしれないが、実はでき上がったのはたった1枚の書類であった。策定されたミッション・ステートメントと行動計画は、社内の全員がオリンピック・マーケティング・チームに何を期待できて何を期待できないのかを理解してもらうため、広く社内に配布された。これにより各部署も、オリンピック・マーケティング・チームへの提案内容を、チームの全体的目標に沿った（つまり、我々のチームが判断しやすい）形で提出してくれるようになった。

　策定されたオリンピック・マーケティングのミッション・ステートメントと行動計画は、オリンピック・マーケティングに関するコカ・コー

ラ社全体としての目標を明確に定義し、また私たちのチームの作業を明確に規定することで、素晴らしい成果をあげた。1996年のオリンピックに関する一連のキャンペーンは、コカ・コーラ社の長い歴史の中でも最大級の、しかも最も成功したグローバル・キャンペーンとなった。オリンピックのキャンペーンが行われた8カ月間で、「コカ・コーラ」の売上は世界中で9％増加し、営業利益は22％増加し、コカ・コーラ社の株価は36％も上昇した。この成功の大きな理由のひとつは、策定されたオリンピック・マーケティングに関するミッション・ステートメントと行動計画により、コカ・コーラ社全体がひとつのテーマと目標のもとに結束し、素晴らしいビジネスの結果を目指してお互いに協力し合うことができたことである。

　この事例の示唆は、いたってシンプルである。多くの企業では、ワーキング・ミッション・ステートメントが定義されていない。しかし現在のような変化の激しい事業環境の中では、全ての部署で企業全体の目標達成のために自分がどのような役割を占めているのかを明確に定義した、簡潔で適切なワーキング・ミッション・ステートメントが必須なのである。

■ ワーキング・ミッション・ステートメントの策定

　さて、今までの説明でワーキング・ミッション・ステートメントの価値を理解していただけたことと思う。それでは、あなた自身のワーキング・ミッション・ステートメントを策定してみよう。

● 競争に勝つための原則 ●

ワーキング・ミッション・ステートメントには、「何をするべきか？」という質問に答える内容が、簡潔に、わかりやすい言葉で、誰もが簡単に覚えることができるようにまとめられている

　ワーキング・ミッション・ステートメントを策定するためには、以下の3つのステップをとる。

1　あなたの仕事の内容を、2つか3つの最も大切な内容に集約する
2　あなたにとって、最も重要視している原則や信条を書き出す
3　あなたが、誰のために仕事をしているかを書き出す

　例えば、あなたがファースト・フードのハンバーガー店の店長だとした場合、あなたの仕事の内容は1）高品質のファースト・フードの製造、2）素早く親しみやすい顧客サービスの提供、3）清潔・安全で思わず行きたくなるような店作り、という3点に集約されるであろう。企業姿勢として重要視している信条は、「何においても優れていること」かもしれない。そして、誰のために仕事をしているかと言えば、顧客である。これらをまとめると、以下のようになる。

ファースト・フードのハンバーガー店のワーキング・ミッション・ステートメント

我々のレストランのワーキング・ミッションは、
顧客のために、高品質のファースト・フードの製造、
素早く親しみやすい応対、そして清潔・安全で
思わず行きたくなるような店作りを、
卓越したサービスで提供することである

　もしあなたのハンバーガー店の従業員全員がこのワーキング・ミッションを暗唱し、仕事をする際の拠り所としていたら、仕事の効率にいかに大きな違いが生まれるか理解していただけることと思う。
　もうひとつの例として、あなたがレンタカー・チェーンのマーケティング担当者であると仮定してみていただきたい。あなたの仕事内容を集約すると、1）清潔で高品質の自動車の提供、2）親しみやすく簡潔なサービスの提供、3）素早く正確な事務処理、の3つになるであろう。優先順位の高い信条は「レンタカー会社の中で、最も効率的な会社であること」かもしれない。もちろん、顧客のために仕事をしている。これらを再度まとめてみよう。

Part1 **Planning**

> **あるレンタカー・チェーンのワーキング・ミッション・ステートメント**
>
> 我々のレンタカー・チェーンのワーキング・ミッションは、
> 顧客のために、清潔で高品質の自動車、
> 親しみやすく簡潔なサービス、そして素早く正確な事務処理を提供し、
> 最も効率的なレンタカー・チェーンとなることである

■ 行動計画の策定

　行動計画の策定はミッション・ステートメントの策定ほど難しくはないが、あなたのビジネスを健全に保ち、あなたの職を守る（クビにならない）ためには、ミッション・ステートメント以上に重要かもしれない。以下で、行動計画の策定の方法を説明する。

> **● 競争に勝つための原則 ●**
>
> 「行動計画」は、全ての事業計画の基礎となる。「行動計画」は権限範囲を規定し、行動内容を明確化し、事業にかける「思い」を定義し、成功の測定方法を規定し、自らはコントロールできないが重要な影響を与える可能性のある問題点を明確化する

■ 行動計画

　具体的には、行動計画には以下の要素が含まれていなくてはならない。
- **事業範囲**：あなたの所属する組織の事業範囲を定義する。あなたの組織が責任を持つのは、特定の地域なのか、特定のブランドなのか、または特定の顧客なのか？　できる限り具体的に記述する
- **最優先目標**：あなたの組織が企業の中でどのような役割を負うのかを、6つ以内で明示する。ここでは、あなたの組織が主にリーダーシップをとる

分野と、他の組織のサポートを行う分野とを、明確に分類して規定する
- **その他の目標**：もし時間があり、可能であれば行うが、必ずしもビジネス上の成功のためには必須ではない仕事を、2つ以内で示す
- **理想の姿**：短期的・長期的にあなたの仕事が企業にもたらしたい理想的な成果（言い換えれば、あなたの組織の仕事が最大限成功した場合の成果）を、3つ以内で記述する
- **測定可能な評価基準**：目標達成に対する進捗状況を判断する、測定可能な評価基準と測定方法を明示する
- **制約条件**：自らはコントロールできないが、目標達成の障害となりうる外的要因を書き記しておく

以下に、一般的なマーケティング部における部門ミッション・ステートメントと行動計画の例を示すので、ぜひ参考にしていただきたい。

一般的なマーケティング部のワーキング・ミッション・ステートメント

企業価値を最大化するため、売上を拡大し、
イメージを向上するようなマーケティング計画を策定・実行すること。
マーケティング計画は、消費者のニーズに合致し、売上と利益を拡大し、
消費者のブランドに対するロイヤルティを向上させ、
長期的なブランド・エクイティ構築に貢献するものでなくてはならない

一般的なマーケティング部の行動計画

- **事業範囲**：我々の会社で製造され、米国とカナダで販売される石鹸と洗剤の事業
- **最優先目標**：
  ― 消費者ニーズとブランドの便益に合致した戦略的コンセプトを開発

し、様々なメディアを通して広くコミュニケーションする
　—各ブランドに関する消費者調査を企画・実行し、調査結果と調査からの示唆を社内で広く共有する
　—戦略的に一貫性があり、消費者ニーズに合致した様々な消費者プロモーションを（プロモーション部のサポートを得て）開発し、購買頻度を上げ、ブランドに対するロイヤルティを向上し、長期的なブランド・エクイティを構築する
　—各ブランドの年間事業計画を策定し、合意された利益と販売量の達成に究極的な責任を持つ
　—ブランドに関連する全ての対外的コミュニケーション活動（広告・宣伝、広報、パッケージ、販売促進活動）に関して、社内における関係各部署を統括・調整する
　—販売部門に対して、小売のニーズに合致した流通販促プログラムの企画・実施をサポートする
●その他の目標：
　—イベントやライセンス・提携などにより、更なる売上拡大を検討する
　—示唆・知見やベスト・プラクティスを、組織内の広い範囲で共有する
●理想の姿：
　—社内で、マーケティング手法の新しいスタンダードを確立する
　—社内の他部門に対する、優秀な人材の主要な供給源となる
　—ブランドの消費者理解における比類ない専門家であると、社内の他部門から理解される
●測定可能な評価基準：
　—ブランドの年間事業計画内で合意された販売量と利益額の達成
　—消費者のブランド購入意向率及びブランドの継続購入率で、現在の値より7ポイントの向上
　—ブランド・エクイティ値で、競合ブランドに対して＋9ポイント
●制約条件：
　—会社の財務状況の変化によるマーケティング予算の縮小
　—予期していない競合ブランドの活動
　—販売部門における戦略特販ブランドの決定と、時間的制約

■■ 行動計画が効果的な理由

　どのような企業でも、日々の仕事は混乱・混沌に限りなく近い状態である。誰もが締切日を守るために必死になっており、仕事量のあまりの多さに途方に暮れ、時間が足りないと嘆いている。ビジネスを運営していく上で、時間に対する切迫感はもちろん必要であるが、同時に何のために仕事をしているのかという方向感覚も必要である。企業としてのワーキング・ミッション・ステートメント、部門ミッション、そして行動計画を策定するプロセスを通して、以下の3つを達成することができる。

1　経営陣と社員に対して、あなたの組織の仕事・役割に関する理解を統一し、ビジネスを成功させるためのビジョン・道筋を定義する
2　あなたの部門の社員ひとりひとりが、組織の中で行使できる権限や条件を規定する
3　全社員の時間・労力・資源を、目標達成のために最も必要とされることに集中させる

　企業としてのワーキング・ミッション・ステートメント、部門ミッション、そして行動計画の策定は、非常に困難で時間のかかるプロセスである。このプロセスの中であなたは現実を直視して、自分に何ができて何が出来ないかを具体的に決定しなくてはならない。理想的な結果を得るためには、数ある任務・仕事の中で集中すべきものは何か、優先順位が高い・低いものは何かを明確に決定し、それぞれの任務・仕事について企業全体の方向性に沿うように目標と担当者を決定しなくてはならないのである。

■■ 行動計画と事業計画の違い

　既に理解していただいたことと思うが、行動計画は事業計画をただ箇条書きにしただけのものではない。行動計画と事業計画は、いくつもの点で異なっている。まず最初に、行動計画はあなたのビジネスを2万フィートの上空から俯瞰したものであり、これを一読すればビジネスの「全体像」を理解で

Part1 Planning

図表1-1 ワーキング・ミッション・ステートメント及び行動計画の一般的なフォーマット例

ワーキング・ミッション・ステートメント		
事業範囲		
		内容	評価基準
最優先目標	①		
	②		
	③		
	④		
	⑤		
その他目標	①		
	②		
理想の姿		
制約条件		

きるものである。次に、行動計画に書いてある内容はあなたの中心的な任務の概要であり、事業計画ほどの詳細は必要とされない。最後に、行動計画は1ページにまとめられており、机の前に張って「自分たちは何を達成しようとしているのか」を毎日確認するための拠り所となる。

　行動計画の考えはあまり大したことではないように聞こえるが、もし実践すれば効果は抜群である。簡潔で明確な行動計画を部門の全社員が毎日見ることにより、誰もが部門の究極的な目標・ゴールを理解し、日々の意思決定や仕事の優先順位付けをより効果的に行うことができるようになる。私がコカ・コーラ社でオリンピック・マーケティングを担当していた時には、日々の仕事の中でどの任務をまず片付けるべきか、そして何を無視してよいのかを確認するために、行動計画を頻繁に参照したものである。忙しい時ほど、緊急度は高いがビジネス全体にはあまり影響がないような仕事に時間を取られがちである。行動計画によって、あなたは「本当に必要な仕事」と「取るに足らない仕事」との明確な分類が可能となるため、結果として限られた時間と労力を最も重要な事柄に集中させることができるのである。

● 競争に勝つための原則 ●

組織内で成功していくためには、自分の行動は自身の責任で管理しなくてはならない。もし所属している部門のミッションや行動計画がないのであれば、自分自身でミッションと行動計画を策定しなくてはならない

　ワーキング・ミッション・ステートメントと行動計画に関する一連の原則は、全てのレベル・部門の社員に当てはまる。しかも、このワーキング・ミッション・ステートメントや行動計画が素晴らしいのは、あなたに昇進や昇給をもたらすかもしれないという点である。事業の目標やゴールと、そこに至る道筋が明確にされているため、経営陣にありがちな「こんなこともやってみれば？」といった無責任な発言を牽制することができる。あなたの上司は、あなたの策定した行動計画が目標達成のために最適であると事前に納得していれば、経営陣などの発言に惑わされずにあなたの行動計画をサポートしてくれるであろう。そして1年後には、あなたが経営陣と合意した目標を

達成したという明らかな結果（もし達成した場合だが）をもって、経営陣に対する強力な交渉材料を得ることができるのである。

コカ・コーラ社の経営陣のひとりはミッション・ステートメントと行動計画の効果を狂信的に信じていたため、全ての社員に対して各個人の仕事内容を表すワーキング・ミッション・ステートメントの策定を要求した。彼は廊下などで社員に近づくと、「あなたの仕事は何か？」と質問し、簡潔・明快に答えることができない社員をめった切りにしたものである。彼のやり方は確かに少し厳しすぎるかもしれないが、その意図するところは正しい。もしあなたの組織の全員が、企業全体のワーキング・ミッション・ステートメント、部門ミッション、各自の仕事のミッションを理解して簡潔・明快に述べることができたら、組織運営は非常に効率的・効果的になるであろう。この原則は、中小企業から世界的な大企業まで等しく当てはまる。

それでは、この章の冒頭で触れたホールマーク社のワーキング・ミッション・ステートメント案をもう一度思い出していただきたい。もしあなたがホールマーク社のマーケティング担当者であったとしたら、以下のように定義するであろう。

ホールマーク社のワーキング・ミッション

1) 人々の生活を豊かにし、人々のつながりを深めることができるような、ユニークで高品質な製品を開発する
2) ホールマーク社の製品の「温かくて親しみやすい」という精神を、店舗にも反映する

マーケティング部のワーキング・ミッション

ホールマーク社のマーケティング部のミッションは、ホールマーク社製品の販売量拡大、消費者好感度の向上、ブランド・エクイティの構築に貢献するような、消費者理解とブランド戦略に基づくマーケティング計画を企画・実行することである

> **私個人の仕事のミッション**
>
> 私の仕事は、消費者がホールマーク社の製品を好きでたまらなくさせることである

　このような決定こそが、多くの企業や事業部門で必要とされている「戦略的な明確性」なのである。

この章のまとめ

- 全ての社員が企業全体のワーキング・ミッションを理解することは、非常に重要である
- 現在の変化の激しい事業環境の中では、全ての部門が企業全体の目標達成のために自分がどのような役割を占めているのかを明確に定義した、簡潔で適切なワーキング・ミッション・ステートメントを策定する必要がある
- ミッション・ステートメントは3つの要素を含んでいる
  1. あなたの仕事内容の、2つか3つの最も大切な内容への集約
  2. 最も重要視している原則や信条
  3. 誰のために仕事をしているか
- 部門ミッションと行動計画は一対となって効果を発揮する。行動計画は、部門としてのゴールや目標を1ページで簡潔・明確に示し、部門運営上の拠り所となる
- 行動計画はあなたのビジネスを2万フィートの上空から俯瞰したものであり、事業計画を箇条書きにしただけのものではない。行動計画により、部門の誰もがビジネスの全体像を理解することができる
- 行動計画は「何をするか」だけではなく、さらに重要な「何をしないか」をも明確に定義する。よって、行動計画を活用すれば、全ての社員が目標達成のために重要な分野だけに集中して取り組むことが可能となる

Part1 Planning

●あなたの会社がワーキング・ミッション・ステートメントや行動計画を策定していない場合でも、自分自身の仕事内容については自ら策定しておくべきである。そうすれば、年次査定の際にあなたの達成した仕事の明確な評価が可能となり、昇給や昇進の助けとなる

第2章 創造的なブレーン・ストーミング

脳を刺激して生産性を向上し、素晴らしいアイデアを創出する

　私は様々な企業から、新しいマーケティングや販促のアイデアをひねり出すためのブレーン・ストーミングに招待されることがある。私は創造的な戦略を考えることが大好きなため、招待されたら必ず出席するようにしている。

　たいていのブレーン・ストーミングの場合、司会はクライアントの企業を担当している広告代理店の人間で、会場はオフィスの中の落ち着いた会議室で、楽しい雰囲気を出そうとしてちょっとしたオモチャが机の上に置いてあったりする。そして、ブレーン・ストーミングのために仕事を1〜2時間中断したクライアントの参加者が、スーツとネクタイのまま会場に入ってくる。もちろん、社内の肩書きや上下関係を、そのままブレーン・ストーミングの会場内にも持ち込んでくるのである。

　残念ながらこのようなブレーン・ストーミングでは、クライアントの参加者から出てくるのは小さな「使えない」アイデアばかりで、何か突飛なアイデアが出てくることはめったにない。私のような1〜2人の部外者が、クライアントの参加者全員を合計した10倍ものアイデアを出すことも多い。ブレーン・ストーミングが終了した後の反省会で、クライアントの参加者が私に尋

ねるのは、いつも決まって同じ「なぜこんなに優秀な人間を揃えているのに、ブレーン・ストーミングで素晴らしく創造的な結果を出すことができないのか？」という質問である。

　この質問に対する答えは、ブレーン・ストーミングのやり方と環境にある。もし、とてつもなく創造的な結果が欲しいのであれば、伝統的な仕事のやり方は忘れなくてはいけない。素晴らしいアイデアは、午後2時にオフィスの会議室でじっと座っていても、なかなか出てこないものである。

■「ブレーン・ドレイニング」

　私の友人のダグ・ホール（Doug Hall）は、今まで述べてきたような非生産的なブレーン・ストーミングのことを「ブレーン・ドレイニング（Brain Draining、アイデアが欠乏したブレーン・ストーミング）」と呼び、人から創造性を奪い取ってしまう最悪の手法であると言う。この「ブレーン・ドレイニング」は、「素晴らしいアイデアは参加者の頭脳の中に既に存在しており、あとはただそれらのアイデアを取り出すだけでよいはず」、という仮定に基づいている。参加者は部屋の中にじっと座り、頭のどこかにあるはずの素晴らしいアイデアをなんとか思い出そうと一生懸命考える、というわけである。たいていの場合これは大変難しい作業であり、結果が出ることは稀である。

❗ マーケティング・ゴールド・スタンダード

「刺激反応法（Stimulus Response）」

　創造性を高めるための手法として私が推薦するのは、友人のダグが彼の会社であるユーレカ・ランチ社（Eureka! Ranch）という新製品開発専門の会社で提供している手法である。この手法では、人間の脳が最も自然に働くようにする。つまり、脳を外部から刺激し、脳がその刺激を処理することで、新しい何かを生み出すのである。この手法は「刺激反応法（Stimulus Response）」と呼ばれる。ダグは、彼の著書 *Jump Start Your Brain* でこの手法について以下のように述べている。

「ユーレカ社の刺激反応法を使えば、あなたの頭脳を図書館のようにではなく、コンピューターのように使うことができる。頭脳の中の限られた知識から何かを引き出そうとする代わりに、頭脳を刺激して全く新しい連想やつながりを作り出すのである。刺激があなたの頭脳の中で触媒のように働くことで、輝く可能性を秘めたアイデアを連鎖反応的に創出するのである。あなたが見たり、聞いたり、嗅いだり、味わったり、触ったりする全てが刺激となる。あなたの脳の中で何か新しい連想やつながりを発生させ、斬新なアイデアを生み出す助けとなる全てのことが、刺激なのである」

米国の創造性に関する研究の第一人者であるオクラホマ大学のアーサー・ヴァンガンディ教授（Dr. Arthur VanGundy）の調査によれば、企業で一般的に行われる前述の「ブレーン・ドレイニング」的手法と比較して、「刺激反応法」は約10倍ものアイデアを創出できることが確認された。さらに驚くべきことに、「非常に優れたアイデア」に関しては「刺激反応法」は「ブレーン・ドレイニング」の約5倍も創出できるということも確認された。言い換えれば、「刺激反応法」は素晴らしいアイデアを考え出すということに関して、頭脳の働きを5倍も向上させるのである！

■ ブレーン・ストーミングを成功させるための準備

素晴らしいブレーン・ストーミングを行うための雰囲気作りには、3つのポイントがある。まず最初は、「思わず楽しくなる」ような雰囲気を作り出すことである。まずは、オフィスの外に出ることから始めよう。私がコカ・コーラ社（Coca-Cola）時代、クリエイティブなセッションはいつも決まって「デーブ＆バスターズ」（Dave & Buster's）という場所で行った。「デーブ＆バスターズ」には、まさに大人の遊園地という感じの、多くのテレビゲームや仮想現実（バーチャル・リアリティ）を体験する機械などが置いてある部屋があった。「デーブ＆バスターズ」でのクリエイティブ・セッションは、セッションを行った後、休憩時間にゲームがある部屋に移動してしばらく遊

び、また隣の部屋に戻ってセッションを再開するという具合であった。「楽しみ」は創造性を発揮するためには不可欠の要素である。メリーランド大学（University of Maryland）の研究によれば、人は笑っている状態では、よいアイデアを出すのに通常の約3～5倍も効果的だということである。

　よい雰囲気作りのためには、音楽も欠かせない。私は個人的には、アップテンポのエレクトリック・サウンドを大音量で流すのが最高だと思っている。私のお気に入りは、「ESPN　ジョック・ジャム」（ESPN Jock Jam）や、テレビ番組のテーマ曲が入っているCDである。食べ物も忘れてはいけない。M&Mチョコレート、ソフトドリンク、コーヒー、そして脳が活性化するように糖分が入った食べ物を、ちょっとつまんだり、むしゃむしゃ食べたりできるように準備しておくのである。

　次のポイントは、アイデアを引き出すような「刺激」を大量に用意することである。この「刺激」は、見たり、嗅いだり、味わったり、触ったりする物なら何でもよい。雑誌や、オモチャ、製品、写真、面白い言葉を並べたリストなど、いろいろな種類がある。ブレーン・ストーミングを行っている間ずっと、脳に何らかの刺激を与え続けることが重要である。もしあなたがまる一日を使うブレーン・ストーミングを計画しているのならば、最大限の効果を出すために少なくとも1000種類程度の「刺激」は用意しておきたい。

　最後のポイントは、「直接には関係ない仕事をしている、創造的な人」をブレーン・ストーミングに参加させることである。ブレーン・ストーミングには、ビジネスをよく知っている参加者だけではなく、あなたのビジネスとは全く関係のない「非常識」な参加者がいなくてはならない。この理由は単純である。あなたが今の仕事を始めた時のことを思い出してみていただきたい。仕事の開始当初は多くの斬新なアイデアに溢れていたのにもかかわらず、企業文化を知り、各社員の仕事内容を知り、様々な「しがらみ」を知るなどしてビジネスの「常識」が増すにつれ、新しいアイデアはどこかに消えてしまったに違いない。そしてある朝起きた時、自分が「型にはまった会社人間」になっていることに愕然とするのである。

　別にこれは特殊なことではなく、普通の企業なら多かれ少なかれ起きていることである。社員は企業文化に染まることで、会社に適応できるようになる。また、自分の仕事上の責任権限を理解することで、自分の範囲外の仕事

についてば考えなくなり、ただ与えられた仕事だけをこなすようになるのである。会社に挑戦的な社員だけが斬新なアイデアを創造するようになり、やがてそれらの挑戦的な社員たちは不満を爆発させて会社を見捨ててしまう。企業は社内を活性化させるためには自由で挑戦的な社員を必要としているのにもかかわらず、会社のシステムが企業文化と合わないような社員を許容できないというこの構図は、非常に興味深い。

　以上の理由から、ビジネスの「常識」や特定の企業の考え方にとらわれないような部外者が、ブレーン・ストーミングには必要なのである。素晴らしく斬新なアイデアを絞り出そうとしたら、「創造的な部外者」をブレーン・ストーミングに参加させなくてはならない。

> ● 競争に勝つための原則 ●
>
> ブレーン・ストーミングを成功させる秘訣は簡単である。ビジネスを完全に理解している参加者と、ビジネスについては何も知らないが創造的な参加者を混ぜ合わせ、楽しい「遊び」の雰囲気を醸し出し、日常とはかけ離れた環境で、刺激的な仕掛けを用意し、上機嫌な音楽をかけ、美味しい食べ物を用意することである

■■ ブレーン・ストーミング実施の6つのポイント

　ブレーン・ストーミングで創造性を最大限に引き出すためには、実施前から気を付けておかなくてはならない6つのポイントがある。まず最初のポイントは、参加者全員にカジュアルな服装で来るように伝えることである。ネクタイは、脳への血液の循環を阻害する邪魔物でしかない。よってブレーン・ストーミングでは、Tシャツに半ズボン、そして裸足といった格好が好ましい。要は、各参加者が心からリラックスできるような、快適な服装でなくてはならないのである。

　第2のポイントは、参加者全員が肩書きや社内の地位を気にせず、ブレーン・ストーミングの中で自由に発言できるようにすることである。副社長や

Part1 Planning

部長といった「偉い」人たちがブレーン・ストーミングに参加する時には、自尊心や肩書きをどこかにしまってもらうのである。ブレーン・ストーミングは、社長から新入社員までの全員の参加者が、他の参加者と同じように発言できると感じる雰囲気でなくてはならない。人々が皆で楽しみながら何かを創造しようと集まっているブレーン・ストーミングには、肩書きは必要ない。社内で高い地位にある参加者は、この「公平」の思想を十分に理解した上でブレーン・ストーミングに参加し、セッションのなかで地位の低い社員たちが活発に発言できるよう、助けてあげなくてはならない。

第3のポイントは、ブレーン・ストーミングを行う一日のなかで、創造性を刺激するようなエクササイズを、何種類も、そして何回も行うことである。この創造性を刺激するようなエクササイズに関しては、後に詳しく述べる。

第4のポイントは、ブレーン・ストーミング全体を通して参加者全員に高いエネルギー・レベルを維持させることができる、優秀なモデレーター（司会者）を準備することである。「刺激反応法」を使ったブレーン・ストーミングを終了したばかりのある企業の経営陣の一人が、「ブレーン・ストーミングの最中は、まるで事故に遭った列車の残骸のように、めちゃくちゃに混乱しているように思えた。しかし驚いたのは、この混乱が実は綿密な計算の上でのことであり、最終的には多数の素晴らしいアイデアを考え出すことができたことだ！」と言ったことがある。計画的に混乱を引き起こし、参加者全員の高いエネルギー・レベルを維持し、最終的に結論に導いていく、というモデレーターの重要性が御理解いただけるであろう。

第5のポイントは、ブレーン・ストーミングの各セッションを行うために、参加者を最大でも5〜6人程度の小グループに分割することである。様々な研究から、斬新なアイデアを考え出すためには、数人の小グループの方が一人だけや大きなグループよりずっと効果的であると証明されている。参加者が常に新しい発想や考え方に触れるようにするために、この小グループの組替えは頻繁に行うべきである。

第6のポイントでは、ブレーン・ストーミングの各セッションが終了するごとに、各グループで考えついた「目玉」のアイデアを、グループの代表者から他の全員に対して発表してもらう。自分のグループでそれまでに出たアイデアにさらに磨きをかけて発展させるために、他のグループで出された

図表2-1　ブレーン・ストーミング成功の要素

準備	実施
・楽しい雰囲気づくり ・頭脳を刺激する「刺激」の用意 ・外部の創造的なメンバーの参加	・カジュアルな服装の周知 ・「肩書き無し」の徹底 ・創造性エクササイズの実施 ・優秀なモデレーターの参加 ・小グループでの討論 ・成果の発表と共有

様々な考えを「ヒント」としてもらうのである。この発表が一通り終了したら、次のセッションを始める前に30分程度の休憩を取り、参加者がリラックスして各自の考えを整理する機会を持つとよい。

■■ ブレーン・ストーミングの真実

　私は何年もの間に多くのブレーン・ストーミングに参加しているうちに、「自分が5歳だった頃のように考えよう」とすることが、自分を最も創造的にすると気が付いた。自分が5歳だったときに戻れば、この日常的なつまらない世界でも、全く新しい冒険の世界に見えてくるものである。先入観とビジネスの「常識」を捨ててしまうことさえできれば、誰でも既成の枠にとらわれない発想をし、本当に創造的になることが可能である。

■■ ブレーン・ストーミングでの効果的なエクササイズ

　ブレーン・ストーミングを行う時は、「全てのアイデアは、素晴らしいアイデアである」というルールにのっとり、新しいアイデアをむやみに否定したりしてはいけない。人間にたとえて言えば、「新生児」は守らなくてはならないのである。
　この「たとえ」の理由を説明したい。生まれたばかりの赤ん坊は、ちょっ

Part1 Planning

と顔が変だったり、くしゃくしゃだったり、しみがあったり、毛が多かったり、頭の形が少しごつごつしていたりするかもしれない。しかしどんな赤ん坊でも、いずれは魅力的な大人になるのである。全く同じ理由で、どんなつまらないアイデアでもブレーン・ストーミングの最中に「殺して」しまってはいけない。既成概念の殻を打ち破るようなアイデアは、最悪で無意味に見えるようなアイデアから生まれることもある。ブレーン・ストーミングを行うときは、どんなに馬鹿馬鹿しくて突飛なアイデアであろうとも、「全てのアイデアは、素晴らしいアイデア」なのである。

　ブレーン・ストーミングのためには、無数のエクササイズが開発されている。ここでは、それらの中でも私が好んで実践している6つのエクササイズを紹介したい。全てダグ・ホールが開発し、ユーレカ・ランチ社で頻繁に使われているエクササイズである。他のエクササイズやブレーン・ストーミングに関するアイデアについては、ぜひダグ・ホールの著書 *Jump Start Your Brain* を参照していただきたい。この本には極めて多くのブレーン・ストーミングでのエクササイズが紹介されているだけでなく、マーケティグ・アイデア創出の専門家である著者の、創造性に関する様々な洞察や知識が詰まっている。

■ エクササイズ1：「頭の掃除」（各個人で行うエクササイズ）

　このエクササイズは、ブレーン・ストーミングの開始前には必須である。どんなセッションであれ、参加者はたいていブレーン・ストーミングが始まる前から何らかのアイデアを考えているものである。このようなあらかじめ考えてきたアイデアを頭から完全に捨ててしまえない限りは、全く新しいアイデアを考えることは難しい。

　各参加者にトランプ程度の大きさの紙を何枚か渡し、5分間であらかじめ考えてきたアイデアを全て、紙1枚につきひとつ、書いてもらう。このエクササイズを行うことで、各参加者が持っていた先入観を取り去ることができるのである。

■ エクササイズ2：「ワン・ステップ」

　このエクササイズでは、まず小グループそれぞれに対して、事前に用意さ

れた「アイデアを引き出すための刺激」が入った箱をひとつずつ配る。各グループの参加者は、各自が箱の中から引き当てた「刺激」に何かしら関連したアイデアを出さなくてはならない、というのがエクササイズの概要である。各自が引き当てた「刺激」とブレーン・ストーミングの内容を素早く関連付け、アイデアを速射砲のように出していくのである。

　このエクササイズは、何か意味のある結果を出すための方法としては、あまりに簡単に見えるかもしれない。しかし一度実際に行っていただければ、考えが変わるであろうことは間違いない。たいていの場合、最もシンプルで直接的な方法が、最も有効な方法なのである。

■ エクササイズ3：「666」

　これは、全く関連がなさそうな要素の間に、関連性を作り出していくエクササイズである。まず準備として、1枚の紙に3つの四角形を書き、その四角形の中にブレーン・ストーミングの内容と関係のある言葉（製品の特徴、コンセプト、など）と数個の全く関係のない言葉を、ひとつの四角形に合計6個ずつ、1枚の紙に合計18個書いておく。四角形はそれぞれ「赤」「青」「白」と名付け、中に書かれている言葉にも、それぞれ1〜6までの数字を振っておく。そして、赤、青、白の色のサイコロをひとつずつ用意する。

　準備が完了し、サイコロを振ればエクササイズの開始である。各色のサイコロの出た目と同じ色・番号の全く関係のない3つの言葉の間を、何とか関連付けようと考えるのである。もしアイデアが出なくなったら、またサイコロを振り、出た3つの言葉を関連付けようと考えるのである。このエクササイズは、言葉の関連性自体には意味はないかもしれないが、普段と違った発想や考え方をするための練習としては最適なため、ブレーン・ストーミングの前半に行うのがよい。

■ エクササイズ4：「カタログ・シティ」

　このエクササイズでは、製品・サービスに関係なく集めてきた多くのカタログを、「刺激」として各グループに配ることから始まる。カタログに載っている写真や製品を、既成の枠にとらわれない発想をするためのヒントとするのである。

■ エクササイズ5：「大衆紙が先生」

　このエクササイズは参加者に極端なアイデアを考えさせるための方法であり、P. T. バーナム（P. T. Barnum、有名な巡業大サーカス「Barnum & Bailey Show」の創始者）のチャレンジ精神や、ナショナル・インクワイヤー誌（National Enquirer、センセーショナルで暴露的な典型的な大衆ゴシップ誌）の売り込み精神を、ブレーン・ストーミングに取り入れようとするものである。

　このエクササイズでは、ブレーン・ストーミングで検討している内容が、あたかも人生より大切であるかのように表現してみる。製品の特定要素を強調したり、一部にだけ焦点を当てたり、とても大げさに表現してみたりすることで、製品の各要素の全く新しい伝え方や、全体としての新しい方向性を発見するのが目的である。

　まず、事実を大げさに報道するので有名な大衆紙を数冊ずつ、各グループに配る。そして、ブレーン・ストーミングの目的と直接関連するような言葉・コンセプトを各チームで4個ずつ紙に書いてもらう。そして、それらの言葉・コンセプトをいかに大げさで、センセーショナルに表現できるかを考えるのである。ある要素をねじ曲げてみたら、次は他の要素をねじ曲げる、といった具合に考えてみていただきたい。大衆紙の見出しをヒントとするのである。エルビス・プレスリー（Elvis Presley）は、何に脚光が当たっていたのかを思い出してみてもよい。奇抜で、突飛で、目を引くような方向に、思い切って振ってみるのである。

■ エクササイズ6：「急所攻撃」

　これは、悪人の気分を味わうことができる、悪魔的に楽しいエクササイズである。このエクササイズでは、競合の弱点をいかに自社に有利に使うかを考える。競合に対して、いかに歯ぎしりをさせ、髪を掻きむしらせ、自分が生まれた日を呪わせるようにできるかを考えるのである。

　エクササイズは、攻撃対象の競合を選ぶことから始まる。選ぶべき競合は、あなたの会社と何らかの競争（売上、利益、評判、など）をしている会社がよい。そして、下記のいずれかの方法で、いかにこの競合を攻撃できるかを考えるのである。

- あなたの競合が最も誇りにしていることは何か？
- もしあなたのブランドを誰かが推薦・保証してくれるとしたら、競合が一番嫌がるのは誰か？
- あなたの製品をどのように変更すれば競合を悩ませることができるか？
- 競合の顧客のうち、奪われたら最も困るのはどのような顧客か？
- 競合が最も嫌がるのは、あなたの製品が価格やサイズ・入り数などをどのように変更した場合か？
- 競合の製品、パッケージ、マーケティング、広告などからあなたの製品が学習できることは何か？
- 競合を馬鹿にしたり侮辱したりする場合、どのように言えば競合を最も怒らせることができるか？
- どのようにしたら、競合が本来は取るべきではない手を打たせることができるか？

ブレーン・ストーミングは想像力が命

　ブレーン・ストーミングで斬新なアイデアを出すことができるかは、想像力にかかっている。ブレーン・ストーミングを効果的に行う方法は星の数ほどあるが、最も重要なことは、あなたの頭脳を刺激することである。いつもの日常的な環境から抜け出して、想像力を掻き立てるような場所に行くべきである。私は、自分自身に創造性が不足していると感じる時には、ウォルト・ディズニー・ワールド（Walt Disney World Resort）に行くことにしている。ウォルト・ディズニー・ワールドのエプコット（EPCOT）には、「Journey Into Your Imagination（あなたの想像力への旅）」という私が大好きな乗り物がある。これは陽気な発明家とフィグメント（Figment）という彼の小さな友人の物語で、乗り物自体は大したことはない。しかし乗っている間ずっと、以下のような曲が流れている。

Imagination…（想像力）

A dream can come true…（夢は実現する）

With a spark from me or you.…（私やあなたからの閃光によって）

Part1 Planning

　全てのマーケティング担当者はこのフレーズを心に留めて、マーケティング計画の策定時には常に思い出すべきである。「刺激反応法」を使ったブレーン・ストーミングで想像性を高めることができれば、あなたが優秀なマーケティング担当者になる可能性は格段に上昇するであろう。

この章のまとめ

- ほとんどの企業におけるブレーン・ストーミングは、「ブレーン・ドレイニング（アイデアを失わせてしまうブレーン・ストーミング）」と呼ばれる非生産的な手法のために、既成概念の殻を打ち破るような素晴らしいアイデアを出すことができない
- 「ブレーン・ドレイニング」は、素晴らしいアイデアは参加者の頭脳の中に既に存在しているという仮定に基づいて、ただそれらのアイデアを取り出そうとする手法である。たいていの場合、これは大変難しい作業である
- 「刺激反応法」を使ったブレーン・ストーミングは、通常の「ブレーン・ドレイニング」と較べて約5倍もの効果で「非常に優れたアイデア」を創出することができると検証された
- ブレーン・ストーミングが最大限の効果を出すためには、ビジネスをよく知っている参加者と、ビジネスとは全く関係のない「非常識」な参加者の両方がいなくてはならない
- ブレーン・ストーミングでは、「新生児」を守らなくてはならない。「少し足りない」とか「未熟な」アイデアを「殺して」しまうのは、ブレーン・ストーミングが終了してからでよい。どんな企業でも新しいアイデアを否定しがちだが、ブレーン・ストーミング時には、どんなに馬鹿馬鹿しくて突飛なアイデアであろうとも、「全てのアイデアは、素晴らしいアイデア」なのである

第3章 調査を超えた消費者理解

通常の消費者調査だけではわからない
戦略的な洞察を得る方法

　私の知人や友人はよく「素晴らしい製品アイデアを思いついた！　聞いてくれ！」という電話をかけてくる。良いアイデアは、犬を洗っている時、車の鍵を探している時、リモコンを動かしている時など、まったく予想もしなかった状況で浮かんでくることが多い。「この犬の匂いをもっとましにできないか？」、「鍵を簡単に見つけることができるような方法はないか？」、「このリモコンはもっと使いやすくならないか？」などと考えている時に、「フッ」とアイデアが浮かんでくるのである。このようなアイデアが浮かびさえすれば、新製品開発はスタートしたも同然である。

　頭に浮かんできたアイデアのコンセプトが結構良かった時などは、良い製品名も同時に思いついたりする。例えば「Smooch Your Pooch Sweet-Smelling Shampoo（思わずキスしたくなる甘い香りの犬用シャンプー）」といった具合である。しかし成功するためには、一回だけのフォーカス・グループ・インタビューでは決して十分でない。家で突然頭にひらめいたようなアイデアの問題点は、そのコンセプトをテストする前に、発案者が自分のアイデアに酔ってしまうことである。つまり、マーケティングで最も重要な「消費者に聞いてみる」という行為をおろそかにしてしまいがちなのである。

Part1 Planning

　全てのマーケティングは消費者理解に始まり、消費者理解で終わる。自分の製品を売る、あるいは開発する前に、消費者のニーズは何か、そのニーズを満たすためにはどのような製品が適切かを徹底的に検討しなくてはならない。あなたは自分の犬からバラの香りがしてほしいと思うかもしれないが、はたして消費者も同じように考え、しかもそのために金を払うだけの価値があると考えるであろうか？　もし製品のコンセプトが消費者のニーズと合致していれば、あとはそのコンセプトを最も効果的に伝える方法を探すだけでよい。基本的に消費者のニーズを創り出すことは非常に難しく、また消費者が望んでいないものを押しつけることもできない。

■■ 一般的な消費者調査の問題点

　調査会社は消費者理解がマーケティング上の判断のために最も重要だと考え、消費者心理を理解するための多くの巧妙なテクニックを開発した。フォーカス・グループ・インタビュー、電話や郵送による調査、コンセプト・テスト、家庭での試用調査、街頭での調査、消費者パネル、インターネット・パネル、日記調査など、実に多様である。多くの企業は、消費者理解と市場変化の把握のために、毎年何百万ドルもの費用を調査につぎ込んでいる。
　しかし、このような調査には大きな問題点がある。もし競合企業も同じような調査を同じような手法で行っていた場合には、競合企業と異なる、あるいはより優れた消費者の洞察を発見することができないということである。

■■ 競合との「知的」な差別化

　優れたマーケティングを行っている企業は、このような現実を十分理解しているため、一般的な調査方法よりも優れた方法を常に模索し、より深く広く消費者を理解しようと様々な試みを行っている。消費者理解に関するノウハウや手法を、競合に対する競争優位にしようとしているのである。そのような企業ではマーケティング担当者に対して、競合よりも深く消費者を理解するためにはどうすればよいかという、まさに「マーケティングの原点」について、常に訓練を行っている。

それでは、競合企業よりもより価値のある情報を得るためにはどうすればよいのであろうか？　多額の費用をつぎ込むことは、決して解決策ではない。

> ● 競争に勝つための原則 ●
>
> 優れたマーケティングを行っている企業はマーケティング担当者に対して、消費者調査だけに頼ることなく、テレビを見る、買い物に行く、友人や家族と話すといった日常生活の中で、消費者についての洞察を得るように教育している

あまりに当たり前のことかもしれないが、日常生活の中で少し注意を払うことで、50万ドルもかかるような調査（たいていは、マジックミラーのこちら側から消費者をのぞき見る経験と、数本の報告用ビデオテープが残るだけである）と同じくらい興味深い示唆を得ることができる。派手な消費者調査に惑わされてはいけない。優れたマーケティングを行っている企業は、「現実世界の理解は、現実世界の中でしかできない」と十分に理解しているため、その手法を独自に構築しようとしている。

■ 現場から消費者の洞察を得る手法

　P&G社（Procter & Gamble）では、もし出張や休暇でどこかへ行くことがあれば、必ず自社製品と競合製品を少なくとも3つの店舗で手にとって見比べなければならないというルールがある。店に入り、周りを見回し、状況を分析し、それをレポートにまとめて提出するのである。このようなレポートを行う理由のひとつには、競合状況を把握し、もしかして市場に出ているかもしれない競合のテスト販売品などをチェックすることもある。しかし本当の目的は、現実の店舗での体験から、ビジネスに対する示唆を得るように訓練することである。オフィスの中にいては決して斬新なアイデアなど浮かんでこないが、店の現場は良いアイデアを考えるためのヒントとなる、様々な刺激に満ち溢れている。

　このような考えを持っているのはP&G社だけではない。コカ・コーラ社

(Coca-Cola)は1995年に全世界の2000人のマーケティング担当者を集め、「マーケティング・サミット」を開催した。このサミットでは、マーケティング担当者の能力を高めるために、ワークショップ、ディスカッション、レクチャーなどが3日間行われた。そこでは、コカ・コーラ（Coca-Cola）や他のソフトドリンクについて長時間討議したのではと思うかもしれないが、実際は全く違っていた。3日間を通して、ソフトドリンクとは全く違う他の業界や製品の分析を行ったのである！

サミットではNBA（National Basketball Association）のコミッショナーであるデビット・スターン（David Stern）が1970年代から1990年代のNBAの変遷について話したり、著名な政治コンサルタントが米国の大統領選挙のキャンペーン戦略について話をしたりした。ロケットが専門のエンジニアがジェットエンジンの発展について話をすることもあった。また、グループに分かれてフロリダ州のウエスト・パームビーチ市のマーケティング計画を作成したりもした。「コカ・コーラ」や他のソフトドリンクについて全く討議を行わなかったのは、斬新なアイデアを生み出すためには、普段聞かないような情報によって刺激を受け、全く違う分野からマーケティング戦略に対する示唆を受けることが有効だと考えられていたからである。会議の席にじっと座っていたり、同僚や自社の製品と顔をつき合わせているだけでは、良いアイデアは浮かばない。必要なのは、精力的に新しい刺激を追い求め、別の分野から学び、学んだ示唆を自分のビジネスに生かすことである。

他分野のアイデアの活用

私がディズニー社（Disney）で働いていた時は、私のチームが現場を理解する習慣をつけるように徹底させた。毎週金曜の昼には、チームメンバーを車に乗せて、いくつかの店舗をドライブして回った。店を回ったのは別に買い物のためではなく、「学習」のためであった。ビデオ販売店へ行って新製品をチェックし、おもちゃ屋や本屋を見たりすることで、様々な製品カテゴリーの会社がどのようにマーケティングをしているかを勉強したのである。

我々は、洗剤、防臭剤、石鹸、モーターオイル、冷凍食品など、毎週違った製品カテゴリーを取り上げて分析を行った。どの製品カテゴリーであるか

は問題ではなかった。我々は各ブランドについて、どのような戦略的考えから現在のような製品ライン、製品特徴、パッケージに至ったのか、またどのブランドの戦略が正しく、どのブランドの戦略が間違っているかを徹底的に話し合った。このような毎週の訓練で、我々は仮説に基づいて戦略的に物事を考えることができるようになり、他のビジネスで起こっていることに敏感になっていった。このような別のビジネスからの情報により、我々は思考の幅が拡がり、今までは見逃していたチャンスに気づくこともできた。

　例えばある金曜の午後に「Kマート」（Kmart）のおもちゃ売り場で、「ディズニー」のおもちゃのセールに居合わせた。消費者は両手いっぱいのおもちゃを買い込んでいたが、一方で我々は「くまのプーさん」（Winnie the Pooh）のキャラクター製品がどこにも見当たらないことに気がついた。消費者の何人かは、「くまのプーさん」の製品が売り切れかどうか店員に聞いてさえいた。我々はオフィスに戻ってディズニー社の他事業部の友人へ電話を入れ、シアーズ社（Sears）が「くまのプーさん」の25年間にわたる独占販売権を持っているためKマート社では「くまのプーさん」のキャラクター製品の販売ができないこと、またその独占販売権は数カ月後に期限切れとなり、更新されないことを発見した。

　その日の午後、ビデオのマーケティングが本業であった我々は、「くまのプーさん」のビデオのマーケティング・アイデアを練っていた。そして、シアーズ社の独占販売権が切れると同時に、「くまのプーさん」のビデオを全国発売し、ビデオとキャラクター製品をセットで売り出す大規模な販売促進キャンペーンを展開した。実際このセット品は飛ぶように売れた。「くまのプーさん」シリーズの4本のビデオ全てがベストセラー・トップ10以内に入り、わずか3週間の間に過去12カ月間で販売した本数の20倍以上が売れた。全く違う製品カテゴリー（おもちゃ）に対する消費者の反応の観察から、ビデオでの驚異的な売上を達成できたのである。

■ 重要な洞察は正しい消費者理解から

　消費者に関して、何か新しい洞察を得ることができるかどうかは、消費者をどう理解するかにかかっている。例えばあなたも、社内での会議が終了し

て、出席者と会議で何が話し合われたかを確認している時、全く同じ会議で全く同じやりとりを聞いていたのにも関わらず、出席者の間で理解が全く異なっていたという経験があるに違いない。

　全く同じことが、消費者を理解し、洞察を導き出す過程でも起こる。消費者調査の結果が、今後の方向性を規定してくれるほど明確なことはめったにない。消費者調査の結果はどのようにも解釈できるものであり、実際、人によって同じ調査結果に対して様々な見解があること自体は問題ない。ここで非常に重要で、しかも難しいのは、「自分が信じたい」情報に偏りすぎて他の（たいていは反対の方向性を示す）情報を無視してしまわないようにすることである。聞いたり見たりしたことを深く理解するためには、柔軟で幅広い考え方を持ち、様々な異なる視点から考え直すことができるような態度が必要である。考え方が柔軟で幅広いほど、洞察をビジネスに上手に適合させることができる。

　私がP&G社にいた1987年に、同僚がシアトルの出張から戻った時のことを今でも鮮明に覚えている。彼はシアトルの街を歩き回って、新しいスタイル（座ってコーヒーを飲むスタイル）のコーヒーショップが流行していることを発見した。この流行とは、現在では全国に展開しているスターバックス社（Starbucks）のことであった。P&G社の「フォルジャーズ」（Folgers）コーヒーのマーケティング担当者たちは、「フォルジャーズ」は小売で販売されるコーヒーであるため、スターバックス社は競合ではないと判断し、この情報を無視した。ところが、スターバックス社は過去10年近くの間に1500以上の店舗を展開し、小売向けのコーヒー製品を次々と発売した。「競合ではない」はずだったスターバックス社が、「フォルジャーズ」コーヒーのビジネスに大きな影響を与えてしまったのである。

■ 学習するためには謙虚な態度が必要

　マーケティング担当者の多くは、自分自身や自社のブランドに過剰な自信を持っている。自分は他の誰よりも優秀で、競合企業のマーケティング担当者は全く駄目だと思い込んでいる。そのため、競合の分析からはあまり価値ある示唆を得ることはできず、分析自体あまり意味がないと考えている。

しかし、マーケティング活動を行う上で最も意味のあることのひとつは、競合企業や製品のマーケティング施策を分析することである。特に重要なポイントは、製品のどのような特徴が消費者の購買意欲を刺激しているのかを理解することである。もしあなたが天才であれば、「この製品特徴が消費者にとって重要なはず」とあなたが考えた内容を、消費者調査を行うことで再確認することになるであろう。

> ● 競争に勝つための原則 ●
> 優れたマーケティングを行っている企業は、現状を打開し、より深く消費者を理解するために、競合分析の新しい手法を採用している。この手法は、「ナレッジ・マイニング（知恵の発掘）」と呼ばれている

ナレッジ・マイニング（Knowledge Mining）とは、製品カテゴリー内で消費者の購買意思決定に影響を与えている要素を深く理解するための手法である。この手法は、製品カテゴリーの中で提供されている様々な製品特性や便益の分析により、消費者の購買行動を刺激する要素についての示唆を与えてくれる。さらに、この手法は製品のどのような特徴が消費者の購買に結びついているのかを示してくれる。

ナレッジ・マイニングを通じて、消費者は何に反応しているのか、どのような特徴・属性をもった製品が消費者の手に取られて買い物カゴに入れられるのか、なぜ他の多くの製品には目を奪われなかったのか、といった消費者心理を明らかにできる。

もし、消費者の購入を促進する製品特性や属性を理解しているのであれば、あなたはマーケティングを行う上で最低限必要な消費者理解はできている。しかし残念ながら、ほとんどのマーケティング担当者はこのレベルまで消費者を理解できていない。多くの場合は迷路に迷い込んでしまい、結果として予算が続く限り値下げ、広告、販促などを行うのである。あれこれ「やみくも」に施策を打つだけであるため、ビジネスは不安定で、痛い思いをすることになる。このようなマーケティング担当者は、施策の方向性を決定する戦略的な知見やビジョンを持っていない。というもの、消費者がなぜ自社や競

Part1 Planning

合の製品を購入しているのか、十分に理解していないからである。

　ナレッジ・マイニングは、非常に効果的で強力な手法である。以下でナレッジ・マイニングのステップごとの手順を示した。この手法は簡単で単純に見えるが、その効果は絶大である。ぜひ、この手法を最大限に活用していただきたい。結果として得ることができる洞察に、きっと驚き、喜んでいただけることと思う。

ツール

マーケティング・ゴールド・スタンダード

ナレッジ・マイニングの手法

　ナレッジ・マイニングを行い、製品カテゴリーにおける戦略的示唆を得るためには、以下のような手順をとる。

ステップ1：消費者の購入に影響すると考えられる製品特性や便益を全てリストアップする。

　この作業は全て、店頭に行けば簡単に行うことができる。店に並んでいる様々なブランドの製品パッケージに書かれている製品説明を、全て読んでみればよいのである。当該製品カテゴリーにおける、ほとんど全ての製品特性や便益はその中にあるはずである。パッケージに書かれている様々な製品特性や便益の全てを並べたリストを作成し、どの製品が最も売れていて、どれが売れていないかも一緒に書き込んでおく。この手順はどのような種類のビジネスの場合でも同じである。

ステップ2：「製品特性や便益」のリストを清書し、分析のためにコピーを31部作成する。次に、あなたの製品カテゴリーから適当に30の製品を選ぶ。製品ひとつにつき1枚を使い、パッケージの製品説明で謳われている製品特性や便益に印をつけていく。

ステップ3：30枚の分析シートを、売れ筋の順番で、最も売れている製品から売れていない製品まで並べてみる。

もし、売上データが入手できれば非常に役には立つが、データがなくても大きな問題ではない。自分自身で理解している売れ筋の順に並べてみればよい。店へ行って製品の棚を見れば、だいたいどの製品が売れているかわかるものである。最も売れている製品のシートを一番上に、最も売れていない製品のシートを一番下になるようにする。

ステップ4：各シートの右上に、上から順番に番号を振る。最も売れている製品の分析シートには30、次の製品分析シートには29、最も売れていない製品の分析シートは1という番号が振られることになる。

ステップ5：まだ使っていない1枚の分析シートを横におき、ステップ4までに使用した30枚の分析シートを1枚ずつ順番に見ながら、印のついている製品特性や便益について、シートの番号と同じ数字を「点数」として、新しい分析シートの対応する製品特性や便益の横に書き込んでいく。例えば、最も売れている製品のシートで印がついている製品特性や便益には30点が加えられ、最も売れていない製品のシートでは印がついていても1点しか加えないのである。

ステップ6：新しい分析シートに書き込まれた製品特性と便益の点数を合計する。
　この計算結果を見れば、どの製品特性・便益が最も消費者の購買に影響を及ぼしているか理解することができる。高い点数の特性・便益は消費者の購買に影響しており、逆に、点数が低い特性・便益は消費者への影響が小さいというわけである。

　以上の分析により、担当する製品カテゴリーにおける消費者の購買決定基準を示す製品特性・便益のリストが作成される。また同時に、どのような製品特性・便益は避けるべきかも理解できる。

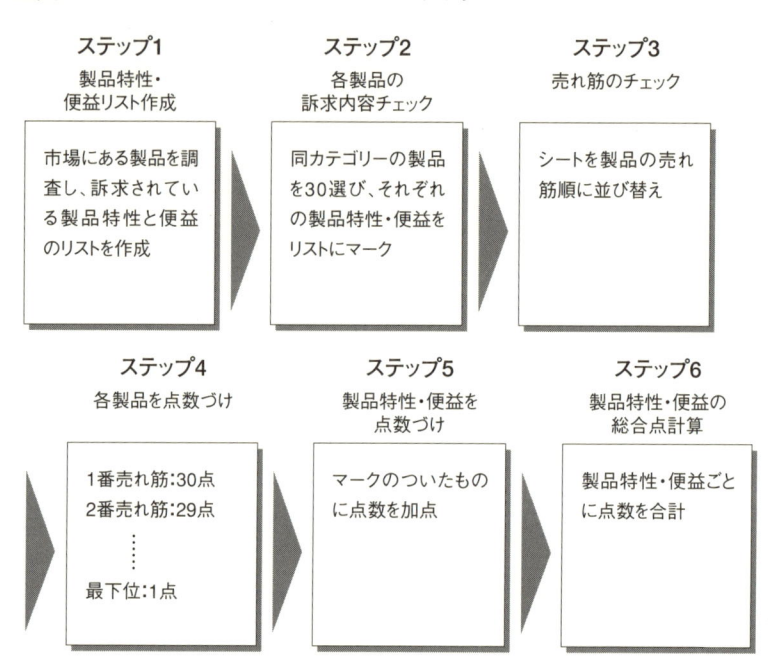

図表3-1 ナレッジ・マイニングの6つのステップ

ステップ1 製品特性・便益リスト作成
市場にある製品を調査し、訴求されている製品特性と便益のリストを作成

ステップ2 各製品の訴求内容チェック
同カテゴリーの製品を30選び、それぞれの製品特性・便益をリストにマーク

ステップ3 売れ筋のチェック
シートを製品の売れ筋順に並び替え

ステップ4 各製品を点数づけ
1番売れ筋:30点
2番売れ筋:29点
…
最下位:1点

ステップ5 製品特性・便益を点数づけ
マークのついたものに点数を加点

ステップ6 製品特性・便益の総合点計算
製品特性・便益ごとに点数を合計

■ 思い込みの罠

　マーケティングで最も成功を収めている企業でさえ、「何か新しい考え方や情報がなくても、製品を売るために必要なことは全て知っている」と過信し、「思い込みの罠」に陥ることがある。私は、「シトラス・ヒル」（Citrus Hill）オレンジジュース担当としてP&G社でマーケティングの道に入ったほんの数カ月後に、その「罠」を経験した。「シトラス・ヒル」は当時、「トロピカーナ」（Tropicana）や「ミニッツ・メイド」（Minute Maid）といった競合ブランドにはるかに離された業界第3位の地位に甘んじていた。そのため、当時扱っていた製品カテゴリーの約9割でトップシェアを握っていたP&G社では、シェア3位の「シトラス・ヒル」を一刻も早くトップシェアのブランドにすることが至上命題であり、経営陣も「シトラス・ヒル」ブランドのマーケティングに深く関与していた。

消費者調査によれば消費者はオレンジジュースには「おいしさ」を求めていたため、マーケティング部や製品開発部は「製品の質の向上」が正しい方向性であると信じて日夜努力していた。そしてついに製品開発部は、「シトラス・ヒル」が「トロピカーナ」や「ミニッツ・メイド」に対して「ブラインド・テスト（ブランド名を隠したテスト）」で勝つことができるような味の改良に成功した。我々はそのテスト結果に、「これで、競合を追い抜くことができる。『シトラス・ヒル』は、世界で最もおいしいオレンジジュースになった！」と喜び、歓喜の声をあげた。
　我々は消費者に「『シトラス・ヒル』はどのオレンジジュースよりもおいしい」と訴えた新しい広告キャンペーンに多額の資金を投入することを決定し、勝利を確信していた。経営陣はそわそわしており、日に日に勝利への期待は膨らんでいった。ついに新しい広告キャンペーンが開始され、誰もがオレンジジュースの入ったグラスを片手に、次のシェア・レポートで勝利が伝えられると同時に、乾杯することを期待していた。しかし、レポートが届いたとたん、雰囲気は一変した。シェアは、今までと何の変化もなかった。つまり、消費者は誰も新しいジュースに興味を持たず、一度試しに飲んで見ることすらしなかったのである。経営陣からは「広告キャンペーンのメッセージが、消費者に十分届かなかったのだ」という指摘が返ってきた。よくあることだが、非は広告代理店に押し付けられたのである。そのため、様々な種類の広告キャンペーンをテストしてみることが急務となり、莫大な費用を投入して「『シトラス・ヒル』はおいしい」と訴求した何本もの新しい広告キャンペーンが製作された。そして、社内の再度の熱狂・期待と共に、新広告キャンペーンが開始された。
　しかし新広告キャンペーンの開始から1カ月後も、シェアに全く変化はなく、消費者の反応は皆無であった。マーケティング担当者たちは、「どうしてこんなことがあり得るのか？　我々の全ての調査結果によれば、消費者がオレンジジュースを選ぶ際に最も重要な要素は、『おいしさ』であるという結果が出ているのに？」と頭を悩ませた。結局、P&G社が数年後にオレンジジュース市場からの撤退を決定するまで、「シトラス・ヒル」は「味の良さ」を消費者への訴求の中心としたまま、シェア拡大へのはかない努力が続けられた。

■ 消費者が言うことが、必ずしも本当に意味することではない

「シトラス・ヒル」はなぜ失敗したのであろうか？「シトラス・ヒル」の訴求点は、確かに今までの調査で消費者が言ったことを反映していた。つまり、「おいしさ」が購買に際して最も重要で、「新鮮さ」「家族への栄養補給」あるいは「朝の食卓を華やかなものにする」などが次に重要である、ということであった。「シトラス・ヒル」のコンセプトにはこれら全ての要素が取り込まれており、広告やパッケージでも盛んに訴求されていた。「シトラス・ヒル」の担当者は、消費者の購買決定要因を理解するためにこのように論理的で体系的な方法をとったのにも関わらず、失敗したのである。

「シトラス・ヒル」のマーケティング担当者が最終的に悟ったのは、購買の決定要因は消費者がフォーカス・グループや消費者調査で挙げている要因とは必ずしも一致しない、ということであった。オレンジジュースやコーヒーなどのコモディティー（日用品）の場合は特に、競合ブランド間で製品の質や特徴にそれほど大きな差はない。今回の状況では、「おいしさ」が一番重要であると言っていたとしても、消費者が現在のオレンジジュースの味に不満を感じていたり、改善して欲しいと思っていたわけではなかったのである。消費者は「100％オレンジジュースは所詮100％オレンジジュースであり、それ以下でもそれ以上でもない」と信じていたため、ブランド間の味にそれほど違いがあるとは考えなかった。ほとんどの消費者は、現在買っているブランドのオレンジジュースも十分おいしいと感じていたため、「シトラス・ヒル」の「他のブランドよりおいしい」という訴求内容は消費者には信じることができず、また重要でもなかったのである。消費者は確かに嘘はついておらず、「おいしさ」は最も重要な要因であったが、だからといって必ずしも購買決定を左右する要因ではなかったのである。

その後、「低価格」のみを購入時の決定要因とする顧客層（最も儲からない顧客セグメント）を除けば、「新鮮さ」こそが消費者にとって最も重要で究極的な意思決定要因であると判明した。多くの消費者は「新鮮なジュース」は「良いジュース」であり、「シトラス・ヒル」のような濃縮還元ジュースは健康的で新鮮であるはずがないと考えていたのである。

実際には「シトラス・ヒル」は、他の「新鮮さ」を売りにしたブランドよりも栄養価が高くなるような製造・冷凍方法を採用していたのにも関わらず、競合は「非」濃縮還元のジュースとして「新鮮さ」を訴求し、消費者の心をがっちり掴んでいた。製品カテゴリーのリーダーであった「トロピカーナ」の広告は、木からもぎ取ったばかりの熟れたオレンジに直接ストローを挿してジュースを飲む満足げな表情とともに、「取れたて新鮮なトロピカーナ。オレンジジュースで最高の選択」というコピーが流れる、というものであった。これでは、「シトラス・ヒル」に勝ち目はない。「シトラス・ヒル」は「新鮮さ」をまったく売りにしてこなかったのに対して、「トロピカーナ」は消費者が求める「新鮮さ」に完全に合致した完璧な製品と、最高のコンセプトを採用していたのである。

もし当時ナレッジ・マイニングの手法がP&G社に確立されていれば、「おいしさ」を追求するために莫大な費用を市場調査や製品開発・広告に費やす前に、競合ブランドに対抗できるような非濃縮還元のオレンジジュースの開発に取りかかっていたかもしれない。

> ● 競争に勝つための原則 ●
>
> 全てのマーケティング担当者は、マーケティングに関する何らかの意思決定を行う前に、担当する製品カテゴリーにはどのような製品特性や便益があるのか、消費者の購買への影響という点でどのような優先順位になっているのか、を理解していなくてはならない。そして、この消費者理解に基づき、今までの仮説を検証し、間違った考えや勘違いを正さなければならない

ナレッジ・マイニングには様々な利点がある。ナレッジ・マイニングから得た洞察により、製品のコンセプトを最適化し、広告のメッセージが消費者の購買に影響するような製品特性や便益に焦点を絞っているか確認することができる。また、消費者コミュニケーション、製品開発、販売促進などに対する示唆も得ることができる。そして何より、ナレッジ・マイニングは店を回る数日間で完了してしまうため、費用が全くかからない。

優れたマーケティング担当者になるためには、誰よりも賢くなければならないし、またよく働かなくてはならない。消費者の理解は、非常に難しく骨の折れる作業である。地道な努力と様々の工夫をして、自ら解を見つけ出さなければならない。しかし、いったん消費者をきちんと理解することさえできれば、強力なマーケティング計画を策定でき、ひいてはあなたの製品を消費者にとって真に「違う、優れている、特別な」ものにすることができる。

ぜひ一度ナレッジ・マイニングを試して、競合を戦略的かつ分析的に眺めてみていただきたい。きっと、楽しんでいただけると思う。ナレッジ・マイニングはまた、市場で起こっていることに対する感覚を鋭く保つためにも、非常に優れた方法である。

この章のまとめ

- 消費者理解は全てのマーケティング活動の基礎である。競合より消費者を深く理解するためには、一般的な消費者調査手法だけに頼ってはならない
- 自分の製品を売る、あるいは開発する前に、消費者のニーズは何か、そのニーズを満たすためにはどのような製品が適切かを徹底的に検討しなければならない
- 優れたマーケティングを行っている企業は、マーケティング担当者に対して、消費者調査だけに頼ることなく、テレビを見る、買い物に行く、友人や家族と話すといった日常生活の中で、消費者についての洞察を得るように教育している
- 良いアイデアを生み出すための最高の方法は、精力的に新しい刺激を追い求め、別の製品カテゴリーからの示唆を自分のビジネスに生かすことである
- 消費者の言葉を正しく理解するためには、謙虚な態度でなければならない。聞きたいことだけを聞き、他の相反する情報を無視してしまわないように気をつけなくてはならない
- ナレッジ・マイニングはマーケティング担当者にとって、製品カテゴリー内で消費者の購買意思決定に影響を与えている要素を深く理解し、

一段高いレベルの消費者の洞察を得るために、非常に効果的で強力な手法である。ナレッジ・マイニングを通じて、消費者は何に反応しているのか、といった消費者心理を明らかにできる
●担当する製品カテゴリーにはどのような製品特性や便益があるのか、消費者の購買への影響という点でどのような優先順位になっているのかを理解し、消費者へのコミュニケーションでは優先順位の高い製品特性・便益を強調しなければならない

Part1 **Planning**

第4章 ブランドの要、戦略的コンセプトの開発

消費者に高い価値を提供しながらも斬新なコンセプトを開発する

　あなたが新発売になる自動車のマーケティング・キャンペーンの担当者だとしたら、どうするであろうか？　訴求するのは豪華なインテリアやスポーティーな新スタイルかもしれないし、馬力、安全性、操縦のしやすさ、室内空間の広さ、または最新技術でもよいかもしれない。または、特定のターゲット消費者に強く訴求するような製品イメージを作り上げることもできる。「キャディラック」(Cadillac) のように大きくて豪華な車、「ユーノス・ロードスター」のように運転が楽しい車、ミニバンのように安全で実用的な車、「フォルクスワーゲン・ビートル」(Volkswagen Beetle) のように元気でできのよい車など、まさに様々である。

　あなたがこの車の TV コマーシャルを製作する際には、消費者に30秒以内に「なぜこの車を買うべきか」を伝えなくてはならない。よくできた TV コマーシャルであれば、「誰に買って欲しいのか」と「欲しいと思わせる最も説得力のある理由」が含まれているはずである。TV コマーシャルでは「この自動車は豪華で、室内空間が広く、特製の皮革を使用しており、速く走ることができ、スポーティーで、運転が楽しく、最新技術の粋を集めており、カーステレオの音も良い」などと伝えるだけの時間はない。仮に時間があったと

しても、そのような TV コマーシャルでは誰もあなたの車を魅力的だとは思わないであろう。つまり、あなたは TV コマーシャルを考える前に、あなたの製品は「誰に、何を提供するのか」を決定しなくてはならないのである。

マーケティング担当者が自分の製品に関して、誰をターゲット消費者と想定して何を伝えるのかを決定することは、戦略的コンセプトの決定に他ならない。このコンセプトこそが、広告・宣伝、価格設定、パッケージ、流通向け販促活動、消費者プロモーション、広報などを含む、全ての消費者コミュニケーションの基礎となる。つまり、消費者の目に触れる可能性のある全ては、このコンセプトによって規定されるのである。戦略的コンセプトはその重要性にも関わらず、数行の「誰をターゲットとするか」と「何を伝えるか」で簡潔に表現される。

もし「考えを表現するためには、たった数行ではとても足りない」と考えているのであれば、多くを言おうとし過ぎてコンセプトが希薄になっている可能性が高い。あなた自身がシンプルに言うことができないようなコンセプトは、消費者には所詮理解されないのである。

戦略的コンセプト開発に必要な能力

優れたマーケティングを行っている企業では、成功や失敗をしたコンセプトに関する様々なケース・スタディを随時蓄積して、戦略的コンセプトの開発を芸術の域にまで磨き上げている。しかし、このような企業のマーケティング担当のマネージャーともなれば、様々な仕事で多忙を極めているはずである。それでは、このように多忙な彼らが、たった数行のコンセプトを開発するために、平均してどのくらいの期間をかけているか推測してみていただきたい。45分か、それともある日の午後いっぱいであろうか？

コンセプトの開発のためには、少なくとも数カ月が費やされている。その期間には、戦略的コンセプトが強力で、説得力があり、具体的になるような最適な言葉を模索する時間も若干は含まれているが、コンセプト開発の仕事のほとんどは、採用されなかったコンセプトに対する懸念・不安から発生している。例えばあなたが口紅で「クラシックな魅力」というコンセプトを採用した場合、「若者向け」とか「最新のトレンド」を同時に訴求することは難

しいため、「クラシックな魅力」の方が他の2つのコンセプトよりも潜在市場が大きく、訴求力も強いことを確認しなくてはならない。同様にサングラスで「芸能人が愛用」というコンセプトを採用したら、「壊れないスポーツ・レンズ」とか「快適なつけ心地」を諦めなくてはならない。このような難しい選択を行わなくてはならないゆえに、戦略的コンセプトの開発はマーケティングで最も難しい仕事のひとつとなっている。

戦略的コンセプトの開発に必要とされるのは創造性だけではない。ありとあらゆる情報と消費者に関する様々な示唆や知見をかき集めて分析し、あなたの製品の消費者に対する魅力が最大化するように、簡潔・明快なコンセプトを導き出す能力が必要なのである。消費者が製品に対してどのような知識や理解を持つかは、全てこの戦略的コンセプト次第であるといっても過言ではない。ここでは、少しの間違いも許されないのである。

■■ 戦略的コンセプトのABC

戦略的コンセプトの開発は難しい仕事であるが、コンセプトに含まれるべき要素は以下のとおり「ABC」と簡単に表現される。

Audience（ターゲット消費者）
Benefit（消費者便益）
Compelling Reason Why（説得力のある「信じる理由」）

経験の浅いマーケティング担当者は、多くの消費者をとらえることでリスクを削減しようと、コンセプトの範囲をできるだけ広く設定しようとする。「全ての消費者がこの製品を好むかもしれない」と考えてターゲット消費者を選択せず、「この製品には、いろんなことができるはず」と考えて主な便益の選択をしないのである。結果として、「全ての消費者に、どのような場面でも、最高の製品！」といったコンセプトになってしまう。

この罠に陥ってはいけない。誰に対しても何でもできる製品とは、すなわち誰に対しても何もできない製品でしかない。怖がらずに、あなたの製品を

最も明快で、最も消費者の興味を引くように表現してみていただきたい。そうすることで初めて、消費者はあなたの製品の便益を高く評価し、製品を使い続けてくれるであろう。

> ● 競争に勝つための原則 ●
>
> 優れたマーケティングを行っている企業では、ブランドの戦略的コンセプトの開発時には、常識の枠を超えるように最大限の努力をしている。競合に対して優位性を築き、差別化することができるような、明快で、消費者にとって価値がありながらも、斬新な戦略的コンセプトを開発できるまで、自分自身を追いつめるのである

「消費者にとって価値がありながらも、斬新な戦略的コンセプト」の強力さを理解していただくために、この要素を兼ね備えた近年のマーケティング・キャンペーンを見てみよう。

私がよく挙げる例として、ダウ・ケミカル社（Dow Chemical Company）の「ダウ」(Dow)バスルーム用洗剤がある。あなたも、小さな「スクラビング・バブル」(Scrubbing Bubbles)がバスタブの中を駆け回って、バスルームをピカピカにしてしまうというTVコマーシャルを見たことがあるかもしれない。「ダウ」バスルーム用洗剤の戦略的コンセプトはたぶん、「主婦にとって、『ダウ』バスルーム用洗剤はバスタブとタイルを輝くほど清潔にするための、最も簡単な方法である。この理由は、『ダウ』バスルーム用洗剤だけには、汚れをそぎ落として輝くまできれいにする『スクラビング・バブル』が入っているため、こする必要がないからである」といったようなものであろう。このコンセプトを先ほどの「ABC」に分解すると以下の通りとなる。

「ダウ」バスルーム用洗剤の戦略的コンセプト

A　ターゲット消費者：主婦

> B　消費者便益：バスタブとタイルを輝くほど清潔にするための、最も簡単な方法
>
> C　信じる理由：「ダウ」バスルーム用洗剤だけには、汚れをそぎ落として輝くまできれいにする「スクラビング・バブル」が入っているため、こする必要がない

　このコンセプトによって、「ダウ」はバスルーム用洗剤で何年間もマーケット・リーダーの地位を保っている。また「スクラビング・バブル」を上手に使うことで、消費者に価値がありながらも斬新な形で製品の効果を訴求し、特徴ある差別化を行っている。他のバスルーム用洗剤のTVコマーシャルを思い出しても、製品が何をしてくれるのかについて「ダウ」より明確に表現したビジュアルはない。「ダウ」のマーケティング・チームは、製品を最も消費者の興味を引く形で表現することにより、明確で維持可能な差別化要因を作り上げたのである。

　トヨタ社も、自動車業界としては珍しいTVコマーシャルを行っている。あるコマーシャルでは、駐車場に真新しいトヨタ車があり、子供が母親にこの車を買ってくれと（まるで4歳の子供がキャンディーを買ってくれと言う口調で）ねだっている声が聞こえる。このコマーシャルを導いた戦略的コンセプトはたぶん、「18〜45歳の男性にとって、輝くトヨタ車の新車は、究極的に手に入れたいものである。その理由は、トヨタ車は遊び心いっぱいでデザインされているため、子供の頃の好奇心を呼び覚まし、新車を運転することの楽しさを思い出させてくれるからである」といったものであろう。

　このコンセプトをABCに分解すると以下の通りとなる。

あるトヨタ車の戦略的コンセプト

> A　ターゲット消費者：18〜45歳の消費者

> B　消費者便益：トヨタ車は究極に手に入れたいものである
>
> C　信じる理由：トヨタ車は遊び心いっぱいでデザインされているため、子供の頃の好奇心を呼び覚まし、新車を運転することの楽しさを思い出させてくれる

　それでは、もしこのトヨタ車のコンセプトが「独身の18歳以上の男性にとって、トヨタ車は女性を虜にするための格好がよいオモチャである。その理由は、どのような男性でも最新のトヨタ車に乗ると、素敵に見えてしまうからである」であった場合には、広告の表現がどのように異なってくるか考えてみていただきたい。

　両方のコンセプトを、ターゲット消費者は規定されているか、消費者便益が明確に伝達されているか、そして、「信じる理由」は説得力があるか、と分析してみよう。両方のコンセプトとも、消費者にとって価値がありながら斬新さも兼ね備えている。しかし、全く同じ製品でも、異なるコンセプトを採用すると、マーケティングの内容も大幅に違ってくることを御理解いただけたであろうか？　ちなみに、トヨタのマーケティング担当者が前者のコンセプトを採用した理由は、消費者調査によって前者のコンセプトの方が高い売上を獲得できると予測されたからである。

■ 差別化されたコンセプトの開発

　「消費者にとって価値がありながらも斬新」ということについてもう少し検討するために、「ミシュラン」（Michelin）タイヤの例を考えてみたい。タイヤの中に赤ん坊が乗っていて、「ミシュラン。タイヤには、あなたの大切な人が乗っているから」というコピーが流れる「ミシュラン」のTVコマーシャルを御存知であろうか？　このTVコマーシャルの基になった戦略的コンセプトはたぶん、以下のようなものであろう。

Part1 Planning

ミシュラン・タイヤの戦略的コンセプト（その1）

A　ターゲット消費者：幼い子供を持つ両親

B　消費者便益：「ミシュラン」は愛する人の命を守るために最も安全なタイヤである

C　信じる理由：2層構造の「ミシュラン」タイヤはどんな気候条件でも道路をしっかりとらえるため、事故が起きにくい

　この「ミシュラン」のコンセプトは、特定のターゲット、明確な便益、そして説得力があり納得性がある「信じる理由」を兼ね備えている。また、赤ん坊を「愛する人」の象徴とするという消費者心理を良く理解した決定により、「ミシュラン」は競合のタイヤメーカーと較べて、消費者に価値がありながらも斬新な表現での訴求に成功したのである。

　では、「ミシュラン」のコンセプトが以下のようであった場合には、広告の表現や印象がどのように異なってくるかを考えてみていただきたい。

ミシュラン・タイヤの戦略的コンセプト（その2）

A　ターゲット消費者：18〜45歳の大人

B　消費者便益：「ミシュラン」タイヤはどのような運転状況でも最高のパフォーマンス（性能）を提供する

C　信じる理由：2層構造の「ミシュラン」タイヤはどんな気候条件でも道路をしっかりとらえるため、事故が起きにくい

論理的には、後者のコンセプトが採用されても不思議ではない。実際に両方のコンセプトとも「信じる理由」は同じであり、またどのような消費者調査でも「パフォーマンス（性能）」は重要な便益であると結論付けられるからである。しかし、多くの競合が後者によく似たコンセプトを採用している。

ではなぜ、「ミシュラン」のマーケティング担当者は前者のコンセプトを採用したのであろうか？　それは、消費者調査、観察・知識、そして直感により、消費者とタイヤを感情的に結びつける最高の方法は、子供の安全に関して表現することだと判断したからである。よく道路で「子供が乗っています」のサインが付いている車を見かけることからも、自動車に乗る時には誰もが子供の安全を気にしていると御理解いただけると思う。確かに消費者は優れたパフォーマンスを欲しいと考えてはいるが、実際にはチューンナップされたスポーツカーで峠道を攻める機会などはほとんどなく、子供を学校やサッカーの練習に連れて行くので忙しいのである。

ぜひ、楽しみながら以下の訓練をしてみていただきたい。TV コマーシャルを見て、見た内容を戦略的コンセプトの形（ABC）で書き、そのコンセプトが有効かどうかを分析する、という訓練である。あなたはすぐ、ターゲットが明確でない、消費者便益が明確でない、「信じる理由」が納得できない、などの駄目なマーケティング・キャンペーンが世界に溢れていることに驚くであろう。ごく稀に、消費者にとって価値がありながらも斬新なコンセプトのTVコマーシャルを見るかもしれないが、そのほとんどは製品カテゴリーのリーダーに違いない。

■ ターゲット消費者の特定

私には「全ての人を対象とした製品」を想像することができない。ただの水でさえ、ブランドによってイメージやターゲット消費者があるものである。もしあなたが何かのメッセージを伝えたいのであれば、誰に対して語っているのかを理解しておかなくてはならない。ターゲット消費者は通常、人口統計上の分類（10代、18〜35歳の男女、子供がいて一軒家に住んでいる家庭、2〜9歳の子供がいる母親、等）で表現される。また、ターゲット消費者を心理的な要因（アメリカン・フットボールのファン、アウトドア志向、動物が

好きな人、等）で表現することもある。ターゲット消費者とは、あなたの製品を購入する潜在的可能性が最も高い消費者の集団である。もちろん、ターゲット消費者以外でもあなたの製品を購入する消費者はいるかもしれないが。それらの消費者をターゲット消費者に含めてはいけない。ターゲット消費者を特定したからといって、必ずしも他の消費者を遠ざけることにはならないので安心していただきたい。ターゲット消費者は、あなたがマーケティングを行う上で、中心のコミュニケーション対象となる集団である。効果的な消費者コミュニケーションを行うためには、あなたは誰が自分の製品のターゲット消費者か具体的に足義しなくてはならないし、またその消費者についての深い知識と理解がなくてはならない。

　「ダイエット コカ・コーラ」（Diet Coca-Cola）は男女関係なく飲まれているにも関わらず、ブランドは18〜35歳の女性をターゲットとしているのはなぜであろうか？　この理由は、18〜35歳の女性がダイエット飲料の最大の消費者層であり、また他の潜在的消費者層（ダイエット中の男性、より高齢の女性、等）も中心ターゲット層と同じ理由（爽やかで、低カロリー）でダイエット・コーラを飲むと考えられるからである。また、中心ターゲット層（18〜35歳の女性）に向けて訴求することにより、若々しくて、健康的で、生き生きとしていて、セクシーなイメージを製品便益やブランドの個性に取り込むという相乗効果もある。そして何より、中心ターゲット層（それに他のターゲット層の一部）は、このようなイメージを最重要視しているのである。以上のような理由で、幅広い消費者層に飲まれているにも関わらず、「ダイエット コカ・コーラ」のマーケティング担当者はブランドのマーケティング活動を18〜35歳の女性向けに集中している。中心ターゲット層以外の消費者は、「もし飲んでくれれば儲けもの」という程度の存在に過ぎないのである。

■■ 消費者便益

　戦略的コンセプトの最も重要な部分は消費者便益、すなわち「製品を買うことで何を享受するのか」である。マーケティングでの失敗は、往々にしてこの部分で起こることが多い。消費者便益は機能的な便益（きれいにする、

明るくする、新鮮にする、強力である、長持ちする、等）でも、心理的な便益（爽やかな気分、セクシーで美しく感じる、楽しい、自由な気分になる、煩わしくない、等）でも構わない。

> ● 競争に勝つための原則 ●
>
> 消費者便益を明確にできていないことが、今日のマーケティングにおける最大の問題である。多くの企業が、消費者に自社製品のことを伝えようと多額の投資をしているのにも関わらず、伝えているメッセージの中に消費者がその製品を「買う」明確な理由（消費者にとっての便益）が含まれていない

　私が失敗例として良く思い出すのは、禁煙のための処方薬である「ジバン」（Zyban）の TV コマーシャルである。このコマーシャルでは「新しい選択肢ができました。その名も『ジバン』。処方薬です。あなたのお医者様に、『ジバン』があなたに適切かどうか聞いてみてください」と言っている。

　いったい「ジバン」は何をしてくれるのか、消費者便益は何か、お分かりになるだろうか？　私はこのブランドの TV コマーシャル、雑誌広告、空港の看板を見たことがあるが、「ジバン」がどのような症状を治すのかを伝えたものはひとつもなく、全て「ジバン」が処方薬であることしか伝えていなかった。「ジバン」は金をどぶに捨てているも同然である。もし消費者に「ジバン」が何を提供できるのかを伝えることができないのであれば、広告には一銭たりとも費用を使うべきではない。

■ 心理的な消費者便益

　心理的な消費者便益は、機能的な便益と較べて格段に繊細で、しかも微妙である。広告業界ではこのようなアプローチは、「ステーキではなく、ジュージュー（と焼く音）を売れ！」として知られている。違う言い方をすれば、製品そのものではなく、製品の持つ最も魅力的な便益（一般的には、製品があなたをどのように感じさせるか）に集中するということである。

ディズニー社（Disney）は「クラシック」ビデオシリーズで心理的便益を上手に活用した。普通に「白雪姫」（Snow White）とか「シンデレラ」（Cinderella）のビデオを売ろうとするのではなく、これらの話に出てくる魔法を信じていた子供の頃の感覚を、大人たちに思い出させたのである。ケロッグ社（Kellogg's）の「スペシャルK」（Special K）シリアルも、若くて美しい女性がセクシーな服を着ているという、素晴らしい広告を展開した。何が素晴らしいかと言えば、この広告ではシリアルの一般的な便益（ミルクの中でぐちゃぐちゃにならない、美味しい、等）は完全に無視し、毎日「スペシャルK」を朝食に食べればこんなにも美しくなるということだけを伝えたのである。P&G社（Procter & Gamble）の「パンテーン」（Pantene）シャンプーは、機能的便益と心理的便益を組み合わせた賢い広告キャンペーンを展開した。「さあ、あなたが輝く時」（It's your time to shine）というコンセプトにより、ターゲットである女性の自己実現や成功という響きを持たせながら、製品の機能的便益（輝く美しい髪）も伝えたのである。

■ 消費者が納得できる「信じる理由」の設定

消費者は実は結構論理的である。消費者は、理にかなったことは信じるが、もしも理にかなわないことや大げさなことを言うと、とたんに懐疑的になる。これは別に特別なことではなく、常識で判断できることである。

● 競争に勝つための原則 ●

戦略的コンセプトを検討する際に最も重要なことは、説得力のある「信じる理由」をひねり出すことである。「信じる理由」とは、その製品が提供する便益を、消費者が信じることができるような明確な理由・根拠である。あまりに簡単で基本的に聞こえるかもしれないが、多くのマーケティング担当者がつい忘れてしまっていることである

シティバンク社（Citibank）は、自社のクレジットカード保持者に対する「シティショッパー」（Citishopper）というサービスについて、「信じる理由」

の効果をテストしたことがある。消費者を2つのグループに分け、最初のグループには「新しい『シティ・ショッパー』というサービスができました。2万点以上の有名ブランドに関して、最も価格が安い店を紹介するサービスです」と電話で説明が行われた。消費者便益については説明されたが「信じる理由」はなかったため、このサービスに登録した消費者はごく僅かであった。そこで別のグループには、説明の中に「信じる理由」を付け加えてみた。「新しい『シティ・ショッパー』というサービスができました。2万点以上の有名ブランドに関して、最も価格が安い店を紹介するサービスです。このサービスが可能となったのは、我々のコンピューターが常時全国5万店以上の小売店の価格をチェックしているため、あなたがどこにいても最低価格の情報を提供できるからです」と電話で説明したのである。この僅かな変更で、「シティ・ショッパー」サービスへの登録者は格段に増加した。これは、「2万点以上の有名ブランドに関して、最も価格が安い店を紹介する」という消費者便益を、「常時全国5万店以上の小売店の価格をチェックしている」という納得できる「信じる理由」と一緒に伝えていたからである。

■■ パッション・ポイント

コンセプトの最後の、しかし最も強力なポイントは、「消費者にとって価値がありながらも、斬新な」要素の開発により、消費者の心（思い）の中で意味のある差別化を行うことである。

> ● 競争に勝つための原則 ●
>
> 「消費者にとって価値がありながらも、斬新な戦略的コンセプト」の開発に成功するためには、他のどの競合より巧みに訴求する便益を消費者の「パッション・ポイント」に合致させなくてはならない
> 「パッション・ポイント」とは、消費者が強い「思い」を持ち強い反応を起こすような要素・特徴のことである。「パッション・ポイント」を十分に把握した上で、「この便益を提供するのは他のどの競合製品でもなくあなたの製品である」と、消費者の心に響くように伝えて納得させなくてはならない

Part1 **Planning**

　パッション・ポイントと感情とは全く異なるものである。消費者は、特に感情的に反応していない場合でも、何かについて心理的・感覚的な思いを持つことはあり得る。この章で出てきたトヨタ車の例を思い出していただきたい。消費者のパッション・ポイントは、「車は大人のオモチャ」という点であった。消費者はこの点に別に感情的な反応をするわけではないが、「自分の思い・感覚と合っている」と感じるのである。ミシュラン社の例では、「愛する者の命を守る」がパッション・ポイントであった。

■ なぜ「思い」が重要なのか

　過去10年間で消費者の消費行動に起きた最も大きな変化は、消費者が購買の判断を製品の性能だけではなく、製品の性能と心理的・感覚的な「思い」を組み合わせて行うようになったことであろう。この変化の理由のひとつは、技術の進歩により多くのブランドが同様の高品質を提供できるようになったことである。例えばフリスビーであれば、有名なワム・オー社（Wham-O）の製品をわざわざ買わなくても、同じような性能のフリスビーは今では山ほどある。製品の品質に大きな差がなくなってきたため、消費者は購買の判断基準として心理的・感覚的な「思い」を重視するようになってきたのである。

　心の中にある全てのものと同様に、心理的・感覚的な「思い」は必ずしも現実に基づいていない。ブランドに対するロイヤルティ（または「このブランドだけはイヤ」という思い）は、「この会社はいつも良い製品を作っている」といった全体的なブランド・エクイティや、「子供の頃母親が使っていた」という思い出、競合製品の使用経験、その他様々な経験に影響されている。戦略的コンセプトを開発するにあたって、消費者の琴線に響くパッション・ポイントを発見することが、最も難しくまた重要な作業なのである。

> **！　マーケティング・ゴールド・スタンダード**
>
> 　ディズニー社（Disney）で「くまのプーさん」（Winnie the Pooh）ビデオのコンセプトを変更するにあたり、パッション・ポイントが鍵となっ

た。1992年の時点で、店頭には14種類の「くまのプーさん」ビデオがあったが、「バーニー」（Barney）という恐竜のキャラクターに押されて、売上は低迷していた。「プー」ビデオの内、今の母親が子供の頃に見たであろう「プーさんとはちみつ」（Winnie the Pooh and the Honey Tree）、「ぼくはティガー」（Winnie the Pooh and Tigger Too）、「ある日のできごと」（Winnie the Pooh and a Day For Eeyore）、「プーさんとおおあらし」（Winnie the Pooh and a Blustery Day）、の4種類は、「ウォルト・ディズニー・ミニ・クラシック」（Walt Disney Mini-Classics）というシリーズの一部として発売されていた。他の10種類のビデオは「くまのプーさんの新しい冒険」（The New Adventures of Winnie the Pooh）という別シリーズとして発売されており、各ビデオには数年前にABCテレビで放映されたシリーズが2話ずつ入っていた。

　その当時、ディズニー社はこれらのビデオに対して、私が「フィールド・オブ・ドリームス」と呼ぶマーケティングのアプローチをとっていた。「ディズニー」の名がつくものであれば何でも、店頭に並べさえすれば売れると信じていたのである。従って戦略やコンセプトなどは何もなく、マーケティングは野放しであった。マーケティング担当者は持てる時間の全てを新作ビデオのパッケージ製作と流通計画策定に費やしており、以前に発売されたビデオのタイトルなどは気にも留めていなかった。
　しかし、私が入社した頃から状況が変わり始めた。今まで新作ビデオとして発売してきた、ディズニー社の過去の映画やテレビといった「資産」が底をつき始めたのである。マーケティング部の仕事はある日突然、「くまのプーさん」のように既に発売されている製品を使いながら、消費者の購買意欲をいかに刺激するかに変わったのである。

　我々が「くまのプーさん」のビデオがなぜ売れていないのかを調査し始めてすぐ、うれしい発見があった。母親たちは今でも「くまのプーさん」が大好きであること、つまり我々には「プー」に興味を持つ強力な顧客基盤があると判明したのである。しかし良くない発見として、ビデオのシリーズの名前である「ミニ・クラシック」や「新しい冒険」とい

うタイトルが、消費者を遠ざけていることも判明した。母親にとって、「ミニ・クラシック」とは「(時間の短い) 短編ビデオ」であり、「ディズニー・クラシック」シリーズより質が低いことを意味していたのである。また「新しい冒険」というタイトルも、「そもそもプーの話は、冒険的な話ではない」と考える母親には不評であった。両方のビデオシリーズとも、何気なくつけたタイトルが、消費者である母親に否定的なメッセージを送っていたのである。

更なる調査により、母親と「プー」を結び付けているもの、すなわちパッション・ポイントが発見された。母親は「プー」のことを、自分が子供のときに読んだ懐かしい絵本であり、今度は自分の子供に読んであげたい絵本として考えていた。母親は登場人物である「プー」はもちろん、仲間であるトラの「ティガー」(Tigger)、子ブタの「ピグレット」(Piglet)、ロバの「イーヨー」(Eeyore)、そして「クリストファー・ロビン」(Christopher Robin)の優しさと純粋さが大好きであり、また「プー」の物語は子供たちに「わかち合い」、「信頼」、「いたわり」、「友情」、「愛」などの良い価値観を教えてくれると考えていた。そのため、子供たちが「プー」の世界に夢中になったり、真似をしたりするのは、母親にとっては喜ぶべきことであった。

我々には、すべきことは既に明確であった。直ちに店頭にあった「プー」のビデオを全て回収し、回収できなかった古いビデオを全て売り切るような手を打った。そして、消費者のパッション・ポイントに合致するようなコンセプトとパッケージの変更準備が進められた。

3カ月後、「くまのプーさん」のビデオは、「くまのプーさんクラシック」(Winnie the Pooh Storybook Classics)、「プーさんと学ぼう」(Pooh Leraning)、「プーさんと遊ぼう」(Pooh Playtime) の3つの新しいコンセプトで再発売された。我々が行ったのは、今まであった製品を新しくパッケージし直しただけであったが、売上は爆発的に伸びた。再発売から1年間で、前年同期の何と約30倍も売れたのである。再発売から数年たった現在でも、売上は伸び続けている。製品自体には何の変更のなかったにも関わらず、消費者のパッション・ポイントに合致した戦略的コンセプトが、成功への道を開いたのである。

■ パッション・ポイントは自分の中に

　映画「スター・ウォーズ」（Star Wars）の中で偉大な騎士であるオビ＝ワン・ケノービ（Obi-Wan Kenobi）が「フォースはあなたの内側にある」と言ったように、パッション・ポイントを発見するためにはまず自分自身を見つめ直してみるとよい。製品に対するあなた自身の反応はどのようであったか、最初に使ってみた時の感覚を思い出すのである。友人や母親に、あなたの製品と競合製品を使った時の感想を聞いてみてもよい。消費者に最も近い一般の人々が、あなたの製品と製品カテゴリーについて考えていることや、何となく感じている不満な点を、全て理解するのである。これだけのためにフォーカス・グループ・インタビューをする必要はない。そして、店であなたの製品が競争している製品カテゴリーの棚に行って、どの製品も提供していない消費者の潜在的ニーズはないか、競合製品の方があなたの製品より消費者ニーズを上手にとらえていないか、そしてどうすれば消費者に意味がある優位性を持つ独自のポジションを確立できるか、考えなくてはならない。

　理解を深めていただくために、航空業界を例にとって考えてみよう。一人の消費者として、航空会社を選択する際に基準とする要素は何であるか、考えてみていただきたい。もし消費者調査を行えば、それらの要素は重要性の順に以下の通りとなるであろう。

- 安い料金
- 有名さ（ユナイテッド航空、デルタ航空、アメリカン航空、等）と良い安全記録
- 便利なフライト・スケジュール
- 良いフリークエント・フライヤー（マイレージ）プログラム
- 親切なサービス（チェックイン・カウンター、搭乗手続き、フライト・アテンダント）
- 広い席幅や足元
- 美味しい食事
- 良い機内娯楽施設（映画など）

Part1 Planning

- ●注意深い荷物の取り扱い
- ●航空会社としての人気ランキング

さてそれでは、基本的な調査は終了したとして、パッション・ポイントを考えてみよう。大手航空会社のマーケティング担当マネージャーになったつもりで、戦略的な様々な視点から上のリストを眺めてみていただきたい。これらの要素の中で、大手航空会社の間であまり差がない要素はどれか？　どこか1社の航空会社が独占的に評判の高い（または高かった）要素はどれか？　また、あなたや周りの人々が、いつも不満に思っている要素はどれか？

私が航空会社にいつも抱いている不満は、シートの幅と足元の広さである。私の尻が大きくなっているのか、それとも椅子が小さくなっているのかわからないが、乗るたびにますます窮屈になって前の席が迫ってくるように感じる。最近乗ったフライトでは、前の乗客が席を後ろに倒したら、私の鼻と前の席の間はたった2インチ（約5センチ）しかなかった！

もし私が自分の航空会社のために戦略的コンセプトを開発すれば、以下のようなものになるであろう。

エリック航空の戦略的コンセプト

A　ターゲット消費者：ビジネス顧客

B　消費者便益：エリック航空は乗客がどんなに痩せていようと、大柄な人が満足できるサービスを提供する

C　信じる理由：全てのエリック航空の飛行機は、快適でリラックスしたフライトを実現するため、大柄な人にも十分な広さの座席と、十分な足もとのゆとりを確保している

「大柄な人が満足できるサービス」という言葉を使うことで、侮辱的になら

ず(「太っている人」ではない)、価値がありながらも斬新なコンセプトとなった。では、大手航空会社の最近のコピーと較べてみよう。

ユナイテッド航空(United)	:「ユナイテッドは飛び立つ(United Is Rising)」
アメリカン航空(American)	:「空の特別席(Something Special in the Air)」
デルタ航空(Delta)	:「世界の頂点に(On Top of the World)」
サウスウエスト航空(Sowthwest)	:「空をかける自由(Freedom to Fly)」
エリック航空	:「いつも大柄な人が満足できるサービス(Widebody Service on Every Flight)」

　これらのコンセプトの中で、消費者に「自分たちは違う、優れている、特別だ」と、消費者に価値を提供しながらも斬新に伝えているのは、エリック航空だけである。大手航空会社のコンセプトは企業イメージを意識するあまり、他と差別化できておらずありきたりの同じような内容になっている。

　消費者に対しては、あなたの製品は「違う、優れている、特別だ!」とあらゆる手段を使って、しかも一貫性を持ってコミュニケーションする必要がある。このためには、消費者にとって価値がありながらも斬新なコンセプトを開発することで、競合と何が違うのか、そしてなぜあなたの製品の方がよいのかを明確にしなくてはならない。

　この原則は、世界中の全てのビジネスに当てはまる。もしあなたが何かを売っているのであれば、なぜ他の人からではなくあなたから買うべきなのか、明確に定義したコンセプトを開発する必要がある。地元のサンドイッチ店のような小さなビジネスでも、コンセプト開発から得る効果は大きい。もし以下のようなコンセプトのサンドイッチ店があったとしたら、どんなに魅力的か考えてみていただきたい。

Part1 Planning

あるサンドイッチ店の戦略的コンセプト

A　ターゲット消費者：　ランチを食べに来る人

B　消費者便益：「ジョーの店」は新鮮な美味しさを提供する

C　信じる理由：「ジョーの店」は街で一番新鮮で美味しいサンドイッチを提供するため、常に新鮮な肉と野菜しか使わず、全てのサンドイッチを注文を受けてからひとつひとつ手作りしている

　このようなコンセプトが店の中に掲げてあるだけでも、消費者に意味のある差別化のポイントとなり、他の店ではなく「ジョーの店」で食べる理由を提供することになる。

　シンプルで明確なコミュニケーションの力を侮ってはいけない。あなたがどんなビジネスを営んでいようとも、何を（どんな価値を）提供しているのかを明確に定義し、消費者にとって価値がありながらも斬新で消費者のパッション・ポイントに響くようなコンセプトが開発できれば、いずれあなた自身が「ブランド」となるであろう。

　コンセプトの開発は、創造性と消費者理解の両方の調和を必要とする、大変で困難な仕事である。決して急がず、深呼吸をして、じっくり腰を据えて取り組んでいただきたい。正しいコンセプトを開発するためには、ある程度の時間が必要とされる。ぜひ、深くじっくり考えるための場所と時間を見つけて戦略的コンセプトの開発に取り組む中で、あなたのビジネスを見つめ直し、提供価値を定義し、明確な個性を打ち出していただきたい。

この章のまとめ

●消費者にあなたの製品の何を伝えたいか、そして誰をターゲット消費者とするのかは、戦略的コンセプトの開発を通じて明確になる

- 戦略的コンセプトが、広告・宣伝、価格設定、パッケージ、流通向け販促活動、消費者プロモーション、広報などを含む、全ての消費者コミュニケーション、つまりはあなたの製品に関して消費者に届く全ての基礎となる
- コンセプトに含まれるべき要素は「ABC」と表現される
    Audience（ターゲット消費者）
    Benefit（消費者便益）
    Compelling Reason Why（説得力のある「信じる理由」）
- 優秀なマーケティング担当者は、消費者にとって価値がありながらも斬新な形で、自分の製品を市場で差別化する
- 製品便益は通常、機能的な便益か、心理的な便益のどちらかである
- 「信じる理由」とは、その製品が提供する便益を、消費者が信じることができるような理由・根拠である。消費者が納得できる内容であるように気をつけなければならない
- 消費者のパッション・ポイントを発見することは、あなたの製品を競合と差別化するための究極の方法である。もしパッション・ポイントを上手にコンセプトに取り入れたら、あなたの製品は、消費者にとって意味があり説得力のある価値を得ることができる

Part1 Planning

第5章 成功する新製品開発
いかにして新製品の成功確率を高めるか

　マーケティングの中でも、新製品に関連する仕事が最も面白い。ベンジャミン・フランクリン（Benjamin Franklin）、トーマス・エジソン（Thomas Edison）といった偉大な発明家たちもきっと感じたに違いない、新しい発明を世の中に送り出し、無から有を作り出し、感性と直感を駆使して夢を現実にする、といった興奮を自ら経験できるのである。

　新製品担当者は、市場を席巻し、莫大な売上をあげるような、とてつもないアイデアを開発したいという夢を持っている。しかし残念ながら、この夢は「不老不死の極楽浄土」と同じくらいかなわない夢である。フランケンシュタイン博士の研究のように、多くの新製品は開発当初は素晴らしいアイデアに見えても、最終的には人類を救うために（会社の利益を守るために）中止される運命にある。

　ある調査によれば、発売された10の新製品のうち8つは、発売から12カ月以内に姿を消すという。このように低い成功確率にも関わらず、ほとんど全ての大企業は、次の10年間に会社を支えてくれるような大ヒット製品を模索して、毎年膨大な金額を新製品開発や市場調査に投じている。

新製品コンセプト開発の秘訣

新製品コンセプトの開発を成功させるためには、いくつかのシンプルな原則がある。以下でそれらの原則を5つ紹介したい。

1. 製品の機能ではなく、消費者便益に焦点を当てる

新製品のコンセプト開発における最も重要な原則は、製品の機能ではなく、消費者便益を追求することである。消費者は便益に対して金を払うのであり、製品がどのようにできているかなどは全く気にも留めない。

理解していただくために、ひとつ例をあげてみたい。ある母親が、子供たちによるパフォーマンス・グループを立ち上げようとして、私にマーケティングの助言を求めてきた。彼女は、子供たちがグループへの参加に興味を示さないため、参加者集めに苦労していた。このグループは「サンシャイン・ジェネレーション」という名前で、参加する子供たちはここで歌や踊りを習い、公共の場で様々なパフォーマンスを披露するというアイデアであった。

子供たちに参加を呼びかけるポスターには、「あなたも、子供だけのパフォーマンス・グループに入ろう」というコピーと共に、子供たちが歌や踊りや音楽の基礎を勉強し、聴衆の前で披露するという活動内容が説明されていた。確かにこのポスターには、このパフォーマンス・グループで行う全ての活動が漏れなく網羅されていたが、子供たちや両親にとって参加すると何がよいのか（どのような見返りがあるのか）という点が全く抜け落ちていた。

そこで私は、母親をターゲットにして「あなたのお子さんに、輝くチャンスを！」という母親と子供の便益を明確に訴求したコンセプトで、母親が子供に「サンシャイン・ジェネレーション」への参加を促すように仕向けてはどうかと提案した。子供に「輝いて欲しくない」と考える母親はいない。しかも変更されたポスターには、参加する子供にとっての便益（歌や踊りや演技などの才能を伸ばし、自分に自信がつき、他人と働くことを学び、地域に貢献できる）もはっきり謳われていた。ポスターの変更後、参加申込者の数は激増した。この違いは、我々が機能ではなく、便益を訴求したことにある。

マーケティング担当者は、製品が何をどのようにできるのかを伝えることに精一杯で、消費者がその製品を使用するとどのような便益を得るかという

点を伝え忘れていることが多い。

一般的なタイヤの広告を思い出してみていただきたい。30秒の広告のうち25秒は、「革新的な5層構造と独自の溝のデザインが水を切り、地面をしっかりとらえます」などと説明している。確かにもっともらしく聞こえるが、私はタイヤ技術者ではないので、このような内容を見せられても「はあ、そうですか」としか言いようがない。こういった企業は、広告における優先順位を間違えている。広告で「このタイヤは世界で最も安全」であり、「このタイヤを使うことは、私が愛する家族を心から思いやっている証拠」であると伝えてくれたら、それこそ私が欲しい便益であるため、広告は格段に効果的になるであろう。「革新的な5層構造と独自の溝のデザイン」は、タイヤが提供する便益を実現するための「信じる理由」でしかない。確かに「信じる理由」は大切であるが、まず便益がなくては話にならないのである。

2. 納得できる「信じる理由」を策定する

2つ目の原則は、魅力的な消費者便益だけではなく、便益をどう実現するかに関する明確な説明をすることである。これは一般的に、新製品の訴求便益に関して消費者は懐疑的なため、その製品が訴求している便益を本当に提供できるという簡潔でわかりやすい理由が必要だからである。決して、嘘や大げさな表現で消費者の目をごまかそうとしたりしてはいけない。平易で、消費者が理解できるような表現で伝えるのである。

それでは、架空の液体衣料用洗剤に関する以下の2つの「信じる理由」のうち、あなたがより納得できるのはどちらか、考えてみていただきたい。

1) 新「クロス・クリーン（Clothes Clean）」洗剤は、他のどの洗剤よりあなたの服をきれいにする。これは、「クロス・クリーン」は、衣類の繊維中の細かい汚れも落としてしまう、洗濯の革命とも言うべき、秘密の特許製法で製造されているからである
2) 新「クロス・クリーン（Clothes Clean）」洗剤は、他のどの洗剤よりあなたの服をきれいにする。これは、あなたの衣類を最高にきれいにするために、「クロス・クリーン」の強力洗浄成分が汚れを根こそぎ落として、さっぱり洗い流してしまうからである

多くの消費者は、前者のコンセプトの中にある「秘密の特許製法」や「繊維中の細かい汚れ」を信じることができないであろう。普通の母親にとっては、後者のコンセプト中の、「さっぱり洗い流してしまうのが、きれいになる理由」という直接的な論理の方が、納得しやすいのである。

3. 有名ブランド名を借りずとも強力なアイデアのみを選ぶ

　3つ目は、過去の多くの新製品が「まあまあのアイデアでも、強いブランド名で発売すれば、成功するだろう」という考えで失敗してきた事実から学んだ原則である。もし新製品のアイデアが、既存の強いブランド名を使わなければ魅力に欠ける場合、決して発売してはならない。

　つい最近、私は友人から「父親がNASCAR（米国改造自動車協議連盟）公認のソフトドリンク発売を計画している」という電話をもらった。彼はこの「NASCAR公認のソフトドリンク」というアイデアについて、私の意見を知りたかったのである。このアイデアは、NASCARブランドの名前でフルーツ味のソフトドリンク6種類（6種類それぞれが、NASCARの有名ドライバーに対応している）を発売するというものであった。6種類のジュースの候補としては、「ジェフ・ゴードン」（Jeff Gordon）ハワイアン・パンチ、「デール・アーンハート」（Dale Earnhardt、彼は2001年2月にレース中に事故死）ブラックチェリー、「ラスティ・ウォレス」（Rusty Wallace）オレンジなどがあがっていた。

　私の彼に対する答えは、「NASCARブランドなしでも発売するべきだと思ったら、発売すればよい」という、至ってシンプルなものであった。残念ながら、市場に新しいフルーツジュースのシリーズが必要とされる理由は全くなかった。しばらくして、この「NASCAR公認のソフトドリンク」プロジェクトは中止された。

4. 便益を伝える製品名をつける

　4つ目の原則は、最高の製品名を考えることである。これだけ多くの新製品が発売されている現代では、製品名のつけ方次第で「まあまあ」の製品を「最高」の製品にすることも可能であるため、新製品の専門家は、消費者の興味を引くような製品名を見つけるために、深く慎重に検討を行う。過去の

様々な調査から、成功した新製品のほとんどは製品の便益を伝えるような製品名であったことがわかっている。トイレット・ペーパーの新製品に、「MD」トイレット・ペーパーなどと意味不明の名前をつけてもよい時代は、とうに過ぎ去った。ブランド名も、消費者に対するコミュニケーションの一部として活用しなくてはならない。

　この原則を良く表す例をひとつあげたい。もしあなたが世界で最も辛いソースを発売する場合、「タコベル（Taco Bell）」ホットソース（訳注：「タコベル」は米国のメキシコ料理のファースト・フード・チェーン）と「ビリビリ・ケイジャン（Ass-Kickin' Cajun）」ホットソース（訳注：「ケイジャン」とは、スパイシーな料理が有名な米国の南部地方を指す）のどちらの製品名がよいであろうか？　考えるまでもなく、後者の製品名の方があなたの新製品の特徴を良く伝えることができるのである。

■ 5. 新製品に関する全ての知恵と知識を総動員する

　そして最後の原則は、あたりまえのようで意外と難しいことであるが、新製品についての調査結果や知恵の全てを新製品のコンセプトの開発のために活用することである。

　例として、新しいポテト・スキンの冷凍食品のコンセプトを考えてみよう。ジャガイモの皮の上にチーズやバターやサワー・クリームなどをトッピングした典型的な前菜であるポテト・スキンを、オーブンか電子レンジで焼いて簡単に食べることができるという製品である。味は、典型的なレストランやバーで出てくるものと、ほとんど変わらないとしよう。

　この新製品を表現するには、実に様々な方法がある。この章で今まで学んできたことによれば、まず製品の便益を的確に表現した製品名、次に納得できる「信じる理由」が必要である。アイデアは有名なブランド名なしでも優れていなくてはならないため、既存のブランド名はつけずに、新しいブランド名とする。この新製品のコンセプトは、以下のようになるであろう。

「スパッズ・スキン（Spudskins）」新発売！

（訳注：Spudには、「ジャガイモ」という意味と、「掘る」という意味がある）

美味しい前菜が、ご家庭でたった3分間で可能に！

「スパッズ・スキン」は、あなたがいつもレストランやスポーツ・バーで食べるのと同じ、たくさんのトッピングがのった美味しいポテト・スキンです。「スパッズ・スキン」はテレビでスポーツを観戦する時のスナックや、食事の前菜として最適です。

「スパッズ・スキン」には、チェダーチーズとブロッコリの「チーズ・ヘッド（CheeseHeads）」、サワー・クリームとネギの「クリーム・コン（Cream Kong）」、そしてメキシカン・サルサとモッツァレラチーズの「フィエスタ（Fiesta）」の、どれも美味しい3種類があります。1箱4個入りで、電子レンジで3分、オーブンで10分ででき上がります。

あくまでも確認であるが、この製品の戦略的コンセプトは、以下の通り。

スパッズ・スキンの戦略コンセプト

- 「カジュアルな、家庭での食事」という機会をターゲットとする
- 便益は「レストランやスポーツ・バーで食べるのと同じような、たくさんのトッピングがのった美味しいポテト・スキン」であること
- 「信じる理由」は、「チーズ・ヘッド」、「クリーム・コン」、「フィエスタ」という、誰もが大好きなトッピングを再現した3種類の美味しい製品ラインナップがあること

新製品開発の落とし穴

　新製品の開発には、アイデアの正しい開発方法を理解しているだけでは不十分である。新製品開発の道には多くの落とし穴が待ち受けている。この落とし穴を、自らが陥ってしまう前にきちんと理解しておくことは、新製品開発の成功のためには必須である。以下で、この8つの落とし穴を説明する。

1. 売り場が確保できない

　ある調査によれば、米国の一般的なスーパーマーケットでは1年間に2万5000以上もの新製品が発売されるという。この新製品は、食品、飲料、健康食品、化粧品、家庭用洗剤、ペット用品など、多岐の製品カテゴリーにわたる。これは、週末を除く1労働日当たり約100種類という、途方もない数の新製品が出ているという計算になる。

　新製品が失敗する確率が高いことは、この事実だけからも明らかである。新製品の多くは、大手小売チェーンの新製品会議で採用されることさえない。小売に拒絶された新製品は、流通の場所を獲得できずに、一度も店に並ぶことすらなく、静かにひっそりと死んでいくのである。

　新製品を小売に置いてもらう、いわゆる「配荷」のためには、棚料が必要となる（棚料に関する詳細の説明や議論に関しては、第13章を参照）。しかし、メーカーが棚料を払うと主張したとしても、もし小売が「この新製品は絶対に売れない」と判断すれば、店に置いてもらうことはできない。そこでメーカーは小売に対して、自社の新製品は消費者にとって魅力があり、他の既存製品が提供していないような新しい消費者便益を提供していると、説得しなくてはならないのである。

　仮に成功裡に新製品の配荷を獲得した場合でも、70％のACV配荷率（訳注：ACVとは「All Category Volume」を表し、全国の製品カテゴリーの何％の売上を占める小売で配荷されているかを示す数値。ACW「Accumulated Category Weighted」と呼ばれる場合もある）を継続的に維持できない限りは、安泰ではない。70％の配荷率獲得が重要なのは、全国的な広告を打つためには全国で70％程度の配荷がないとあまりに無駄が多い（店に製品もないのに広告をすることになる）からである。配荷が70％以下

の場合には通常、地域限定のスポット広告を買う必要があるが、スポット広告は全国で広告をする場合よりも高価で対費用効果が悪いため、マーケティング費用の上昇や利益の減少につながるのである。

■ 2. 導入時のマーケティング費用が十分でない

新製品失敗のもうひとつの大きな原因は、新発売時のマーケティング費用が低すぎることである。新製品の発売時には、投資に臆病になってはいけない。消費者に対してあなたの製品を買うように伝えるためには、当然ある程度の金がかかるのである。

P&G社（Procter & Gamble）には、新製品での投資に関する良くできた基本原則がある。これは、マーケティング担当のマネージャーは、新製品発売後18カ月間は、製品から発生した利益は全て使い切ってもよいという原則である。P&G社は、新製品を市場で確立させるためには、多額の投資が必要であると知っているのである。マーケティング担当者が、当初の投資費用を回収するために会社に対する利益貢献を期待され始めるのは、新製品発売後19カ月目からである。

● **競争に勝つための原則** ●

新製品計画を策定する時は、売上予測と財務予測を「予想より若干低め」に設定することが望ましい

少し考えてみていただきたい。もしあなたが経営陣に「卵を4個売る」と言って本当に4個売れた場合、約束を果たしたことにはなる。この場合、あなたは「落第」の烙印は押されないが、スターになることもない。しかし、あなたが「卵を3個売る」と約束して4個売れた場合は、あなたは経営陣の期待を超えたヒーローになる。反対に、あなたが「卵を5個売る」と約束して4個しか売れなかった場合は、あなたは売上目標を達成できなかったとして卵を投げつけられるであろう

卵が同じ4個売れたという同じ結果であるが、そのことに対する周りの認識は大きく異なる。成功するためには、自分で周りの期待を設定しなくてはならないのである

Part1 Planning

■ 3. 開発部門が適切でない

　新製品の失敗は、組織体制の問題から発生する場合もある。新製品のために会社が不適切な開発プロセスを採用してしまう、つまりマーケティング部が消費者理解に基づいて新製品開発を行うのではなく、会社の中で最も創造的な心を持たない技術者や科学者などに新製品開発を任せてしまうのである。

　現実問題として、あなたが知っている技術者や科学者の中で、最高に創造的で示唆に富んだ人は何人いるか考えてみていただきたい。こういった専門家たちは規律を遵守するように訓練されており、「既成概念の枠を越えて考える」人々ではなく、「既成概念」を作る側の人々である。彼らはマーケティングや販売の情報、競合の広告・宣伝、消費者の動向などから隔離され、研究所という画期的な新製品のアイデアが最も出てきにくい場所で、化学の実験器具などに囲まれて一日を過ごしている。

　P&G社（Procter & Gamble）の石鹸・洗剤部門は、間違った人間の手に新製品開発を委ねている典型的な例である。科学者と技術者たちが常に新しい製品技術を模索しているが、開発されたアイデアの多くは会社のためにはなっても、消費者にとっては便益がないことが多い。

　あまりに有名な失敗例として、濃縮タイプの柔軟仕上げ剤、「ウルトラ・ダウニー」（Ultra Downy）が挙げられる。この柔軟仕上げ剤は牛乳のような紙パックに入っており、使用時は他の容器に移して3倍の水で薄めてから使うという製品であった。P&G社の研究者はこの製品について、「この製品を生物分解されるような外箱に詰めて出荷し、消費者が自分の家で水と混ぜて使ってくれれば、パッケージ費と物流費の削減になるだけでなく、P&G社は『環境に優しい会社』という評判も確立できる！」と鼻高々であった。

　確かに「環境に優しい」という面は正しかったが、「ダウニー」の既存の使用者でさえ、この新製品には見向きもしなかった。消費者は、自分の使っていた柔軟仕上げ剤の4分の3は実は水道の水だとは信じたくもなかったし、また使うためには他の容器に移して混ぜなければならないことにも抵抗を感じていた。さらに、小さな紙容器に入った「ダウニー」と、大きなプラスチック容器に入った競合製品が同じ価格で売られていたことも、消費者を混乱させた。

　数年間の悪戦苦闘の後、P&G社が「ダウニー」を元のプラスチック容器に

戻した時には、「ダウニー」のブランドイメージは凋落し、消費者は競合製品に移ってしまっていたのである。

■ 4. 過去の教訓から学ばない

　過去に行われたことを忘れたり、無視してしまうことも、新製品失敗の原因のひとつである。どこの会社にも、過去に検討されたりテストされたりした新製品のアイデアに関する秘密のファイルが、人気テレビシリーズの「Xファイル」（The X-Files）のように眠っているものである。このような資料を見つけ出せば、あなたは同じ過ちを繰り返さずに済み、時間を節約でき、またあなた自身の学習速度を早めることができる。

　社員の入れ替わりが比較的激しい大企業では、過去の情報はどこかに埋もれて忘れられがちなため、新しく来たマーケティング担当者が過去に既に失敗した新製品アイデアを、そうとは知らずにテストすることがよくある。あなたがすぐに考えつく程度のアイデアならば、どこかの誰かが何年も前に検討したテスト結果が、埃をかぶった棚のどこかにあるはずである。

　社内をくまなく探すのに加えて、過去に何が失敗したのかを調べるもうひとつの方法は、ニューヨーク州イサカまでの切符を買い、ロバート・マックマス（Robert McMath）が運営する「ニュー・プロダクツ・ショーケース・アンド・ラーニング・センター」（New Products Showcase and Learning Center）に行ってみることである。ここでは、過去30年間に米国で発売された、8万点以上にものぼる様々な過去の新製品を、ほとんどの製品カテゴリーにわたって展示している。ここへの出張旅行は、競合の過去の失敗に学んで将来の事業機会を考える機会を与えてくれる、示唆に満ちた旅になるに違いない。

■ 5. 自社物流の呪縛にとらわれる

　新製品の失敗を導く原因のひとつに、企業が自社の現在の物流システムに合うように製品を変えてしまうことがある。

　ケロッグ社（Kellogg's）はまさにこの理由で、最近の新製品が失敗の道をたどりつつある。1988年の夏、ケロッグ社はシリアルと牛乳がひとつのパッケージに入っており、ふたを開けて入っている牛乳をかけるだけですぐ

Part1 Planning

シリアルを食べることができるという新製品、「ケロッグ・ブレックファースト・メイツ」（Kellogg's Breakfast Mates）を発売した。シリアルを食べるためには欠かせない牛乳をシリアルと同じパッケージでまとめて提供するという、面白いアイデアであった。

ケロッグ社製品の物流は、（乾燥製品である）シリアルが入った箱を大量に出荷し、店頭に並べるだけという比較的単純なものであったため、ケロッグ社のトラックには冷蔵機能がなかった。そのため、「ブレックファースト・メイツ」を自社の既存物流を使って運ぶ唯一の方法は、冷蔵しなくても大丈夫なように、缶入り牛乳のように牛乳に殺菌処理をすることであった。元来の「新鮮な牛乳とシリアル」という新製品アイデアを、自社の物流を利用するために「缶入り牛乳とシリアル」に変えてしまったのである。

消費者である母親はきっと、「ブレックファースト・メイツ」に入っている牛乳が新鮮でないと知ったら、この製品を買わないであろう。私の知る限り、「ブレックファースト・メイツ」は発売後4カ月以上も広告を打っているのにも関わらず、いまだに小売の4大チェーンには入っていない。配荷がないということは、売上がないこと、そして大損を意味している。もしあなたが近所の店で「ブレックファースト・メイツ」を見かけたら、すぐ買うことをお勧めする。さもないと、「ブレックファースト・メイツ」はニューヨーク州イサカにある失敗した新製品の博物館でしか、見ることができなくなってしまうかもしれない。

物流におけるもうひとつの典型的な失敗は、自社が全くノウハウを持たない新規物流システムに参入する場合である。あなたがどんなに素晴らしい新製品のアイデアがあったとしても、物流に高いノウハウを持ち、規模の経済を生かせるような会社が、あなたのアイデアをより安く効率的に実行してしまうかもしれない。

ゼネラルフーズ社（General Foods）はこの教訓を、冷凍デザート事業に進出した時に、非常に痛い思いをして学習した。ゼネラルフーズ社は1979年に発売した「ジェロー・プリン・ポップ」（Jell-O Pudding Pops）という新製品を、発売後1年間で100万ドルもの売上のブランドにした。いくつかの新ラインナップの発売により、このブランドは1984年までには300万ドルの売上にまで成長した。ところが、この直後に「ジェロー・プリン・ポ

ップ」は販売を打ち切られた。ゼネラルフーズ社が、300万ドルもの売上を持つブランドをいとも簡単に捨ててしまったのは、簡単な理由であった。競合企業は、ゼネラルフーズ社にはない冷凍食品流通に関する専門的ノウハウを持っていたため、中間流通業者に支払う費用が圧倒的に安く済んでいた。そのため、「ジェロー・プリン・ポップ」は300万ドルの売上にも関わらず赤字であり、売れば売るほどゼネラルフーズ社の損害が拡大するという状態だったのである。物流で一日の長を持つ企業が、金の卵を産んだニワトリ（良いアイデアを出した企業）を追い詰め、殺してしまった例である。

6. 目に見える差別化ができていない

　失敗が確実な道のひとつは、既存製品と較べて消費者が意味ある違いを見出せないような新製品を発売することである。

　DVDプレイヤーはこの欠点のため、米国であまりうまくいっていない。DVDは、音と映像を家庭のテレビやステレオでデジタルで再現し、まるで映画館にいるかのような体験ができる技術である。この技術自体はなるほど素晴らしいが、一般の消費者にとってDVDの音や映像は現在のビデオと劇的な違いはない。残念ながら消費者は、DVDの僅かな音と映像の差を手に入れるために、ビデオデッキやビデオテープのコレクションを捨てるわけにはいかないのである。どれだけ広告費用が投入されようとも、ビデオと比較して意味があり、目に見える差を提供しない限り、DVDは一部のオーディオマニア向けの製品以上にはならないであろう。

　逆にCDは、発売後数年以内にそれまでのオーディオ市場を駆逐してしまったことからも明らかなように、素晴らしい新製品であった。CDは既存のカセットテープやレコードと比較して、誰にでも明確にわかるだけの高い音質を提供していた。消費者は良い音質を手に入れるために、持っていたカセットテープとレコードのコレクションを捨てて、直ちにCDへ乗り換えた。CDは、消費者が既存のコレクションを捨てて新しいシステムを買い直してもよいと考えるだけの、明確な音質の差を提供していたのである。

7. 競合他社の真似をする

　新製品の多くは、「誰かの真似をしたい」という誘惑に負けてしまう。誰か

の真似をすることの最大の問題は、真似をした時点でその製品は新製品などではなく、既存製品のコピーになってしまうという点である。実際、市場にはコピー製品が氾濫している。家庭用洗剤の棚に行けば、有名な「パイン・ソル」（Pine Sol）ブランドとそっくりな製品をいくつも見つけることができる。選挙で新人が現職議員になかなか勝てないように、「パイン・ソル」が安定した地位を保つ一方でコピー製品は出ては消えてしまう。コピー製品として成功するためには、例え真実は違ったとしても、既に確立されている競合より自社製品の方が優れた製品であると、広告宣伝費を湯水のように使って消費者を納得させる必要がある。また同時に、全く利益がなくなるまで激しい価格競争を行うことも覚悟しておかなくてはならない。コピー製品は、発売しないに越したことはないのである。

■ 8. 安易に製品ラインを拡張する

　新発売される製品の約75%は、既存製品のブランド名とブランド資産を利用して製品ラインを拡大しようとした製品である。ゼネラル・ミルズ社（General Mills）は90年代の始め、シリアルの定番ブランドであった「チェリオス」（Cheerios）に、追加ラインとして「ハニー・ナッツ・チェリオス」（Honey-Nut Cheerios）をブランドの歴史で初めて発売して大成功した。この成功を受けて、さらに「マルチ・グレイン・チェリオス」（Multi-Grain Cheerios）と「チーム・チェリオス」（Team Cheerios）という新ラインを発売した。消費者にとって既に定番であったブランドを、計4種類ものラインに拡張することにより、「チェリオス」は売上を大きく伸ばした。

　製品ライン拡張には、全くの新規ブランドの発売と比較して圧倒的に発売費用が少なく、うまく行けばブランドをさらに強力にすることができるかもしれないという利点がある。しかし、「チェリオス」のような例は滅多にない。多くの新ラインナップは、親ブランドの売上を食うだけで売上の増加がほとんどないという失敗に終わるのである。

　新ラインナップは、ブランドに本質的な問題がある場合の「その場しのぎ」のために使われることもある。P&G社の「ハワイアン・パンチ」（Hawaiian Punch）は1991年当時、競合の「ハイシー」（Hi-C）の攻撃による売上の減少を何とか食い止めようと、新ラインナップ「ハワイアン・パ

ンチ・カラー」(Hawaiian Punch Color) を発売した。この新製品は、味は元の「ハワイアン・パンチ」と全く同じで、色だけが違うというものであった。このような新製品を、消費者が2回と続けて買うことはなかった。「ハワイアン・パンチ・カラー」は発売当初は順調に売れているように見えたが、すぐに店頭からなくなり、結局、新発売後9カ月で打ち切られた。

■ 優れた新製品開発の方法
　──アイデアを外部から買ってしまう

　多くの失敗を重ねるうちに、優れたマーケティングを行う企業の多くは自社の新製品開発プロセスを真剣に見直し、外部の新製品に特化した研究所などを新製品開発の資源として活用し始めた。

　この方法は確かにある程度の費用はかかるが、真剣に考えるだけの価値がある。創造的な広告を製作するため広告代理店を使うように、新製品開発の成功確率を上げようと思えば、新製品開発の分野に実績のある創造的な外部資源を使うのは自然な流れである。過去に何百何千もの新製品コンセプトを開発してきた専門家の方が、せいぜい数回しか新製品での成功経験がない社内の人間より、優れたアイデアを考え付く可能性は高い。新製品専門家は、多様な製品カテゴリーにおける新製品開発の経験から、内部の人間だけでは絶対に思いつくことができない、全く新しい視点やアイデアを取り入れることができるのである。

> ● 競争に勝つための原則 ●
>
> 多くの大企業で、自社内だけで新製品のコンセプトを開発することをあきらめて、社外から新製品の開発を専門に行う企業を雇い始めている

　研究所やコンサルタントなど、外部の専門的企業を新製品開発に巻き込む利点はいくつかある。まず最初に、全体的見地から見れば費用が安い。最高レベルの専門的企業でも、「3日間のセッションで新製品コンセプトを開発する」というような場合、費用はせいぜい15万ドルである。この額は高いと思

うかもしれないが、新製品が成功した場合の見返りや、同じ金額で社員を何人雇うことができるかを考えれば、小さなものである。自社の経験不十分な社員を2人使って何とかアイデアを捻り出そうと無駄な努力をするのと全く同じ金額で、訓練された専門家にあなたのビジネスを数日間集中的に考えてもらい、何百ものアイデアを出すことができるのである。

　外部の専門的企業を使う最大の利点は、新製品のアイデアを出すために質の高い創造力を獲得できることである。外部の人間は、外部だからこそ業界の常識やしがらみに全くとらわれずに、既成概念の枠を越えて自由奔放に考えることができる。あまりにも突飛で「使えない」アイデアも出てくるかもしれないが、いくつかの「使える」素晴らしいアイデアも出てくることは間違いない。新製品を開発する際に、アイデアの「数」を出すことは非常に重要である。新製品の専門家は、いくつかの飛び抜けたアイデアを出すために何百ものアイデアを考える。たぶん、出たアイデアの95％は捨てられてしまうかもしれないが、残りの5％があなたのブランドを勝利に導くのである。

　また、スピードも外部の専門的企業を使う利点のひとつである。専門的企業は新製品開発のプロセスを、数日間の短い期間に縮めてしまうことができる。ある有名な新製品専門の企業では、火曜日の朝8時に顧客がやって来て、同じ週の木曜の昼までには消費者テストを行うことができるレベルのアイデアが15～20個完成していた。社内メンバーの新製品開発チームでは、どんなに努力してもこれだけのスピードの実現は難しい。

■ リスクとリターン

　新製品開発は、「命綱のない空中ブランコ」のようなものである。空に飛び出してうまく棒を掴むことができれば一躍ヒーローだが、もし失敗したら地面に叩き付けられる。確かにリスクは高いが、しかしそれでもサーカス（企業）の中では最高の役回りである。もし慎重に準備をし、課題や問題を丁寧に片付け、簡単な間違いを避けることができていれば、リスクをとるべきである。新製品が成功するかどうかは、所詮は誰にもわからない。しかし、有名なSF作家のレイ・ブラッドベリ（Ray Bradbury）が昔言ったように、「まず、飛べ！　そして落ちている間に自分の翼を探せ」なのである。

この章のまとめ

- マーケティングの中でも、新製品に関連する仕事は最も面白いが、多くの落とし穴が待ち受けている
- 発売された10の新製品のうち、8つは失敗に終わる
- 新製品を成功させるための原則は以下の通りである
  1. 製品の機能ではなく、消費者便益に焦点を当てる
  2. 納得できる「信じる理由」を策定する
  3. 有名ブランド名を借りずとも強力なアイデアのみを選ぶ
  4. 便益を伝える製品名をつける
  5. 新製品に関する全ての知恵と知識を総動員する
- 新製品開発における典型的な落とし穴は以下の通りである
  1. 売り場が確保できない。新製品の多くは、流通で配荷を獲得できないことが原因で失敗に終わる
  2. 導入時のマーケティング費用が十分でない
  3. 消費者便益ではなく、自社の利益のみをもたらす新製品を出す
  4. 過去の教訓から学ばない
  5. 自社物流の呪縛にとらわれる：自社物流に合うように製品をねじ曲げてしまうか、または全く新しい物流を必要とする製品を出す
  6. 目に見える差別化ができていない
  7. 競合他社の真似をする
  8. 安易に製品ラインを拡張する

第2部

基本的製品戦略

第6章　正しい**価格設定**とは？
第7章　カテゴリーを独占する**製品ミックス**
第8章　強力な**パッケージ**
第9章　**流通戦略**の謎を解く

Part2 **Cornerstones**

第6章 正しい価格設定とは？

利益の最大化は一筋縄ではいかない

　私はよく、ふらっとスポーツの試合を見に行くことがあるが、そういう時はたいてい駐車場あたりでうろうろしているファンやダフ屋からチケットを買うことにしている。この「完全な自由経済」の中での価格交渉は、私のビジネスの実体験では最も刺激的なもののひとつである。もしあなたがまだ経験がないのであれば、ぜひ一度体験してみることをお勧めする。チケットを値切って回ることで、自由経済の闇の部分を垣間見ることができ、しかも誰が売っているかによって全く同じ製品（チケット）の価格が大きく違ってくることを実感できるであろう。

　私がよく使うテクニックを紹介しよう。もし気に入ったら、あなたもぜひ使ってみていただきたい。まず、チケットの売人に「持っているチケットはどのへんの席？」といって近づく。それから「いくらで売るつもり？」と聞く。さあ、自由経済における価格交渉の始まりである。

　正規価格が表示されたチケットを手に握り締めている売り手は、私がそのチケットにいくら払うつもりがあるかは皆目わからない。何人もの売り手と話して回ると大体いつも、ほとんど同じような席に対して、正規以下の値段をつける売り手から、正規の約2倍の値段をつける売り手までがいる。

もし相手がプロのダフ屋であれば、交渉で大きく値段を下げることは難しいが、正規価格に10〜15ドルのせた程度の値段にまですることはできる。普通のファンが余ったチケットを売っている場合には、私は正規価格以上に払うことはまずない。なにしろ、向こうが最初に提示する値段が、既に正規価格かそれ以下なのである。私はこんなファンが大好きである。私は喜んでチケット代を払うと、一直線に売店に向かい、ホットドッグとピーナッツとコーラを買い込むのである！

　チケットの売り手は、自分の持っているチケットをいくらで売るのが適当なのか、どうすれば判断することができるのであろうか？　周りに聞いて回らない限り、適切な価格は絶対にわからない。賢いダフ屋というのは、周りのダフ屋がどの辺の席のチケットを持っていて、いくらで売ろうとしているかを知っているものである。彼らは周りの連中に状況を聞いて回る一方で、もし弱気なファンが市場価値より低い価格で余ったチケットを売ろうとしているのを見つけたら、素早く買い取って転売し、利ざやを稼ぐのである。つまり、ダフ屋はチケットの競争状況と市場価格の両方を知っているのである。

　またダフ屋は、どんな時にはチケットを売るべきでないか、またどんな時には商売をあきらめるべきかも知っている。試合の余りチケットが出回り過ぎている場合は、手持ちのチケットをできるだけ高い価格で売って、さっさと帰ってしまう。市場が安いチケットで溢れている時には利ざやを稼げない、ということを知っているからである。

　このダフ屋の戦略は、あなたの売っている製品がヨーヨーであろうがヨットであろうが、同じように適用されるべきである。全ての競合製品がいくらで売られているのかを理解した上で、利益を最大化するためにあなたの製品に最適な価格設定をするのである。

■□ マキアベリ式価格設定

　もしあなたが品薄の製品を売っている場合には、「マキアベリ式」の価格設定（訳注：マキアベリは15世紀イタリアの官僚。「マキアベリ式」とは、目的のためには手段を選ばない、ずる賢い、などの意味）を行うこともできる。これは、自分の利益を最大化するために、買い手の満足度や感情などを一切

考慮しないで、有り金をむしり取ることである。この戦略は、同じ買い手から将来に何か買ってもらう気がない場合、または自動車のように買い替えサイクルが長い場合には理想的である。

　我々のほとんどは、「その場限り」ではないビジネスを行っているし、また顧客には繰り返し買って欲しいと望んでいる。もし成功しようと思ったら、自分の利益を最大化しながらも、「払った金額は、市場価値から見て正当である」と消費者が満足するような価格設定を行わなければならない。

　全ての金銭的取引は、価値（製品が本来持っている価値と、便益の提供による実質的な価値の両方）と価格をめぐるやりとりである。買い手が製品に認める価値が、提示された価格と同等かそれ以上であった場合にのみ、「買う」という行為になる。提示された価格が、買い手が製品に認める価値よりもあまりに大きいか小さい場合には、「買う」行為は発生しない。これは金額の大小の問題ではない。例えば、ちょっと見栄えの良いネクタイには25ドルも余計に払う男性でも、自分が普段使っている使い捨てカミソリに20セント余計に払うのをためらうかもしれない。この男性は別に20セントが払えないからではなく、そのブランドに20セント余計に払うだけの価値がないと考えて、カミソリのブランドを変えてしまうかもしれないのである。製品に適正な価格を決定するのは、概して一筋縄ではいかない難しいことである。

■ 価格に敏感な業界

　どのような価格を設定すべきか理解するためには、あなたの属する製品カテゴリーでは消費者が価格にどれくらい敏感に反応するかを、価格弾力性分析と呼ばれる手法を使って理解しなくてはならない。もしあなたが売っている製品が、競合と製品的な差別化が全くないコモディティー（日用品）であれば、自分で価格を決定できることはほとんどなく、ほんの少しでも業界の標準価格から離れただけでも、消費者は競合製品に移ってしまう可能性がある。また、もしあなたが売っているのが航空券であれば、時と場合に応じて柔軟に価格設定をする必要がある。というのも、乗客はそれぞれ違う料金を支払っており、自分の隣に座っている人が一体いくら支払ったのかもわからないという状況だからである。

価格弾力性の理解に関して、航空会社の右に出るものはない。なにしろ、航空会社のコンピューター発券システムの中には既に価格弾力性モデルが組み込まれており、各フライトの空席状況に応じて自動的に価格が変更されるようになっているのである。驚くなかれ、ほとんどの航空会社の発券システムは、毎日なんと100種類以上（！）もの価格でチケットを販売している。これは、読者の皆さんもぜひ自分の目で見る価値がある。インターネットでデルタ航空のウェブサイト（www.delta-air.com）へ行き、発券システムでオーランド～ダラス往復のいくつかのフライトの価格を見比べてみていただきたい。フライト番号や出発時間などによって、往復で129ドルから1500ドルまで様々な価格があるのを発見するであろう。全く同じ航空会社の、オーランド～ダラスの往復という全く同じ製品（航空券）なのに、消費者の需要と空席状況によって10倍以上も価格が違うのである！　何日か経ってから、全く同じフライトの価格をもう一度調べてみていただきたい。たぶん、前回調べた時とは全く違った価格がついているに違いない。

● 競争に勝つための原則 ●

もしあなたのいる業界が価格に敏感な業界であるならば、価格弾力性分析をしなくてはならない。なぜなら、ほんの少しの価格差によって、成功と失敗という全く違う結果が導かれるかもしれないからである

価格に敏感でない業界

ビジネスを行うのに最も理想的な業界は、買い手が価格を全く気にしない業界、すなわち買い手はあなたのつけた価格がいくらであろうとも購入し、販売量は価格に全く影響されないという業界であろう。マイクロソフトは、ウィンドウズとその毎年のアップグレードに関して、まさにこの状況下にあった。ウィンドウズの代替製品や競合製品は実質的に存在しなかったため、マイクロソフトが設定したウィンドウズの価格を下げる要因は何もなかった。新しいソフトウェアが最新のウィンドウズ上でしか動作しないようにすることで、全てのコンピューター・ユーザーは半ば強制的にウィンドウズのアッ

プグレードを行い、結果としてビル・ゲイツの会社に多額の利益をもたらし続けたのである。マイクロソフトを始めとする独占的な企業は極めて高い利益性を期待できるため、もしそのような会社を見つけたらぜひその会社の株を買っておくことをお勧めする。

■ 価格弾力性

　経済学の世界では、最適な価格を決定するための最も基本的な手法は価格弾力性と呼ばれるものである。この基本的な概念は、価格を下げれば販売量が増加し、価格を上げれば減少するという、あたりまえのことである。この概念は多くの消費財の価格決定にも非常に役に立つ。価格弾力性分析の目的は、利益を最大化するような最適な価格と販売量の組み合わせを発見することである。以下で、価格弾力性分析を実際にどのように行うかを説明したい。

ツール

　まず、我々は大リーグ向けの野球ボールを売っていると仮定しよう。ボールの原価は1個につき1.75ドルである。過去2カ月間はテスト期間として、販売部門に好きなように価格設定をさせ、各チームに販売活動を行った。各チームに対するボールの販売価格は大きく差がついた。ボールを1個8.00ド

図表6-1　大リーグ向け野球ボールの販売量

チーム	販売量	販売価格
フィリーズ	200	3.50ドル
ドジャーズ	500	2.75ドル
ブレーブス	200	5.00ドル
レッズ	100	4.75ドル
ジャイアンツ	50	6.00ドル
レッドソックス	100	6.50ドル
ヤンキース	300	5.50ドル
パドレス	700	1.75ドル
ホワイトソックス	400	5.50ドル
カブス	50	8.00ドル
エンジェルス	75	7.25ドル
ブリュワーズ	50	6.75ドル
ダイヤモンド・バックス	200	6.50ドル
デビル・レイズ	75	7.00ドル

ルで売った営業マンもいれば、原価と同じ1.75ドルで売ってきた営業マンもいたのである。

　テスト期間が終了し、各チームへ提示したボール1個あたりの価格と、結果としての販売量を図表6-1のようにまとめてみた。

　販売部門は、テスト期間中のボール1個あたりの平均価格は3.96ドルであったと報告してきた。この報告を受けて、経営陣はボールの価格は1個4.00ドルくらいが適当なのではと考え始めている。しかし、マーケティング担当者であるあなたと私は、利益を最大化するために最適な価格はいくらなのか、まだ判断しかねている。

　そこで、このボール1個あたりの価格と販売量の関係を、図表6-2のようなグラフにしてみることにした。

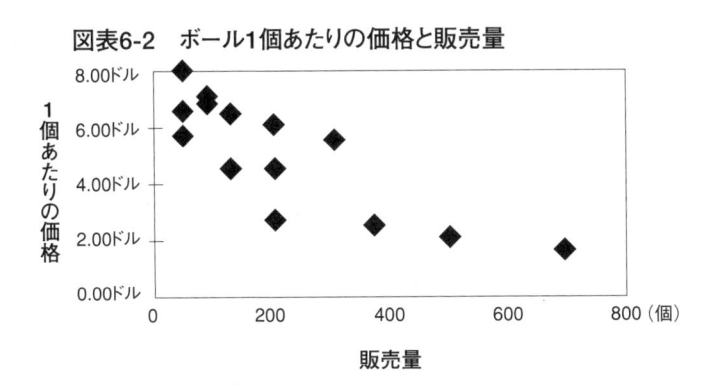

図表6-2　ボール1個あたりの価格と販売量

　このチャートから、どうやら最適な価格は1個あたり4.00～6.00ドルあたりではないかと目星がついた。次に、価格と販売量の関係性を見るために「回帰分析」を行い、1本の直線を引いた。この線は「価格弾力曲線」を表している。（図表6-3）

　この「価格弾力曲線」は、過去2カ月間のテスト販売の実績に基づいて、どの位の価格に設定すればひとつのチームにどの程度の販売量が見込めるのか、という推定値を示している。では次に、ボールの原価が1個につき1.75ドルということから、利益がどうなるのかを考えてみたい。価格弾力曲線で

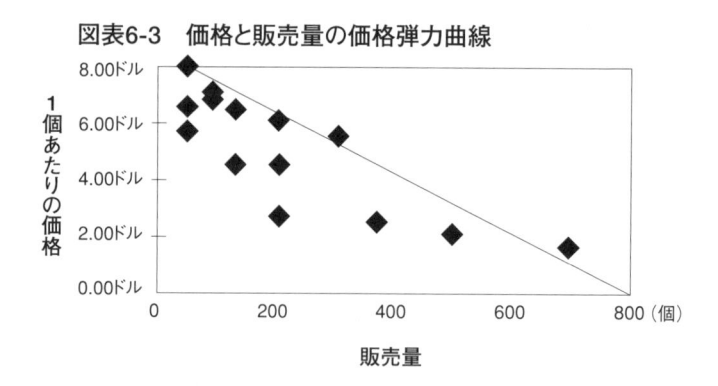

図表6-3　価格と販売量の価格弾力曲線

（縦軸：1個あたりの価格、横軸：販売量）

得た数字に利益状況を加えた財務状況は、以下の通りとなった。（図表6-4）

図表6-4　価格弾力性分析（1）

価　格	販売量	売上高	利益額
6.00ドル	175	1,050ドル	743.75ドル
5.00ドル	300	1,500ドル	975.00ドル
4.00ドル	400	1,600ドル	900.00ドル
3.00ドル	550	1,650ドル	687.00ドル

　価格弾力性分析により、どうやらボール1個あたりの価格を5.00ドル前後にすれば、利益を最大化できそうであることがわかってきた！　それでは、最終的な価格を決定するため、もう少し詳細に分析してみよう。（図表6-5）

図表6-5　価格弾力性分析（2）

価　格	販売量	売上高	利益額
5.50ドル	250	1,375.00ドル	937.50ドル
5.25ドル	275	1,443.75ドル	962.50ドル
5.00ドル	300	1,500.00ドル	975.00ドル
4.75ドル	325	1,543.75ドル	975.00ドル
4.50ドル	350	1,575.00ドル	962.50ドル

ボールの価格が5.00ドルでも4.75ドルでも、同額の利益が見込めることに気がついたであろうか？　このどちらかを選ぶとすれば、当然5.00ドルを選択するべきである。なぜなら、4.75ドルで販売した場合には、5.00ドルで販売した場合と同額の利益を稼ぐために、25個も余分なボールを製造しなくてはならないからである。

価格弾力性分析を行うことで、当初経営陣が考えていた価格である4.00ドルで価格設定するという愚を犯すことなく、利益最大化のために最適な5.00ドルという価格を導き出すことが出来た。もし価格を4.00ドルにしてしまっていたら、ボールを1個売るたび1ドルの売上をみすみす逃していることになるため、どんなに一生懸命働いたとしても、少しの利益しか得ることができなかったのである。

● 競争に勝つための原則 ●

「平均価格」を価格決定の理由にしてはならない。「平均価格」を使ったのでは「平均的な利益」しか期待できないからである。価格弾力性分析を行うことにより、利益を最大化できるような価格設定をすることができる。「一生懸命」働くのではなく、「賢く」働くべきである

販売部門とマーケティング部門のジレンマ

もう一度、野球ボールを4.00ドルで売った場合と5.00ドルで売った場合の財務状況を見てみよう。（図表6-6）

図表6-6　野球ボールの販売財務状況

価　格	販売量	売上高	利益額	利益率
5.00ドル	300	1,500ドル	975.00ドル	65.00%
4.00ドル	400	1,600ドル	900.00ドル	56.25%

この数字こそが企業における販売部門とマーケティング部門の対立の原因となる。この2つの部門は異なる目標を持っているため、問題意識も異なっ

ている。通常、マーケティング部門は利益目標を与えられており、目標に対する利益額の達成度がボーナスに影響している場合も多い。一方で、販売部門は販売量や販売額を目標とし、ボーナスや歩合なども販売量や販売額に連動している場合が多い。この異なる報奨制度が原因で、よく両部門間に対立が起こる。上の例では、販売部門は販売量・額を最大化できるようにボールを4.00ドルで売ることを主張するであろうし、反対にマーケティング部門は利益額を最大化できるように5.00ドルを主張するであろう。これでは、一般的な企業で販売部門とマーケティング部門の仲が良くないのも当然である。

　では、どちらの価格設定が本当に正しいのであろうか？　もし上場企業であれば、5.00ドルを選択すべきである。というのも、上場している株式会社では株主価値の最大化、すなわち利益額の最大化が義務だからである。一方で非上場企業の場合には、利益の最大化が必ずしもオーナーの意向と一致するとは限らないため、「正しい」価格を決定するためには様々な他の要素の検討が必要かもしれない。

　私はこれまで、販売部門が「マーケティング部門の価格設定は高すぎて、とても売上目標の達成は無理だ！」と愚痴や不満をこぼすのを、数え切れない程聞いてきた。あなたもきっと、聞き覚えがあるに違いない。これは販売部門が販売量や販売額を志向しているため当然であり、販売部門は常に販売量・額を最大化するレベルまで、利益など関係なく価格を引き下げようとするのである。この問題を解決する方法としては、販売部門の給与やボーナスと販売量・額を切り離してしまうということが考えられるが、もしそうなったら販売部門はやる気や意欲を失ってしまうであろう。この問題には「これだ！」という解決法はないが、多くの企業で現実の問題となっている。

❗ マーケティング・ゴールド・スタンダード

あなたにとってはただのゴミでも、他人にとっては宝かもしれない

　ユタ州のパーク・シティという町のメイン・ストリート沿いに、昔の希少品や骨董品などを扱う店がある。私はこの店で、様々な骨董品とそれらの価格を見て回るのが大好きである。この店では、既に廃坑になったパー

ク・シティ銀山の株券（25ドル）、古い「コカ・コーラ」のガラス瓶（1本15ドル）、壊れたネオンサイン（300ドル）などと共に、ウエスタン・ブーツ、錆びたバケツ、鉱山用のランプなど、米国西部開拓時代の数々のガラクタが売られている。

　最初に店に足を踏み入れたとたん、きっとあなたは「なんとガラクタばかりの店なんだろう！」と思うに違いない。しかし、この店のオーナーはこのガラクタで一財産を築いたことを忘れてはいけない。オーナーは消費者が価格で商品の価値を判断するという習慣を利用し、何でもないガラクタに高い値段をつけることで、あたかも価値のあるコレクターズ・アイテムであるかのように信じさせたのである。このようなガラクタには、直接の競合品や比較の対象となるような商品もないため、この戦略は非常にうまくいった。この店では今でも、パーク・シティや西部開拓時代の貴重な歴史の一部を手に入れたと信じる観光客たちで、大いに賑わっている。

　では、この店のオーナーが、商品を市場価値に基づいた正当な価格で売ったらどうなるであろうか？　例えば、パーク・シティ銀山の株券が1ドル、また古い「コカ・コーラ」のガラス瓶が2ドル、壊れたネオンサインが5ドルといった具合である。これではきっと、誰も商品を買わないであろう。このような価格設定では、店に足を踏み入れた客が見るのは、価値のあるコレクターズ・アイテムではなく、ただのガラクタの山でしかない。高い価格設定をすることにより、その商品の価値が高いと消費者に信じさせることができるのである。

　町の床屋では髪を12ドルで切ってくれるというのに、多くの人が200ドルも払って流行のヘアサロンに行くのはなぜであろうか？　それは、流行のヘアサロンの方が圧倒的に価格が高いため、町の床屋と較べて非常に高い技術やサービスを提供する、と消費者が信じているからである。しかし、現実にそんなに大きな差があるかどうか、私にはかなり疑問である。

● 競争に勝つための原則 ●

「あらゆるものがコミュニケーションの手段となる」ことを忘れてはいけない。特に価格について、この点は重要である。なぜなら、製品に設定

Part2 Cornerstones

> された価格が、その製品が消費者に提供する価値の大きさを伝えているからである
> 価格を低く設定したら、消費者は「その製品は提供価値に自信がない」と考えるであろう。価格を高く設定したら、消費者は「その製品には高い価値がある」と考え、実際に高い価値を提供していると感じてくれるかもしれない

　私の友人で、マーケティングのコンサルタントをしている人がいる。彼が事業を起こした当初、コンサルティング料として通常5万ドルを請求していたが、時には値引をして3万5000ドルで仕事を受けていた。彼はなんとか事業を続けてはいたが、決して順調とは言えなかった。クライアントを見つけるのに、いつも四苦八苦していた。

　そこで彼は、新規のクライアントを獲得するために、価格を下げるのではなく、逆にコンサルティング料を7万5000ドルに値上げし、一切値引きしないことにした。すると、他には特に何も変えていないのに、突然クライアントがつくようになった。現在では、彼はコンサルティング料として15万ドルを請求し、彼の予定は8カ月先まで一杯と言う状態である。彼は実際に売っている内容を変えることなく、価格を上げることで、クライアントから見た彼のサービスの価値を上昇させたのである。彼は今では、世界でも指折りのカリスマ・コンサルタントになっている。まさに、価格が価値を表していたのである！

■■「最低価格」戦略

　「最低価格」戦略を追求するためには、脳手術や宇宙工学などの難しい理論は必要ない。多くの小売が、この戦略に沿って事業展開をしようと試みたが、ウールワース社（Woolworth's）やピープル・エクスプレス社（People's Express）を始めとする多くの会社が消えてしまった。「最低価格」を追求した戦略が成功しにくいのはなぜであろうか？

> ● 競争に勝つための原則 ●
>
> 消費者にとっては「低い価格」ではなく「高い価値」が重要である。消費者は、製品の価格とその製品の提供する便益を考えた上で、最も高い価値を提供する製品を選択するのである

　この心理的な要因が、数年前に大流行したプライベート・ブランドが、いわゆるナショナル・ブランドを駆逐できなかった理由である。消費者は、普段から使っていた「タイド」（Tide）衣料用洗剤、「フォルジャーズ」（Folgers）コーヒー、「バウンティ」（Bounty）ペーパータオルなどの製品のブランド自体に本質的な価値を見出していた。プライベート・ブランドが提供した価格差は、ナショナル・ブランドが持つ「ブランド」の価値を補うには十分でなかったのである。

　「最低価格」をブランドの唯一のポジショニングとして標榜するような製品や事業は、いずれ失敗する。この章の前半の「20セントの値上げでも、消費者はカミソリのブランドを変えるかもしれない」という例のように、確かに低価格は消費者にとって重要ではある。しかし、低価格だけがブランドのポジショニングの全てにはなり得ない。というのも、遅かれ早かれ同じような便益をより安い価格で、または同じ価格でより良い便益を提供する競合が出現した段階で、そのブランドは存在意義がなくなってしまうからである。

■「安物」という心理

　実際には貧しい消費者でも、自分が貧しいと信じたい人はいない。貧しい人でも、普通の人と同じように人生を楽しみたいのである。有名ブランドの製品は、買うことで安心感や優越感を感じることができる。例えば、新車を買うだけの余裕はない人でも、大好きなコーンフレークのブランドや、プレミアム・アイスクリームのブランドを買うことで、「小さな贅沢」を楽しむことができるのである。ある調査によると、世帯収入が平均以下の世帯が毎日の生活に有名ブランド品を買う割合は、平均的世帯より高いそうである。これは、石鹸・化粧品・インスタント食品などの日用品にも、時計・テレビ・

Part2 Cornerstones

ステレオなどの贅沢品にもあてはまるという。

　貧しい人たちでさえ「安いだけ」の製品を欲しがらないとしたら、中流・上流の人たちが欲しがるはずもない。消費者は「質」を求めているのであり、高い「質」のためには高い価格を払う用意があるのである。あなたが製品に設定する価格というのは、その製品が消費者に提供する「価値」の大きさを表している。例えば、ロレックス（Rolex）の時計に約4000ドルもの「価値」が本当にあるのだろうか？　私自身はそれだけの「価値」があるとは思わないが、コレクターの中にはロレックスにこの法外な価格だけの「価値」があると考える人もいるかもしれない。全ての消費者は、製品の提供する「便益」と購買にかかる一連の「費用」から、常にその製品の「価値」を判断しているのである。

■■「お買い得（ベスト・バリュー）」と謳う効果

　スーパーマーケットに行ってみると、多くの製品がパッケージで「お買い得（ベスト・バリュー）」と謳っているのに気が付くであろう。これは、「（同じ量ならば）最低の価格」という意味である。このような販促パッケージは、そのブランドの性能・パフォーマンス・価値などが競合ブランドより劣っている、ということを示しているに過ぎない。消費者は何も最低価格の製品を探しているわけではなく、自分の限られた財布の中身で最高の価値を得たいだけである。消費者が買うのは最も魅力的で説得的な便益を提供する製品であり、あなたがパッケージで強調しなくてはならないのは「お買い得」などではなく、製品の便益なのである。

■■製品ライフサイクルに基づく価格設定

　製品ライフサイクルという考え方も、価格設定の検討には有効である。この考えを理解するために、90年代半ばにデジタル衛星放送の受信機が売り出された時のことを思い出していただきたい。発売当初、受信機の平均的な価格は基本セットで499ドルであった。ケーブルテレビに飽きていたテレビ好

きの人々や新しいもの好きの人々は、この世界をつなぐ新しい機械を買うために店に走った。受信機メーカーは、この当初の高い価格設定で得た豊富な利益を、大量生産で価格を下げるために投資した。2年後には受信機の基本セットの平均価格は299ドルになり、そのまた2年後には99ドルになった。

　受信機メーカーは、一体どこで利益を得たのであろうか？　発売当初である。現在では競争激化で受信機のセット価格は99ドルまで落ちてしまったため、受信機自体ではほとんど利益が出ていない。しかし今では、500万を超える世帯に対する衛星放送プログラムの販売により、膨大な利益が生み出されている。ディレクTV社（DirecTV）は、このように製品ライフサイクルに合わせて異なる価格設定を行うことで、サービス開始直後から今までの利益を最大化してきたのである。

■ フェレンギ星人式「儲け第一主義」の価格設定

　テレビ番組「スター・トレック」（Star Trek）のシリーズの中に、耳が大きい宇宙船の操縦士で、フェレンギ星（Ferengi）から来たクァーク（Quark）という宇宙人がいる。

　クァークを始めとするフェレンギ星人は、生まれた時から「金儲け」が人生の唯一の目的であるとされ、学校教育は金儲けの仕組みと他人との交渉術に集中していた。「倫理」などは授業に含まれておらず、当然のことながらフェレンギ星人は他の宇宙社会から全く信用されていなかった。

　価格を決定する時には「フェレンギ星人的」な考え方は確かに若干は必要かもしれない。しかし同時に、消費者が「支払った金額に対して正当な価値を得た」と納得できるような価格設定をするためには、利益追求の欲望を押さえることも重要である。ビジネスを長期的に成功させるためには、あなたの売る製品は常に消費者に十分な「価値」を提供していなくてはならない。あなたから何かを買ってくれた消費者が、遠くない将来にまた「あなたの製品を買いたい」と思ってくれるように、常に消費者が十分に納得できるような価格設定を行うべきなのである。

　消費者を粗末にしたら、その報いを受けるのはあなたである。消費者は一

度「騙された」と思ったら、もう二度とは戻って来てくれない。「騙された」と思った消費者は、次回はあなたの製品の代わりに、競合製品を買うであろう。騙したりごまかしたりして稼ぐような「儲け第一主義」では、ビジネスは短期間しか持たない。もしビジネスの長期的な成功と発展を望むのであれば、常に高い倫理観を保ち、また消費者の信用を築くことができるように事業活動を行う必要がある。もちろん、製品に消費者が納得するだけの高い価値の便益がある場合には、高い価格を設定することは決して悪いことではない。もし正しい価格設定を行うことができれば、あなたのビジネスは一段と成功に近づくであろう。

この章のまとめ

- 最適な価格の決定は一筋縄ではいかない難しい仕事である。利益を最大化するような価格設定をすることが重要である
- 消費者の価格に対する敏感度合は、製品の特徴によって大きく異なる。競合との差別化が小さい日用品的などでは消費者は価格に非常に敏感であるが、逆に、他の製品にはない優れた特徴を持つ製品であれば、価格設定はかなり自由に行うことができる
- 価格弾力性分析により、利益最大化のために最適な価格を発見することができる
- 製品の価格自体が、消費者に対して製品の特徴や価値を伝えている
- 「最低価格」戦略の追求は、失敗へと続く道である
- 消費者にとって重要なのは製品の便益であり、必ずしも最低の価格ではない。消費者はより良い便益のためには、プレミアム価格を払う

第7章 カテゴリーを独占する製品ミックス

消費者に最適な製品ミックスを提供する

男性用のパンツは、最低限の機能が求められて、あまり余分な飾りが必要とされない、最も典型的な製品のひとつであろう。男性の中には、「日曜の朝にパンツ姿で家中をうろうろできること」がパンツを必要とする最大の理由であり、パンツのゴムがよれよれになろうとも色があせようとも全く気にせず、妻が法的手段にでも訴えない限り新しいパンツを買いに行かないような人もいるかもしれない。でも、こんな男性でも自分のパンツのブランドには、頑固な意見を持っていたりする。子供のころから、ずっと同じブランドのパンツをはいている男性がいるかもしれない。大学時代に自分のお気に入りのブランドを見つけて以来、ずっとそのブランドのパンツだけをはいている男性もいるかもしれない。また、自分が「ひいき」にするスポーツ・チームの試合を応援する時は、「げん」をかついで特別な「ラッキー・パンツ」をはく男性もいるかもしれない。

　要は、男性用のパンツのような「つまらない」製品でも、消費者はそれぞれ「好み」を持っているのである。これはつまり、あなたの提供する製品がどんなに画期的だとしても、何千人もの異なるニーズを持つ消費者の全員を、たったひとつの製品の種類だけで完璧に満足させることは難しいということ

なのである。消費者調査を実施してみれば、消費者が多くの場合、個人個人でかなり異なった、具体的なニーズを持っていることがわかるであろう。

異なる業界には、それぞれの業界の製品特性に特有の「好み」の問題がある。「好み」の違いは、個人の嗜好の問題であることもあれば（例：「香りつき」と「無香料」の消臭剤）、消費者の使用方法や使用機会の違いであることもあり（例：「持ち運び用」と「家庭用」）、また、ただ単に誰か他人の性格や好みを反映しているだけのこともある（例：「私のママがいつも買っていた」ブランド）。

どんなに熟練した職人でも全ての人に魅力的な作品を作ることはできないが、あなたがかなり多くの人を満足させることは可能である。市場と消費者を理解した上で、他のどの競合よりも消費者ニーズを上手に満たす製品ミックス（製品の選択肢）を提供すればよいのである。製品ミックスの提供とは、消費者調査の結果とにらめっこしながら、消費者の全ての味の好みと使用機会にあわせて細分化された製品をやみくもに提供することではない。もし、カテゴリー（市場）を独占したいと考えるのであれば、製品の便益が消費者の購買にどのように影響しているのか、また、あなたの製品の新ラインナップの発売は、あなたのビジネス全体にとってプラスかマイナスかといったことを理解した上で、製品ミックスを検討しなくてはならない。

本章では、最適な製品ミックスを策定してカテゴリーを独占するための、様々な戦略を紹介したい。

■■ セグメント分析

ツール

消費者ニーズを一通り分析・理解するためには、「セグメント分析」と呼ばれる手法が有効である。「セグメント分析」を用いれば、「消費者が店頭に何かを買いに行った時、製品の持つどのような特徴が最も重要なのか？」という質問に簡単に答えることができる。例えば、ビール業界のセグメント分析を行えば、ビール業界は以下のようないくつかのセグメントに分類されることがわかる。

アメリカン・ビール ：「バドワイザー」（Budweiser）、「ミラー」（Miller High Life）、「クアーズ」（Coors）、等
輸入ビール ：「ベックス」（Beck's）、「コロナ」（Corona）、「レーベンブロイ」（Lowenbrau）、等
ライト・ビール ：「バド・ライト」（Bud Lite）、「ミラー・ライト」（Miller Lite）、「クアーズ・ライト」（Coors Lite）、等
ローカル・ビール ：「ローリング・ロック」（Rolling Rock）など、小規模醸造所で製造されているブランド

　あなたがビール会社のマーケティング担当責任者だったとしたら、売上を最大化するために、それぞれのセグメント向けのブランドを用意するであろう。セグメント分析により、製品を発売するだけの理由・根拠がある、つまりは製品ミックスを提供すべきいくつかのカテゴリー（市場）に市場・製品全体をグループ分けすることができるのである。
　セグメント分析は、様々な異なる視点から行うことが重要である。米国の鎮痛剤市場を例にとってみたい。この市場には「アスピリン」（Bayer Aspirin）、「バファリン」（Bufferin）、「エキセドリン」（Excedrin）、「タイレノール」（Tylenol）、「アドヴィル」（Advil）、「アリーブ」（Aleve）などの有力ブランドがひしめいている。これらのブランドを発売している会社がセグメント分析を行う時は、まず消費者に「あなたが鎮痛剤を必要な時、鎮痛剤のどのような特徴が最も重要ですか？」という質問をする。答えは、大体以下の通りにまとめられる。

●適切な形状　　　：錠剤、ジェル、カプセル、液体
●適切な効き方　　：幼児用、子供用、少年・少女用、大人用（標準）、大人用（強力）
●適切な入り数　　：2回分、24回分、100回分、250回分
●鎮痛以外の効果：眠くならない、眠くなる、効目が長時間持続する、等

　市場では、アセタミノフェンを主成分としている「タイレノール」が市場のトップである。「タイレノール」はマクニール・コンシューマー・プロダク

Part2 Cornerstones

ト社（McNeil Consumer Products Co.）によって製造され、様々な入り数と形状（錠剤、ジェル、液体）で発売されている。製品ラインナップとしては、「子供用」「少年・少女用」「大人用（標準）」「大人用（強力）」「午後用」「長時間用」「関節痛用」がある。なぜこのような製品ミックスになったのであろうか？　その理由は、マクニール社のマーケティング担当者たちが「消費者の具体的で細分化されたニーズを満たすためには、これらひとつひとつの製品ミックス・選択肢が必要である」とセグメント分析により判断したからである。ここで重要なのは、タイレノールの製品ミックスでは製品間の重複が全くない、つまり製品ミックス内のそれぞれの製品が消費者の「特定のニーズ」それぞれに対応していることである。

　消費者の便益について検討する前に、「タイレノール」の実際の製品ミックスを見てみたい。

子供用：
- 幼児用「タイレノール」（液体）、簡単計量キャップ付き
- 子供用「タイレノール」（噛める錠剤、または液体）
- 少年・少女用（6〜12歳）「タイレノール」

大人用：
- 標準「タイレノール」（錠剤、またはジェル）、多様な入り数がある
- 強力「タイレノール」（錠剤、またはジェル）、多様な入り数がある
- 「タイレノール」午後用（錠剤、またはジェル）、多様な入り数がある
- 長時間用「タイレノール」（錠剤、またはジェル）、多様な入り数がある
- 関節痛用「タイレノール」（錠剤、またはジェル）、多様な入り数がある

　たぶん、あなたは「こんなに多くの種類を提供しなくても、全ての人の痛みを効果的に鎮めるような『タイレノール』が一種類だけあったら、皆それを買うのではないか？どうせ消費者は、痛みからの回復だけを鎮痛剤に求めているのだから」と考えるかもしれない。驚くなかれ、答えは「ノー」である。消費者は様々な異なる痛みの症状を感じるため、その特定の痛みの症状に最適な解決法を求めるのである。「タイレノール」の担当者たちは消費者の

第7章　カテゴリーを独占する製品ミックス

このような感覚をよく理解しているため、それぞれの消費者が自分の症状にぴったりな鎮痛剤を選ぶことができるような製品ミックスを提供している。「タイレノール」はブランド全体としては「早く効く、信頼できる鎮痛剤」という共通のイメージを保ちながら、様々な製品の選択肢を提供することで、「『タイレノール』の科学者が、最適な入り数、効き具合、形状などを、あなたの症状に合うように調合しました」というイメージも創り出している。しかも、このような製品ミックス戦略により、「タイレノール」は競合製品に対する優位性を築いているだけでなく、夜用、頭痛用、携帯用など、消費者にいくつもの「タイレノール」を購入してもらうことができるのである！

● 競争に勝つための原則 ●

「ひとつのサイズで、全ての人に」という考えは、消費財の歴史の中で最も真実から程遠い伝説である。「ひとつのサイズだけでは、誰にも合わない」というのがより真実に近いかもしれない

優秀なマーケティング担当者は、消費者ニーズによりよく適合するように、様々なサイズ、形状、色、仕様などの製品ミックスを提供し、ブランドとしての魅力を最大化させている

図表7-1　製品ミックスの考え方（タイレノールの場合）

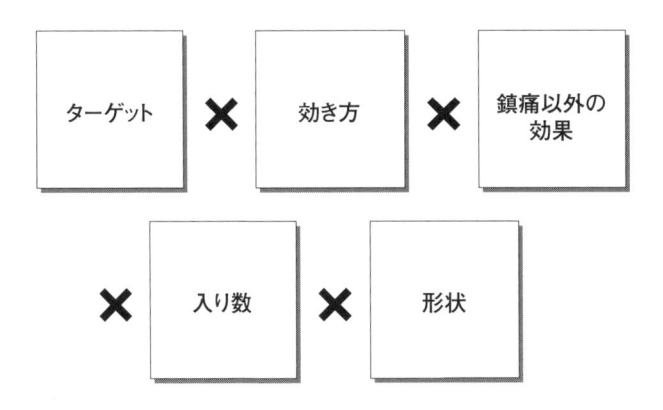

ターゲット ✕ 効き方 ✕ 鎮痛以外の効果

✕ 入り数 ✕ 形状

Part2 Cornerstones

❗ マーケティング・ゴールド・スタンダード

　スーパーマーケットに一歩足を踏み入れれば、トップ企業がカテゴリーを成功裡に独占することに貢献した製品ミックスの例を見ることができる。それらの中でも、あまりに有名なコカ・コーラ社（Coca-Cola）の製品ミックス戦略を見てみたい。コカ・コーラ社は基幹製品としての「コカ・コーラ・クラシック」（Coca-Cola Classic）に加えて、「ダイエット」（Diet）及び「カフェイン・フリー（カフェイン抜き）」（Caffeine-Free）というコーラ製品のフレーバーがある。コーラ製品は全て、2リットルのPETボトル、1リットルのPETボトル、600mlのPETボトル、300mlのガラス瓶、そして360mlのアルミ缶というパッケージで提供されている。消費者がコーラ製品で考えられうるほとんど全てのフレーバーとパッケージが、常に店頭に並んでいるのである。

　コカ・コーラ社は、コーラ製品と同様の製品ミックス戦略をソフトドリンク製品全体に適用した。ソフトドリンクで考えられうるほとんどのフレーバーで自社ブランドを確立し、その全ての競合ブランドを多種多様なパッケージで提供したのである。現在市場成功しているソフトドリンクのほとんど全てのブランドやフレーバーで、コカ・コーラ社は消費者にとって「代替」となるような自社製品を提供している（以下参照）。

競合ブランド／フレーバー		コカ・コーラ社製品
・ペプシコーラ（Pepsi）	⇔	・コカ・コーラ（Coca-Cola）
・ダイエット ペプシ（Diet Pepsi）	⇔	・ダイエット コカ・コーラ（Diet Coca-Cola）
・セブンアップ（7-Up）	⇔	・スプライト（Sprite）
・ドクターペッパー（Dr. Pepper）	⇔	・ミスターピブ（Mr. Pibb）
・マウンテンデュー（Mountain Dew）	⇔	・サージ（Surge）／メローイエロー（Mello Yellow）
・チェリーペプシ（Cherry Pepsi）	⇔	・チェリーコーク（Cherry Coke）

- オレンジ・クラッシュ（Orange Crush） ⇔ ・ミニッツメイド オレンジ（Minute Maid Orange）／ファンタ オレンジ（Fanta Orange）
- ルート・ビア（Root Beer） ⇔ ・バーク・ルート・ビア（Barq's Root Beer）
- フルーツ味 ⇔ ・ファンタ（Fanta）
- スナップル（Snapple） ⇔ ・フルートピア（Fruitopia）

　コカ・コーラ社のこの製品ミックス戦略より、あなたが「ソフトドリンクを飲みたい」と思った時、あなたの喉の渇きを癒すのに最適なソフトドリンクがコカ・コーラ社の提供する製品の中で必ず見つかるようになっているのである。

■ 使用機会の細分化

　セグメント戦略が成功するかどうかは、消費者調査の結果をいかに慎重に分析・理解できるかにかかっている。分析にあたって重要な「切り口」は複数あるが、製品便益の分析の次に重要なのは、製品の使用機会に関する分析である。違う言い方をすれば、消費者が製品に「何ができることを期待しているか（What）」だけではなく、消費者が製品を「どのような時にどのように使っているか（When、How）」も分析しなくてはならないのである。

　使用機会分析は、次の2つの理由から非常に有益である。まず、消費者が製品をどのような時にどのように使っているかを深く理解することができれば、消費者の購買意思決定に大きな影響を与える要因（製品が使いやすい、使っていて楽しい、便利、等）について深く理解することが可能となる。次に、消費者が製品を実際にどのように使用しているかを理解することにより、製品の使用頻度を上げるためのヒントを得ることができるかもしれない。製品の使用頻度が上がれば、当然ながら製品の購入頻度も上がるのである！

　「バンド・エイド」（Band-Aid）は、使用機会によるセグメント分析がいかに有効かを理解するには最適の事例である。そもそも救急絆創膏は、何十年

もの間スーパーマーケットや薬局で最も競争の激しい市場のひとつであった。市場ではジョンソン＆ジョンソン社の「バンド・エイド」とコルゲート社（Colgate-Palmolive）の「キュラッド」（Curad）という2つのメジャー・ブランドに加えて、「スリーエム」（3M）や「キッド・ケア」（KidCare）といったシェアの小さなブランドも入り乱れて、激しい競争を繰り広げていた。1960年代から1980年代まで、市場には「革新」と呼べるような大きなニュースはほとんど存在しなかった。その中で最も「革新」に近かった新製品は、「剥がすときに痛くないバンド・エイド」（実際には剥がすときに死ぬほど痛くて、約束した便益を全然提供していなかったが）と、子供用にアニメのキャラクターをライセンスであしらった若干カラフルで見た目が楽しげな絆創膏くらいであった。

このように市場に活気が全くない状況では、「バンド・エイド」と「キュラッド」の間でシェアがほとんど動かなかったのは想像に難くない。市場では両方のブランドがそれぞれ確固たる地位を築いており、あらゆる面で激しい競争をしていたが、どちらも決め手を欠いていた。ところが1990年代中頃、「バンド・エイド」がセグメント分析によって開発した、消費者の具体的な使用機会に焦点を当てた新製品攻勢で、一気に競争から抜けだした。

ある日突然、「アロエ・ビタミンE入り」「止血剤入り」「指とひじ用」「スポーツ用」「防水」「透明」「蛍光色」「ディズニー・キャラクター付き（人魚姫、くまのプーさん、ミッキーマウスなど）」などの様々な種類の「バンド・エイド」が手に入るようになったのである。

今まで拮抗していたシェア争いが、一夜にして一方的な戦いとなった。現在の状況は、私が近くのスーパーマーケットで確認できる限り、「バンド・エイド」が絆創膏の棚の約75％を占めており、残りのスペースを「キュラッド」や「スリーエム」「キッド・ケア」などで分け合っているという構図である。

「バンド・エイド」の戦略が優れていたのは他にも理由がある。「バンド・エイド」は消費者の絆創膏に対するニーズを上手にとらえただけでなく、消費者が何箱もの「バンド・エイド」をいつも家においておくという「理由」を創造した。きっとあなたの家にも、子供用（子供をあやすためにアニメのキャラクターがついたもの）、指とひじ用（最も頻繁に起こる怪我）、スポーツ用（父親や子供がバスケットボールをするときなどに必要）、さらにはもし

かしてアロエ・ビタミンE入りなどの「バンド・エイド」の箱が、いつ起こるかもしれない切り傷や引っ掻き傷などに備えて救急箱に入っているに違いない。別に消費者が以前より多くの絆創膏を必要とするようになったわけではない。しかし、今では消費者が使用する状況に応じて、1箱だけではなく数箱の「バンド・エイド」を買うだけの明確な理由があるのである！

細分化が成功しない場合

ここまで読んでいただいた読者は、「消費者に多くの製品の種類を提供することが成功の秘密だ！」と考えているかもしれない。今まで数え切れない多くのマーケティング担当者が、この考えの罠にはまってきた。マーケティングを最も理解しているはずの大企業でさえ、「良い」セグメント分類と「悪い」セグメント分類を識別できずに、同じような罠にはまることがある。

例として、歯磨き粉のセグメント分析をしてみよう。もし消費者に「あなたがお店に行って歯磨き粉を買う時、製品のどのような要素を重要視しますか？」と聞けば、以下のような要素が「重要」として挙がるに違いない。

- 虫歯を防ぐ
- 息をさわやかにする
- 歯を白くする
- 歯石を防ぐ
- 歯周病を防ぐ
- 重曹入り
- 敏感な歯・歯ぐき用
- 子供用
- 歯を傷めない
- 口の中をさわやかで清潔にする

歴史的には、虫歯を防ぐ成分の「フッ素」を配合したP&G社（Procter & Gamble）の「クレスト」（Crest）が、1960〜70年代にかけて歯磨き粉市場を実質的に独占してきた。競合ブランドは直接の競合を避けて、「虫歯を

Part2 Cornerstones

防ぐ」以外の製品便益を訴求した。「グリーム」(Gleem)や「ウルトラ・ブライト」(Ultra Brite)といったブランドは「白い歯」と「素敵な笑顔」を、「アクア・フレッシュ」(Aquafresh)は「歯をきれいに磨く」「歯を白く」「さわやかな息」という3つの便益を、「センソダイン」(Sensodyne)は敏感な歯・歯ぐき用として、「アーム＆ハマー」(Arm & Hammer)は重曹入りの強力洗浄力を、そして「コルゲート」(Colgate)は「クレスト」と基本的には同じ便益を訴求していた。

　1980年代中頃、新製品と新パッケージが続々投入されたため、歯磨き粉市場は活性化した。トップブランドの「クレスト」と「コルゲート」がブランド史上初めて、消費者受けのいい半透明なジェル状の新製品や新フレーバーを発売した。また、従来のチューブ型のパッケージに対する消費者の不満を解決するような、ポンプ型や縦型などの新しいパッケージの製品も発売された。それまではひとつのブランドに2～3種類の製品ラインナップしかなかった市場は、主なブランドは10種類以上の製品ラインナップを提供するようになり、製品の種類が格段に増加したのである。

　1990年代に入っても、歯磨き粉の製品種類の増加傾向は続いた。全ての主要ブランドは、セグメント分析から導き出される全ての消費者ニーズのひとつひとつに対応した、非常に幅広い製品ラインナップを提供するようになった。ほとんどのブランドが、「歯石防止」「歯周病防止」「輝く白い歯」「重曹入り」「敏感な歯・歯ぐき用」それぞれに特化した製品を「ジェル」と「普通」の両方の形状で提供し、また「子供用」も別途提供していた。一般的な店の棚での歯磨き粉は80種類を超え、歯磨き粉の選択は消費者にとって頭の痛い作業となっていた。

　1998年、「コルゲート」が非常に賢い戦略を採用した。「コルゲート」は、歯磨き粉の選択肢が多すぎて消費者が混乱していることに気が付き、正反対の方向に転換した。歯磨き粉の何か新しい消費者便益を見つけ出して新製品として発売する代わりに、セグメント分析から導き出される消費者便益をたった一本の歯磨き粉で解決するような新製品、「コルゲート・トータル」(Colgate Total)を発売したのである。「コルゲート・トータル」は爆発的に成功し、発売後2カ月後までに35％ものシェアを獲得した。「クレスト」もすぐにコピー製品「クレスト・コンプリート」(Crest Complete)を発売

して追随したが、いったん奪われたシェアを取り戻すことはできなかった。消費者は、「コルゲート・トータル」で歯磨き粉に期待する全ての便益を得ることができるため、もはや他のブランドに乗り換える理由がなかったのである。「コルゲート」は「クレスト」との競争に勝利したのである。

> ● 競争に勝つための原則 ●
>
> 消費者にとっての便益を分析するときには、便益が相互に関連しているかどうかを慎重に検討しなくてはならない。相互に関連のある便益を、分断して考えるようなことがあってはならない

■■「シンプル」の重要性
　　(KISS：Keep It Simple Stupid)

　ほとんどの歯磨き粉ブランドは、消費者のセグメント分類を製品便益間の関連性を全く考慮せずに行ったため、セグメント分析の罠にはまったのである。多くのブランドが、消費者自身が「重要である」と主張する単位（歯の白さ、さわやかな息、等）で消費者をセグメント分類したが、これは注意不足であった。消費者は別に、「白い歯」または「さわやかな息」のどちらかが欲しいと言ったわけではなく、その両方ともが欲しかったのである。消費者が異なれば、歯磨き粉に期待する便益の優先順位は若干異なるかもしれないが、「私は息のにおいなんて、全く気にしない」とか「歯の白さは、私には全く重要ではない」という消費者はほとんどいないのが現実である。また、歯磨き粉は使用する機会によって製品に期待される便益が違ってくるような製品でもない。つまり、消費者が歯磨き粉に期待する便益は、いつ、どのように、または1日に何回歯磨き粉を使おうとも、基本的に同じなのである。

　「タイレノール」と「バンド・エイド」の例に戻って考えてみよう。これらのブランドがセグメント戦略で成功したのは、各セグメントに固有の消費者ニーズを発見できたからである。全ての「タイレノール」製品は「鎮痛」という基本的便益を提供している。しかし、その「鎮痛」という基本的便益を提供できたとしても、消費者の中にはどうしても錠剤を飲み込むことができ

ないため、ジェル状の製品を必要としている人がいるのである。最大限の鎮痛効果は欲しいが、今すぐ眠りたくはない（「眠くなる」という便益が必要ない）消費者もいるであろう。「バンド・エイド」に関しては、清潔でつけ心地の良いことは全ての消費者に期待されているであろうが、絆創膏の使い方は使用機会によって大きく異なる。子供用にカラフルな色の絆創膏が欲しい時があるかもしれない。別の時には、スポーツをしても剥がれ落ちないような耐久性と伸縮性がある絆創膏が必要かもしれない。両方の便益を同時に必要としているわけではないのである。

　歯磨き粉の消費者は、鎮痛剤や絆創膏とは異なり、全てが欲しいのである。歯を清潔で白くすることはできるが、歯石や虫歯を防ぐことができないような歯磨き粉はいらないのである。消費者が求めていたのは、まさに「コルゲート・トータル」が訴求したように、一本で歯を清潔で白くし、虫歯や歯石を防ぎ、息をさわやかにし、歯周病をも防いでしまうような歯磨き粉なのである。しばらくの間は、これら便益の中のどれかひとつだけを訴求するようなブランドも生き伸びることができるかもしれないが、最終的には、全ての便益を1本で完全に解決できるようなブランドが勝利を収めるであろう。

　これまで見てきた事例から、いかなる製品カテゴリーでも、製品ミックス戦略は消費者ニーズが「独立」しているか、または「関連」しているか、で決定されなくてはならないことがわかる。もし消費者ニーズが相互に関連しているのであれば、バラバラに分解してはならない。もし、消費者が「低カロリーでおいしい」ソフトドリンクが欲しい場合には、決して「低カロリー」だけの製品を売ろうとしてはいけない。消費者ニーズにきちんと対応した、「低カロリー」で「おいしい」製品を提供しなくてはならないのである。

■ ファイター・ブランド

　もしあなたが本当に競合に圧倒的な差をつけて勝利したいのであれば、店の棚や消費者をめぐる公の場の競争は、競争のほんの一部でしかないことを知っておく必要がある。競争の駆け引きや策略の中で最も面白い部分は、実は消費者から見えない場所で密かに行われていることもある。大手企業では、ファイター・ブランドと呼ばれる低〜中価格帯の「秘密兵器」的ブランドを

販売していることも多い。ファイター・ブランドの存在意義は、消費者のロイヤルティ獲得でも、売上の拡大でもなく、「競合ブランドに打撃を与える」ことだけである。ファイター・ブランドの使命は、優秀な兵隊や戦士と同様、君主（自社のプレミアム・ブランド）を守ることである。

　ファイター・ブランドは「こっそり」と実行されれば、製品ミックスとして有効である。P&G 社は数年前、冷凍濃縮オレンジジュース市場で自社のプレミアムブランド「シトラス・ヒル」（Citrus Hill）を守るために、ファイター・ブランド戦略を採用した。P&G 社が1989年に買収したサンドール社（Sundor）という小さなジュース製造会社が持っていたブランドの中に、「テクサン」（Texsun）というブランドがあった。「テクサン」は主に食料品店で売られている、缶入りジュースの定番として知られていた。「テクサン」は缶入りグレープフルーツ・ジュースの市場では10%近いシェアを持っていたので、ジュースの消費者間ではある程度のブランド認知があった。

冷凍オレンジジュース市場では冷蔵（チルド）ジュース市場と異なり、中価格帯の製品が市場の大勢を占めている。製品が凍っているため、消費者は「新鮮さ」という要素をもはや重要視しておらず、また中価格帯のブランドと、「トロピカーナ」（Tropicana）、「ミニッツメイド」（Minute Maid）、「シトラス・ヒル」（Citrus Hill）といったプレミアム・ブランドとの味の差をほとんど感じていなかった。P&G 社が「テクサン」冷凍オレンジジュースを全国発売した時、「テクサン」の価格は「シトラス・ヒル」や他のプレミアム・ブランドではなく、中価格帯のブランドと同等に設定された。

　「テクサン」発売の狙いは冷凍ジュース市場でシェアを拡大することではなく、「シトラス・ヒル」の競合ブランドである「ミニッツメイド」や「トロピカーナ」の販売促進キャンペーンを失敗させることであった。これらの競合ブランドがスーパーマーケットの広告などに登場する（ブランドに多額の費用がかかる販売促進活動である）たびに、P&G 社の販売部隊がそれらのスーパーマーケットに対して「テクサン」を大量値引で提供し、店頭で「今週の特別値引品」として特別に陳列してもらうのである。店頭に来た消費者はたいてい「ミニッツメイド」や「トロピカーナ」ではなく、より大きな値引きをされていてお買得な「テクサン」を手にとる、という寸法である。この戦略は「トロピカーナ」や「ミニッツメイド」の販売促進キャンペーン期間中

に売上の増加を抑止するために、非常に有効であった。

　この戦略は、他にも利点があった。「シトラス・ヒル」は価格戦争に巻き込まれることを避けることができたため、プレミアム・ブランドとして非常に重要なブランド・イメージと価格設定を維持できた。同時に、小売はいくら販促を行っても期待された販売目標に届かないため、「ミニッツメイド」や「トロピカーナ」の冷凍ジュースの販売に取り組む気を失った。

　ファイター・ブランドを一般的な消費者が見分けることは難しい。大手メーカーはこれらのファイター・ブランドとの間に大きな距離を置いて、自社とファイター・ブランドとの関係を秘密にしている。よく使われる手は、過去に買収したが現在は実体のないような企業をファイター・ブランドの製造会社として使用し、簡単には正体を見破られないようにすることである。もし、あなたが全く知らないブランドの製品が中価格帯で売られているのを見かけたら、そのブランドはいずれかのブランドと戦う使命を帯びたファイター・ブランドかもしれない。

■ プレミアム・ブランド

　多くの消費者向けブランドは、自分のことをプレミアム・ブランドであると考えている。プレミアム・ブランドとは、消費者がそのブランドを使用したり所有することなどによって得ることができる「価値（目に見える場合もあれば、見えない場合もある）」が、競合や低価格ブランドと比較して高価な価格を正当化するだけ大きいブランド、ということである。

　長距離電話会社は、プレミアム・ブランドの威力について学ぶためには絶好の例である。長距離電話市場では、AT&T社、MCI社、スプリント社（Sprint）、そして多くの中小規模の会社（いわゆる「低価格ブランド」に相当する）が、電話線を通じて長距離電話をするという「時間」を販売している。「時間」は「ユモディティー」であり、AT&Tで電話をする10分間は、中小の長距離電話サービスの会社で電話をする10分間と全く同じである。誰から買おうが、「時間」は「時間」なのである。では、全ての消費者が最も安い価格を提供している中小の長距離電話サービス会社に移ってしまわないのはなぜであろうか？　プレミアム・ブランドの力が、消費者をAT&T社、

MCI社、スプリント社などに引き止めているのである。

　AT&T社は数年前、「Xファイル」の陰謀（訳注：米国政府が世間の目から真実を隠すために、UFOや宇宙人関連の事件を集めた「Xファイル」を秘密裡に作成していたという噂）と似た、非常にずる賢い施策を行った。もし消費者が真実を知ったならば、きっとAT&T社を世間から追放してしまったかもしれない。AT&T社は長距離電話の価格帯を昼（7:00-17:00）と夜（17:00-23:00）と深夜（23:00-7:00）の3段階に分け、あたかもそれらの価格の違い（昼が最も高く、深夜が最も安い）には合理的な理由があるかのように消費者に信じさせたのである。消費者は「昼間は何らかの理由で（人件費？　システム費？）AT&T社の費用が高いが、夜間は全体的な電話の量が少ないため安い電話料金を提供できる」と信じてしまった。

　この戦略により、AT&T社は何年もの間世界で最高の利益性の企業となった。しかし、騙されてはいけない。実は、どんな時間に電話をかけようとも、AT&T社に発生する費用には全く差がなかったのである。朝10時の電話も深夜12時の電話も、AT&T社は全く同額のコストを計上していた。昼間の高い電話料金設定には、全く根拠がなかったのである。何年もの間、AT&T社は3段階の電話料金設定で消費者をうまく欺き続け、高く設定された昼間の料金で膨大な利益を得た。

　それでは、AT&T社出身の幹部が創立したMCI社やスプリント社など、長距離電話の真実の費用構造を知っており、AT&T社の料金を値引すれば大きな事業機会があると考えていた会社はどうしたのであろうか？　MCI社やスプリント社は「AT&T社の品質を低価格で提供」というコンセプトを追求した。「1分間25セント」や「24時間同じ料金」などの価格戦争がはじまり、競争は厳しさを増していった。AT&T社とMCI社やスプリント社との価格差は、消費者が長距離電話サービス会社を乗り換える理由としては十分大きく、AT&T社は「最も信頼できる電話会社」というコンセプトを訴求したにも関わらず、消費者はAT&T社と他の電話会社の間に品質の差を全く見出すことができなかった。

　AT&T社は、もはやブランドイメージの優位性だけでは利益を生み出せなくなってしまった。競争は新しい局面、価格戦争に入ったのである。電話の音質はどの会社も同等であり、どの会社を通しても同じように電話が繋がる

ようになった今、差別化できる要素は価格だけであった。電話会社が低価格の販売促進キャンペーンを行うたびに、消費者は喜々として電話会社を乗り換えた。多くの家庭では、年に6～8回も長距離電話会社を替えるようになってしまったのである。

　では、プレミアム・ブランドはこのようなコモディティー化した市場でどのように生き残ろうとしたのであろうか？　まず最初の試みは、消費者が熱狂していた電話会社乗り換えの抑制を狙った、消費者向け販売促進であった。MCI社は「フレンズ＆ファミリー」（Friends and Families）と名付けた、消費者が指定した友人・家族の全員がMCIを長距離電話会社として登録した場合、全員に割引を行うというキャンペーンを開始したが、あまり成功しなかった。スプリント社はビジネス・ユーザー向けに「金曜日は無料」（Free Fridays）という、より魅力的なキャンペーンを行った。MCI社は「日曜日は5セント」（Five-Cent Sundays）という、一般消費者が日曜日に親戚にかける電話を狙ったキャンペーンで対抗した。AT&T社はついにこの競争に参入し、「ワン・レート」（One Rate）という名前で1分あたり15セントの低料金を24時間、曜日に関係なく提供するというキャンペーンを開始した。

　戦いはここで終わらなかった。全く違う分野から突然新しい競合が現れ、さらに競争を激化させた。インターネット・プロバイダーで、1500万人以上の契約者数を誇るアメリカン・オンライン社（American Online）が、無名の小規模電話サービス会社と提携して、曜日に関係なく24時間、1分あたり9セントという料金で長距離電話市場に乱入したのである。AT&T社、MCI社、スプリント社といった電話業界の伝統的ブランド企業群は、自社の顧客の中で最もテクノロジーに精通した顧客層（同時に、最も高い教育を受けていて、平均以上の収入を得ていて、かつ長距離電話を平均以上に使う顧客層でもあった）を、突如として失い始めた。電話業界の伝統的ブランド企業群が、今まで消費者に対して長距離電話サービス会社を頻繁・簡単に乗り換えるように仕向けてきたせいで、消費者がいとも簡単にアメリカン・オンライン社に乗り換えていくという悪夢を招いてしまったのである。

　新たな競争が開始された。AT&T社は曜日に関係なく24時間、1分あたり10セントという料金の「ワン・レート・プラス」（One Rate Plus）を開始した。また、インターネットのユーザーを引き戻すために、AT&Tワールド

ネット社（AT&T Worldnet）をインターネットのプロバイダーに、また同時にAT&T社を長距離電話会社として登録した消費者には、1分あたり9セントという特別料金を提供した。AT&T社は同時にアメリカン・オンライン社の月額料金と同額分の割引も追加した。MCI社やスプリント社も、インターネット料金と長距離電話料金のパッケージ割引料金を設定して追随した。

この戦いは現在も継続中であり、この中の誰かがいずれ破綻することは避けられないであろう。もしこのまま1分間あたりの電話料金が降下しつづけたら、AT&T社、MCI社、スプリント社は一体どうやって生き残ることができるのであろうか？　マーケティングの「基本」に戻るしかないのである。セグメント分析を行い、消費者に「誰かとコミュニケーションをする時、製品のどのような特徴が最も重要ですか？」と聞くことから始めるのである。今の質問の内容に注意していただきたい。「長距離電話会社を選ぶときに何が重要なのか？」ではなく、「誰かとコミュニケーションするときに何が重要なのか？」を聞いているのである。この質問の答えには、ポケベル、ファックス、インターネット、長距離電話、郵便、テレビ、衛星通信、ラジオ、新聞、手話や煙による交信なども含まれるかもしれない。

価格の他に何が重要なのかを見つけるのである。きっと消費者は答えてくれるであろう。「パンパース」が他の安い紙おむつブランドより高い価格設定であることを消費者に対して正当化しなくてはならないように、AT&T社、MCI社、スプリント社はなぜ他の長距離電話サービス会社より高い料金を払うのかを消費者が納得できるような理由を見つけなくてはならない。価格プレミアムは、付加価値や付加サービスによってのみ正当化される。消費者は、価格と同等の価値を製品やサービスから得ていると感じることができれば、よく知られているブランドには若干高い価格を払うのである。

> ● 競争に勝つための原則 ●
>
> 価格競争で勝利することは非常に難しいため、価格競争に参加するべきではない。その代わり、消費者のニーズを徹底的に理解することで、あなたのブランドを他社と明確に差別化する価値を見出し、競合に対する価格プレミアムを消費者に納得させるように努めるべきである

非常に成熟していて、大きな変化が起きにくいと思われている市場が、たった1社の革新的な企業によって独占されてしまう場合もある。あなたが現在または将来に競争を行う市場を独占するためには、注意深いセグメント分析と、考え抜かれた製品ミックスの展開が必要である。もしあなたが消費者の声を注意深く聞いて、優れた製品ミックスを展開することができれば、大きな競争優位となることは間違いない。

■ 中小企業にとっての製品ミックス

製品ミックスを最適化するという戦略は、全ての消費財メーカーはもちろん、全ての小売にとっても非常に重要である。もしあなたが町のドラッグ・ストアの店長であれば、どのような顧客セグメントが、あなたの店に置いてあるどのような薬を好むか・必要としているかを理解しておく必要がある。もしあなたの店に全ての消費者ニーズを満たすような品揃えがあれば、顧客はいつもあなたの店で欲しいものを見つけることができる。逆に、もしあなたの店が十分に消費者ニーズを満たしていない場合は、顧客が店に入って何も買わずに立ち去るという胸が痛む光景を見ることになる。P&G社が最適な製品ミックスを検討する場合と同じ原則が、町の文具店やレストランにもあてはまるのである。事業を営む者として、あなたの店が全ての消費者ニーズを満たすような品揃えをしているか、常に気をつけていなくてはならない。そして、あなたの店の製品ミックスを最適化するのは簡単である。数ある納入業者が提供する無数の製品の中から、ただ選ぶだけでよいのである。

この章のまとめ
- 顧客を深く理解して、他の誰よりも上手に顧客ニーズを満たすような製品ミックスを提供する
- セグメント分析により、あなたが集中すべき分野を明確化できる
- 製品の使用機会を製品ミックスの根拠とすることで、新しい事業機会が発見できることもある
- いたずらに製品数を増加させることは、何の解決にもならない

- 消費者便益を分析するときは、相互に関連していないことを確認しなくてはならない。相互に関連している便益を分断して製品化するようなことがあってはならない
- ファイター・ブランドは自社のプレミアム・ブランドを守り、競合のブランドに打撃を与えるためにしばしば有効である

Part2 **Cornerstones**

第8章 強力なパッケージ

差別化を行い、独自性を打ち出すパッケージ

　もしあなたが、よくテレビで流れている芸能人の裁判の最終弁論を一回でも見たことがあれば、最終弁論のためには（少しばかりの演出に加えて）膨大な仕事、調査、そしエネルギーが必要であるのを理解していただけるであろう。それまで陪審員に提示された複雑で膨大な全ての情報が、この最終弁論で初めてひとつの形となる。最終弁論では、顧客である被告に有利な投票をしてくれるよう、弁護士が重要な証拠について何回も繰り返しながら、陪審員の感情に訴えようとする。弁護士は、陪審員が膨大な情報を処理するための判断基準となる、同情、怒り、そして理念といったものに影響を与えようとしているのである。

　消費者は店に一歩足を踏み入れたとたん、あなたの製品には買う価値があるかどうかを判断する陪審員となる。消費者の主な判断基準のひとつはパッケージである。良いパッケージというものは、あたかも裁判の最終弁論のように、製品の機能的便益だけではなく、あなたの製品は信頼でき、効果的であり、親しみが持て、一流で、使いやすいといったことに関して、感情に訴えるようなメッセージを伝えるものである。しかし、最終弁論に無制限に時間を使うことができる弁護士と違って、パッケージでは全てのコミュニケー

ションを3秒間で、しかも3インチ四方の大きさの中で行わねばならない。これが、パッケージは「マーケティングの中でも最も基礎的な要素」であると言われる理由である。

> ● 競争に勝つための原則 ●
>
> 「この製品は買う価値がある」と消費者に伝える手段として、パッケージは最高の方法である。というのは、パッケージは消費者が棚から製品を手に取る瞬間に、消費者にメッセージを伝えることができるからである。パッケージ上のメッセージは簡潔で、消費者の関心をひき、購入意欲を促すように魅力的でなくてはならない

広告・宣伝の限界

　マーケティングにおける厳しい現実として、広告・宣伝だけでは潜在的な消費者全員に到達することはできない。莫大な費用をかけた大規模広告キャンペーンでも、到達できる消費者はせいぜい70%であり、また元来広告に適さないような製品も多くある。消費者に到達するために最も確実で保証された機会は、消費者が製品を買う、まさにその瞬間である。消費者が店の棚の前でどの製品を買おうかと立ち止まり、あなたの製品がそこに並んでいれば、消費者に「なぜ他の製品ではなく、あなたの製品を買うべきなのか」を伝える100%絶対の機会を得ることができる。

強力なパッケージ・コピーを前面で

　あまりにあたりまえであるが、消費者は製品の提供する便益に対して対価を払っている。よって、パッケージの前面では製品の便益を強調するべきである。棚に並んだ多様な競合製品に対して、あなたの製品の方が優れた便益を提供できると主張するのは、パッケージの前面をおいて他にはない。
　マーケティング担当者は、このあまりにも明白な原則を見過ごしてしまうことが多い。パッケージで製品を売り込む代わりに、「消費者は既に買うブラ

ンドを決めており、製品の便益も知っているはず」と思い込んで、法的に問題ない程度の大きさでブランド名を載せるだけで済ましてしまうのである。確かにあなたの製品を過去に使っていた消費者は、あなたの製品が何をしてくれてどのように使えばよいか、既に知っているかもしれない。しかし、あなたの製品のシェアが100％でもない限り、パッケージを軽く見ることにより、競合製品ユーザーという潜在的消費者を獲得する機会を逃している。競合製品ユーザーこそが、パッケージでターゲットとすべき消費者である。もし消費者があなたの製品を既に使用しており、しかも気に入っているのであれば、再度あなたの製品を買うように一生懸命説得する必要はない。賢いマーケティング担当者は、競合のシェアを奪い、新しいユーザーを獲得することこそが利益を生むと理解しているのである。

　パッケージ・コピー（パッケージでの文章）では気後れせず、祭りの出店のように積極的でなくてはならない。各製品カテゴリーのリーダーブランドのパッケージを見れば、そのほとんどが消費者に向かって「叫んで」いるのが見てとれる。以下に、リーダーブランドのパッケージ・コピーをいくつか紹介する。

● 「ウィンデックス」（Windex）ガラス・クリーナー：
　「強力な洗浄力！　アンモニアDで、一筋の曇りもない輝き！」
● 「ダウ」（Dow）殺菌バスルーム用洗剤、「スクラビング・バブル」
　（Scrubbing Bubbles）入り：
　「石鹸かすを簡単に落とす！」
● 「ドラノ」（Drano）パイプの詰まり除去剤：
　「素早く詰まりを解消！　パイプにも安全」
● 「チャップスティック」（ChapStick）リップクリーム：
　「唇の乾燥と荒れを防いで治す」
● 「ダブ」（Dove）石鹸：
　「4分の1がモイスチャライジング・ミルクでできている美容石鹸」
● 「ラブリダーム」（Lubriderm）ローション：
　「超敏感・乾燥肌のための、本当に優しいローション」
● 「ピュレル」（Purell）手用簡易消毒剤：

「水やタオルなしで、99％のバイ菌を殺す」
- 「ダウニー・ウルトラ・ケア」(Downy Ultra Care) 柔軟仕上げ剤：
  「衣類を柔らかく保ち、新品のように見せる」
- 「バウンティ」(Bounty) ペーパータオル：
  「キルティング加工で、素早く水分を吸い上げる」
- 「クリネックス」(Kleenex) 風邪用ティッシュ：
  「最も柔らかいティッシュ！　最高に快適」

■ 独自性のあるパッケージ

　食料品店で1ガロンの牛乳を買う時、あなたは買うブランドをまず考えるか、それとも単に適切な脂肪分で賞味期限が最も長い牛乳を買うだけか、どちらであろうか？　90％以上の消費者は賞味期限しか見ていないため、自分の買った牛乳のブランドは全く覚えていない。これは、全ての牛乳が、大きな同じような形のプラスチック・ボトルで、脂肪含有率によって注ぎ口の蓋の色が違うという、全く同じパッケージであることが理由である。ブランド間に明確なパッケージの違いがないため、消費者は誰もブランドに気がつかないのである。

　瓶入りのジュースの棚でも、全く同じような問題に直面する。ガラス瓶に入ったアップル・ジュースのブランドは、「モット」(Mott's)、「ツリートップ」(Treetop)、「ホワイトハウス」(White House)、「ジューシー・ジュース」(Juicy Juice)、「レッド・チーク」(Red Cheek) 他、たったひとつのブランドを除いて全て同じに見える。たったひとつ「マルティネリ」(Martinelli's) だけは、ボトルがリンゴの形をしている。このリンゴの形をしたボトルは、「マルティネリ」を店頭で競合ブランドと較べて際立って目立たせているだけでなく、消費者に「他のジュースより質が良い」と思わせる効果もあるため、アップル・ジュースという日用品でもプレミアム価格を可能にさせているのである。

Part2 Cornerstones

> ● 競争に勝つための原則 ●
>
> **あらゆるものが、コミュニケーションの手段となる！**
>
> マーケティング担当者は製品の全てを使って、競合と差別化しなくてはならない。、もちろん、ブランドの特徴を強力に消費者へ伝達する、優れた独自のパッケージの開発も含まれる

　コカ・コーラ社（Coca-Cola）は、独自のパッケージの重要性をよく理解している。1996年から、全ての「コカ・コーラ・クラシック」（Coca-Cola Classic）のパッケージは、消費者の郷愁を駆り立てるよう、独特の「コカ・コーラ」のガラス瓶の形を表現するように変更されたのである。さらには、差別化を極めて「コカ・コーラ」は特別な存在であると伝えるために、マーケティング・チームはガラス瓶の形をしたアルミニウム缶の製作まで検討した。このパッケージ変更には確かに費用はかかったが、独自のパッケージを持つことから発生する潜在的利益を考えれば、安いものであった。

■ パッケージ機能の改善による消費者満足度の向上

　世界で最も優れたマーケティングを行う企業では、パッケージの革新によって新たな競争優位を構築しようと、常に機会を模索している。優れた機能を持つパッケージの開発は、競合と差別化し、消費者にあなたの製品を買う明確で意味のある理由を提供するための素晴らしい方法である。もし特許でパッケージの優位性を守ることができれば、なおさら効果的である。

　液体洗剤が発売された当初、消費者はその水溶けの良さを大変気に入ったが、ボトルのキャップがすぐに汚れてしまうことには不満があった。キャップは洗濯に使う洗剤の量を測るように設計されていたが、キャップをボトルに戻す時に「ふち」から洗剤が垂れて、汚くなってしまうのであった。この問題の解決のため、P&G社（Procter＆Gamble）の液体洗剤「リキッド・タイド」（Liquid Tide）のマーケティング・チームは、「液だれ」がない革新

的なパッケージを開発した。この新パッケージでは、キャップについた洗剤はボトルの中に戻るように設計されていたため、キャップの「ふち」の回りを常にきれいに保つことができた。また、この新パッケージは13以上の特許を取得していたため、競合は同様のパッケージをすぐには開発できず、「リキッド・タイド」は特徴ある長期的な競争優位を築くことができたのである。

　P&G社の「シトラス・ヒル」（Citrus Hill）オレンジジュースも、革新的なパッケージにより競争優位を構築した例である。「シトラス・ヒル」は、ジュースの上位ブランドの中で最初にパッケージに「注ぎ口」を導入した。この新パッケージは、「下のほうに溜まった繊維が混ざるよう、よく振ってからオレンジジュースを飲みたい」という消費者ニーズに基づいて開発された。それまでのオレンジジュースの牛乳パック型パッケージでは、振ると上からジュースがこぼれてしまったのである。「注ぎ口」はこの問題を解決すると共に、「シトラス・ヒル」にとって特徴ある差別化要因となった。この「注ぎ口」は消費者にあまりに好評だったため、現在ではほとんど全ての冷蔵オレンジジュースのパッケージに採用されている。

　日用品以外の製品カテゴリーでも、独自の素晴らしいパッケージが開発された例はある。「オルソ・ローン・ケア」（Ortho Lawn Care）という芝の手入れ用の機械は、革新的な「簡易取り付けスプレー」を開発し、消費者の獲得に成功した。このスプレーにより、消費者はまっすぐ立ったまま、正確かつ強力に芝を水で洗浄し、化学物質を除去することができた。オルソ社（Ortho）はこの製品での優位性を最大限に利用して、芝用の肥料の分野に進出した。新発売した「オルソ」ブランドの肥料のパッケージで、「オルソ・ローン・ケア」での使用時に最適な量の設定方法などを詳しく解説したのである。「オルソ」ブランド以外の肥料では、「オルソ・ローン・ケア」を使う場合の最適な量がわからないという、賢い戦略であった。

　以上の例から、強力なパッケージの開発は効果的であると御理解いただけたと思う。強力なパッケージの開発のために最も重要なのは、最初にしっかりとしたパッケージ戦略を策定することである。パッケージ開発のプロセスでは、色やフォントを選んだり、表や裏のラベルを製作したり、製造過程で起きた問題を解決するなどに気をとられ過ぎて、「どうすれば競合と異なり、優れたパッケージになるのか？」「消費者はこの製品をどのように使うのか？」

Part2 Cornerstones

「どうすれば、消費者の生活をより快適に、楽しくできるのか？」といったことは、つい忘れられがちである。

パッケージの開発時には、時々細かい製作プロセスから一歩引いて、論理的に考えてみる機会を持つことをお勧めする。例えば、ボトルの蓋はスクリュー・トップ（ひねって開けるタイプ）とプル・トップ（引っ張って開けるタイプ）と、どちらが消費者が開閉しやすいのか、などと考えてみる。このような地味な検討が、成功するパッケージの開発には必須なのである。

マーケティング・ゴールド・スタンダード

もしあなたが消費者の製品との接し方にパッケージがどのように影響できるかを真剣に、かつ想像力豊かに考えれば、強力なパッケージを開発できるだけでなく、パッケージの革新により製品の新しい使用機会や、全く新しい製品カテゴリーを開発できるかもしれない。

「クラフト」（Kraft）チーズは、パッケージ革新で新しい製品カテゴリーを開発した好例である。「クラフト」チーズのマーケティング担当者は、学校に通っている年齢層の子供たちが、ランチにチーズをあまり食べないことを懸念していた。チーズはクラッカーや肉と一緒に食べれば美味しいのだが、チーズだけをランチやスナックとして食べるのは今ひとつ、というのが子供たちがあまりチーズを食べない理由であった。マーケティング担当者の、この事業機会への対処は見事なものであった。「オスカー・マイヤー・ランチャブル」（Oscar Mayer Lunchables）という、クラッカー、ランチ用の肉、チーズ、そしてキャンディーがひとつの箱に入った新製品を発売したのである。この新製品は、消費者に全て揃ったランチの一部として「クラフト」チーズを提供しただけでなく、ランチを作る母親にとっても手間が省ける優れた製品であった。消費者のニーズ（簡単、全て揃ったランチ）に焦点をあて、チーズ以外の食材（ランチ用の肉、クラッカー、キャンディー）まで含めて製品カテゴリーを再定義することにより、マーケティング担当者は全く新しい製品カテゴリーを開発したのである。クラ

フト社は、消費者のニーズを満たしながらチーズを売る、見事で、独自で、しかも競合が全くいない方法をみつけたのである。

　米国におけるメキシコ料理ファースト・フードのリーダーであるタコベル社（Taco Bell）も、独自のパッケージを活用して、小売店のメキシコ料理売り場に旋風を巻き起こした。タコベル社は高い消費者認知度とブランド・イメージを活用して、「タコベル」ブランドのメキシコ料理シリーズを発売したのである。その中でも特に優れていたのは、タコスの皮が数枚と「タコベル」ブランドの調味料とホット・ソースが入った「タコベル・タコス・キット」（Taco Bell Taco Kit）という製品であった。タコベル社は、既に確立された「オールド・エル・パソ」（Old El Paso）「ロザリータ」（Rosarita）といった競合ブランドと単品の製品で正面から戦うのではなく、自社にしかない資産である「レストランでの経験」を生かして、「『タコベル』のタコスを家庭で作る」という、誰にも真似ができないコンセプトとパッケージを打ち出したのである。

　私もP&G社で、創造的なパッケージによって消費者のケーキ・ミックスの購買習慣を変えようというプロジェクトに携わったことがある。我々は消費者の購買習慣を調査し、消費者がケーキを買うパターンには、大きく2通りあることを発見した。ひとつは、ケーキ・ミックスを0.79ドル、ケーキ用の糖衣を1缶1.59ドルで買い、自分でケーキを焼くパターン。もうひとつは街のケーキショップで、出来合いのケーキを飾りとドライアイス付きで15〜25ドルで買うパターンであった。我々は、2つのパターンにこれだけの価格差があるのであれば、どこか中間に潜在的な市場があるはずだと考えた。

　そこで我々は、「パンタスティック・パーティー・ケーキ・ミックス」（Pantastic Party Cake Kits）という、家庭でケーキを焼くために必要な全ての材料が1箱に入っているという新製品を開発した。箱の中にはケーキ・ミックスはもちろん、糖衣、糖衣を美しくまぶすためのパレット、そしてケーキを焼くための紙製の皿まで入っていた。この製品は、「カエルのカーミット」（Kermit the Frog）、「ミス・ピギー」（Miss Piggy）、「ガーフィールド」（Garfield）、大リーグ、恋人用、パーティー用など、様々な種類で提供された。この製品はテスト・マーケットでは飛ぶように売

れたため、我々は創造的なパッケージによってまた成功できるということを確信した。しかし残念ながら、この製品にはいくつかの問題が発見されたため、現在でも未だに全国拡売には至っていない。

■ パッケージによって
ブランド・パーソナリティーを構築する

「トミー・ヒルフィガー」(Tomy Hilfiger)の服が、着ている人物に関してメッセージを発信するように、あなたの製品パッケージの絵柄やデザインはブランドのイメージやパーソナリティーを表現している。この言い方は少し大げさに聞こえるかもしれないが、黒いパッケージは高級でファッショナブル、白いパッケージは上流、何色も入ったパッケージはワイルドなイメージというように、パッケージは実際に製品のイメージの形成に貢献している。

多くのブランドが、戦略的コンセプトの一部として、非常に具体的なブランド・パーソナリティーを構築している。例として、「ダウ」バスルーム用洗剤(スクラビング・バブル入り)がある。「いたずら好きで愉快」という洗剤にはおよそ似つかわしくない「スクラビング・バブル」のパーソナリティーが、「ダウ」の全ての広告とパッケージで伝えられている。ブランド・パーソナリティーをパッケージを含む全ての手段で集中して強調しているため、非常に効果が高いのである。

パッケージで製品のイメージやパーソナリティーを伝えることに関しては、シリアルのブランドの右に出るものはない。実際これらのブランドは、製品のパーソナリティーを表す独自のキャラクターまで創作してしまっている。「ライス・クリスピー」(Rice Krispies)の「スナップ」(Snap)、「クラックル&ポップ」(Crackle)の「キャプテン・クランチ」(Cap'n Crunch)、「フロステッド・フレーク」(Frosted Flakes)の「トニー・ザ・タイガー」(Tony the Tiger)などである。「クアーズ」(Coors)ビールも、ロッキー山脈の湧き水を使用しているということを、山中の滝をパッケージにデザインして強調している。以上の例から、パッケージをコミュニケーションの手

段のひとつとして活用すれば、ブランドのイメージやパーソナリティーを非常に強力に伝えることができると、御理解いただけたと思う。

■ ブランドとして統一感のあるパッケージ

　私は最近食料品店で、一人の女性が床に両手両足をついて「カプリサン」(Caprisun) ジュースの箱に目を凝らしていたのを目撃した。彼女はフルーツ・パンチ味のジュースを見つけようとして迷っていたのだが、私も棚を一目見て彼女の悩みを理解することができた。このブランドは7種類のフレーバーがあるのだが、フレーバーの表示はデザインに紛れて小さくしか表示されていないため、立った状態からは全てが同じに見えてしまい、床に手足をついて近くに寄らない限りフレーバーの表示は見つからないのである。

　男性用化粧品の棚でも、全く同じ問題に遭遇した。メンネン社（Mennen）の「AFTA」ブランドには、私自身が何年も使用している電気カミソリ用のローションがある。しかし、「AFTA」は複数の製品が同じグレーのボトルに同じようなデザインが施されているため、店では間違った製品を買わないように非常に気を使わなくてはならない。製品を見分けるためには、パッケージ・ラベルの上部にある小さな文字を目を細めて見なくてはならないのである。このパッケージは非常に見分けにくいため、10年以上もこのブランドを使い続けている私でも、5回に1回は間違った製品を買ってしまうのである。

　ブランドに複数の製品がある場合には、パッケージでは製品の違いを明示すると共に、ブランドとしての統一感を持たせなくてはならない。これは各パッケージに異なる色の線を入れることで達成されてしまう場合もあれば、もっと根本的な方法を考えなくてはならない場合もある。ブランドとして統一感のあるパッケージを開発するのは簡単な仕事ではない。しかし、消費者が必要とする便益を手に入れるためには、まずブランドを発見し、そして必要な製品を探すというプロセスを経るため、統一感があるパッケージでブランドを見つけやすくしてあげる必要があるのである。

■ 素早く読むことができるパッケージ

　ディズニー社（Disney）は1990年代中頃、消費者がビデオを買いやすくするために全てのビデオのパッケージを一新した。このパッケージ変更以前は、ディズニー社のビデオのパッケージは各シリーズが全く独立にデザインされ、あるシリーズが他のシリーズと並ぶとどのように見えるかなど全く考慮されていなかったため、ビデオ店の店頭は「ごた混ぜ」の状態であった。ディズニー社は、「ディズニー」ブランドのビデオが10以上のシリーズに成長したため、消費者が欲しいビデオを素早く簡単に選ぶことができるように、パッケージの変更を決定したのである。

　サンフランシスコにあるデザイン会社、ランドー・アソシエイツ社（Landor Associates）に統一感のあるパッケージ開発が依頼された。このパッケージが達成しなくてはならない目標は明確であった。目隠しをした消費者をディズニー社の全てのビデオ（120タイトル以上）を並べた棚に連れて行き、目隠しをとると同時に「アリエルの海底冒険」（Ariel's Undersea Adventures）といったある特定のビデオを探すように言い、消費者がそのビデオを3秒以内に発見できなければ、新しいパッケージは目標を達成していないとされたのである。

　我々は何回かの失敗の後、ついにこの目標を達成した。各シリーズのパッケージ全体をひとつのキャンバスと考えてデザインを行ったのである。「ディズニー」ビデオのあるシリーズを棚に並べると、シリーズ全部であたかもひとつの絵のように見えるため、探しているビデオが棚のどの辺にあるかが一目瞭然になった。このパッケージ・デザインの手法は「マスターピース・コレクション」（Masterpiece Collection）、「ディズニーと歌おう」（Sing-Along Songs）、「とっておきの話」（Favorite Stories）、「リトル・マーメイド」（The Little Mermaid）、「ディズニー・フィルム・クラシックス」（Disney Film Classics）などのシリーズに適用された。「くまのプーさん」（Winnie the Pooh）他のシリーズは、パッケージに「ディズニー」らしさを保ちながらも同じ棚には並べないことにした。これらの新しいパッケージは、発売と同時に売上を急拡大し、消費者の評判も上々であった。

　「ミニッツ・メイド」（Minute Maid）オレンジジュースも、同様のパッケ

ージ・デザイン手法を使用して、パッケージ全体で統一感を出しながらも、どのような異なるジュースがあるのかがすぐわかるようになっている。このブランドでは、異なるジュースはパッケージ前面に棒状の異なる色をあしらうという形でシンプルに表現されており、ブランドとして消費者の目を引く統一感を出しがらも、異なるジュースを見分けやすくなっている。

■ パッケージの工夫で売上拡大も可能

　P&G 社は、パッケージの小さな間違いが、売上にどのような影響を及ぼすのかを、痛い思いをして学習した。「フォルジャーズ・コーヒー・シングルズ」(Folgers Coffee Singles) という一回使いきりタイプのインスタント・コーヒーで、パッケージの問題によりテスト・マーケットで失敗したのである。

　最初の問題点は、1箱の使いきりパックの入り数を多く設定し過ぎたため、競合のインスタント・コーヒーと比較して、下の表の通り価格競争力がないことであった。

平均小売価格

フォルジャーズ・コーヒー・シングルズ	インスタント・コーヒー
20個入り = 2.99ドル	8オンス入り = 2.79ドル
40個入り = 5.99ドル	16オンス入り = 5.59ドル

　次の問題点は、出荷用の箱の設計に関わる問題であった。「フォルジャーズ・コーヒー・シングルズ」の出荷用の箱は、通常のパレットに積むと約1.5インチほどはみ出たため、運送時や積載時に製品をぶつけることが多く、異常な量の破損品が返品されて来たのである。

　これらの問題点に対処するため、製品ひとつあたりの入り数が、20個入りは18個入りに、また40個入りは36個入りに変更された。これで、「フォルジャーズ・コーヒー・シングルズ」は当初の利益性を維持しながら、競合のインスタント・コーヒーに対して価格優位性を獲得した。(下図)

平均小売価格

フォルジャーズ・コーヒー・シングルズ	インスタント・コーヒー
18個入り＝2.69ドル	8オンス入り＝2.79ドル
36個入り＝5.39ドル	16オンス入り＝5.59ドル

　入り数が減少したため、出荷用の箱も通常のパレットに収まる大きさになり、破損品はほとんど皆無となった。このごく僅かに見える変更で、「フォルジャーズ・コーヒー・シングルズ」のインスタント・コーヒー市場でのシェアは、0.5％から5％まで上昇した。パッケージの問題点を解決することで、「フォルジャーズ・コーヒー・シングルズ」は売上を10倍にし、またP＆G社のサクセス・ストーリーのひとつとなったのである。

■■ 競合を考えないパッケージ開発

　パッケージ開発での典型的な間違いは、競合を全く考えずに、外界と隔離された状態で評価を行うことである。私は新しいパッケージの評価が、オフィスの誰かの部屋や会議室で、机に新しいパッケージ「だけ」を置いて、まるで誰かが新しいパッケージを誉めなければならないような雰囲気で行われているのを何回も見たことがある。消費者は決してこのような状態でパッケージを見たり、買ったりすることはない。会議室の机の上では素晴らしく見えたパッケージが、実際の店の環境で競合と並べたら全く目立たず、雰囲気にそぐわなくなってしまった例は無数にある。

● 競争に勝つための原則 ●

優れたマーケティングを行っている企業は、自社内に実際の店頭の競合状況を再現した製品棚を持っている。新パッケージの開発時は、その製品棚に新パッケージ候補を実際に置いてみることで、競合と並んだ場合にどの候補が最も目に飛び込んでくるかを検討するのである。

> 消費者が店の棚に来て3秒以内にあなたのブランドを手にとらないようであれば、パッケージに何らかの問題点があるということである

■ パッケージ開発を始める前に検討すべきこと

　パッケージ開発を始める前に、十分に検討をしておかなくてはならないことがいくつかある。まず、店であなたの製品が横に並ぶであろう競合のパッケージを、十分に分析しなくてはならない。競合はパッケージにどのような色を使い、どのような特徴のグラフィック・デザインや形状を採用しているのか？　ラベルには何が書いてあるのか？　大きさはどの位で、どのような形をしており、棚にはいくつ並べることができるのか？消費者に持ちやすいか？　パッケージで上手に訴求している消費者便益は何か？　また、パッケージで伝えきれていない、あなたにとって機会となるかもしれない便益はあるか？　あなたの製品は、何が競合より優れているのか？

　また、実際の店頭でパッケージはどのように並ぶか、そして陳列されるかを常に念頭に置かなくてはならない。店の棚に入るためには、パッケージの高さはどの位までであるべきか？　棚の深さはどの位か？　棚に並んだ時に、パッケージのどの部分を見せたいのか？　棚には製品が何個入るのが理想的なのか？

　ほとんどの大規模小売は、製品を棚のスペースあたりの利益で評価するため、利益を最大化しようとして、棚のスペースあたりで最大の利益（粗利益と営業利益の両方）を上げるブランドに最大の場所を割り当てる。そのため、スペース効率が良いパッケージをデザインすることは、流通で配荷を獲得するためには非常に重要である。また同様に、出荷用の箱に製品をいくつ入れるかについても、慎重に検討しなくてはならない。理想的には、小売での効率を最大化するように、店員が棚に在庫を補充する時、箱の製品を全て棚に並べることができて、余った製品を裏の倉庫に持ち帰らなくてよいような数にすべきである（製品を裏に持ち帰るには、余計な費用がかかる！）。店の店長は、裏の倉庫にバラ在庫があるのを、極端に嫌うものである。

図表8-1　強力なパッケージとは?

強力なパッケージのポイント
・強力なパッケージ・コピー
・独自性のあるデザイン
・優れた機能性
・コンセプトとの合致
・ブランドとしての統一感
・わかりやすいデザイン
・売り場での陳列を考慮した設計

■■ 流行のデザインを採用すべきか？

　グラフィック・デザインの扱いは、パッケージの成功を左右する重要な要素である。もし最新の流行デザインを採用した場合には、長期的に何らかの問題を抱えることになる。というのも、流行は長く続かないからである。短期的な考えに基づいて開発されたパッケージは、何回ものパッケージ変更を余儀なくされるため、消費者を混乱させてしまうことが多い。

　全ての製品がパッケージで追求すべきなのは、時が経っても色褪せないようなグラフィック・デザインである。「コカ・コーラ」、「タイド」、「マクドナルド」(McDonald's)、「シェル石油」(Shell Oil)、「ジレット」(Gillete)、「ハーシーズ・チョコレート」(Hershey's Chocolate Bars)、「ハインツ・ケチャップ」(Heinz Ketchup)、「キャンベル・スープ」(Campbell's Soup)、「ジェロー」(Jell-O)、「ドミノ・ピザ」(Domino Pizza) など、世界で最も成功しているブランドの多くは、何十年も同じロゴやグラフィックを若干の変更だけで使い続けている。

■■ パッケージ・ブリーフの作成

　パッケージ開発準備の最終ステップは、「パッケージ・ブリーフ」(Package Brief) と呼ばれる書類の作成である。「パッケージ・ブリーフ」

は、パッケージ開発にあたり必要とされる全ての情報が含まれている書類であり、具体的には以下の内容が含まれる。

1　競合状況の概要
2　重要な課題や洞察
3　競争優位を創造する可能性のある、具体的な機会
4　重要な消費者便益
5　製品の戦略的コンセプトと、ブランド・パーソナリティ及びイメージ

　「パッケージ・ブリーフ」を作成する目的は、様々なパッケージのオプションを実際に見る「前」に、パッケージが持つべき機能を全て検討し、伝えるべき全ての情報を具体化することである。パッケージのオプションができ上がってきてグラフィック・デザインや詳細のアイデアなどについて考え出したら、誰でも簡単に理性を失って、戦略のことなどは忘れてしまう。新しいパッケージの案を見ることは、生まれたばかりの子供を初めて見ることに似ている。自分にとっては、自分の子供は世界で一番美しい存在であり、たとえ他人の子供は醜くくても「自分の子供だけは違う」とつい思い込んでしまう。新しいパッケージは、そのパッケージを生み出したあなたの象徴でもあるため、つい全体像を見失ってしまうのである。新しいパッケージで狙っていた目的を全て確実に達成するためにも、「パッケージ・ブリーフ」を作成しておかなければならないのである。

● 競争に勝つための原則 ●

パッケージ戦略を率いるのは、製造担当者ではなくマーケティング担当者である。製造担当者に機械がどのように動くかを教えてもらい、製造上の可能性や限界を理解することは大切であるが、そのような製造上の限界によって素晴らしいアイデアを諦めてしまってはいけない
「革新的」と呼ばれるアイデアの多くは、現在のやり方を変えてしまうものである。もし革新的な新パッケージが現在の機械では製造できない場合には、新しい機械を買ってしまえばよいのである

パッケージ開発は、マーケティング担当者の仕事の中でも、最も成果を実感できる仕事である。何しろ、自分の開発したパッケージが「目に見える成果」として世界中に並ぶのである。強力なパッケージはブランドを生かす一方で、下手なパッケージはブランドをあっという間に殺してしまう。最も重要なのは、全ての新パッケージ開発で製品の戦略的目標に従うこと、また従うだけではなく固執することである。

■■ 中小企業にとってのパッケージ開発

　強力なパッケージの戦略的重要性は、消費財以外の分野にもあてはまる。広告や看板などで消費者を引き付けようとしている全ての事業者は、この章で説明した全く同じ問題を検討しなくてはならない。あなたの事業が小さなメキシコ料理屋でもソフトウェア製作会社でも、あなたの製品をどのようにパッケージするかという問題は、P&G社が主力製品の「タイド」洗剤のパッケージを考えるのと同じくらい非常に重要である。強力なパッケージは消費者の評価を上げ、ひいては売上の増加につながるのである。

　私の友人が、ノース・カロライナ州の山の中にある小さな家族経営の家具製造会社にコンサルティングを行ったことがある。ノース・カロライナ州の外にも事業を拡大する方法を模索していたこの会社は、巧みなパッケージにより事業の拡大に成功した。この会社は製品を何も変更しなかったが、高級感溢れる山の雰囲気を前面に訴求した全く新しいカタログを作成し、消費者に対する製品の「見せ方」を変えることで、競合家具メーカーと差別化を図ったのである。現在では、この会社は以前と全く同じ製品ラインを提供しながらも、プレミアム・ブランドとして確立しつつある。

　同じノース・カロライナ州で「オールステート保険」（Allstate Insurance）の小さな代理店を営んでいる友人がいる。彼にとっては、オフィスの場所そのものと外にある看板がパッケージである。彼はオフィスを格上げするために3回も引越しをしたが、そのたびに事業が拡大するのを見て、消費者は保障と安心を感じるために保険を買うのであり、代理店のオフィスも保障と安心を伝えなくてはならないと気がついた。古い壊れかけのビルにオフィスがあるような保険会社や代理店では、消費者は信頼できないのであ

る。消費者が自分の選択に自信を持てるのは、最新のビルにある高級家具が備え付けられた快適なオフィスなのである。

　野球選手のヨギ・ベラ（訳注：Yogi Berra、1950年代にニューヨーク・ヤンキースで活躍した捕手）は「ただ見ているだけでも、多くのことがわかる」と言ったが、彼はきっとパッケージ開発のことも意味していたに違いない。他のブランドや競合について勉強し、常に注意を払っているだけでも、パッケージに関して非常に多くの示唆を得ることができる。外界と隔離された状態では、決してパッケージを開発してはならない。そして、ロゴの作成や色の決定といった楽しい興奮から一歩引くように自分自身を強く律して、目的を達するための分析的な視点を持ち続けなくてはならない。

この章のまとめ

- 消費者に「この製品は買う価値がある」と伝える手段として、製品パッケージは最高の方法である。パッケージは消費者が棚から製品を手に取る瞬間に、消費者にメッセージを伝えることができるのである
- 最高の広告でさえターゲット消費者の最大70％にしか到達できないことを考えると、パッケージによる消費者とのコミュニケーションは必須である。店の棚にあなたの製品が並んでいれば、消費者にメッセージを伝える機会を100％得ることができる
- パッケージ・コピー（パッケージでの文章）では気後れせず、祭りの出店のように積極的にならなくてはならない
- ユニークで独自性のあるパッケージの形状により、特徴ある差別化を行うことが可能である
- 消費者は、競合より機能的に優れたパッケージを好む
- パッケージの革新により全く新しい製品カテゴリーも創造できる
- 優れたパッケージは、ブランド・パーソナリティを補強する
- パッケージは読みやすくなくてはならない。消費者が3秒以内にあなたの製品を見つけることができないようであれば、グラフィック・デザインには何らかの問題点がある
- パッケージは、売上に影響を及ぼす（プラスにも、マイナスにも）

●競合のことを考えずにパッケージを開発してはならない。競合製品が多数並んだ店頭で、パッケージがどのように見えるのかを検討しなくてはならない

第9章 流通戦略の謎を解く

あなたの製品を、消費者に最適な場所で販売する

あなたが、「ロレックス」(Rolex)の腕時計を買おうとしていると仮定してみよう。あなたは店を見て回ったところ、町の宝石店であなたの欲しい腕時計が3955ドルで売られているのを見つけた。そして、頭を冷やしてもう一度考えようと家に帰る途中、ポテトチップを買いに近くの「セブン・イレブン」(7-Eleven)に寄ったら、驚くなかれ、全く同じ腕時計が先ほどの店の半額近い1999ドルの特売価格で売られているのを見つけた！

ではあなたは、腕時計をどちらの店で買うか、どのようにして決定するであろうか？「『セブン・イレブン』にあるものは、もしかして何かの欠陥がある『セブン・イレブン』モデルで、宝石店のものより質が劣るのではないか？」、という疑念が、頭から離れないのではないだろうか？ たぶんあなたは「セブン・イレブン」の店員の信頼性に不安であろうし、店員がジュースを売る傍らで腕時計の説明をしても、なおさら信用できないに違いない。また、「セブン・イレブン」の保障で腕時計を買うと、後で何か問題が起きた時の対応が心配ではないだろうか？ さらには、もしかしてコンビニエンス・ストアで売っている「ロレックス」は、どこの誰が製造したかもわからない違法なコピー製品かもしれない、と考えたりしないであろうか？

考えてみよう

「ロレックス」と「セブン・イレブン」の組み合わせは、あなたが「ロレックス」ブランドについて見たり聞いたりして来たことと全く相容れない。そのため、「セブン・イレブン」の腕時計は本当にあなたが欲しい高級腕時計の「ロレックス」であると、あなたはなかなか信じることができないであろう。「セブン・イレブン」の雰囲気は、あなたがプレミアム・ブランドの「ロレックス」を販売する場所として抱くイメージに、全くそぐわないのである。

● 競争に勝つための原則 ●

あなたのブランドがどこで、どのように売られているかは、消費者心理に対して非常に大きな（たぶん広告・宣伝より大きな）影響を与える。あらゆるものが、コミュニケーションの手段となること忘れてはいけない。適切な場所への流通と、適切な陳列によって、ブランドのコンセプトを強化・補完することができるのである

流通戦略

あなたは、あらゆるところで製品が手に入る「全方位」（Ubiquity）戦略から、ごく限られた場所でしか販売しない「限定」（Exclusivity）戦略まで、あらゆる種類の流通戦略を採用することができる。マーケティング担当者は、両方の戦略の長所・短所を十分に理解した上で、検討を行う必要がある。

■「全方位」戦略

コカ・コーラ社（Coca-Cola）の元CEOのロベルト・ゴイズエタ（Roberto Goizueta）が主力製品の「コカ・コーラ」の流通戦略として打ち出したのは、「『コカ・コーラ』を欲しいと思った時、常に手の届くところにあるようにする」というものであった。この発言で彼が意味したのは、「コカ・コーラ」を人間が存在する可能性のある全ての場所に置く、すなわち「全方位」ということであった。

コカ・コーラ社の1990年代の成功は、この「『コカ・コーラ』を置く場所を、もっともっと見つける」というシンプルな流通戦略によるところが大き

い。10年前には、国立公園やオフィスビルの中に「コカ・コーラ」の自動販売機があるなど誰も想像できなかったし、「マクドナルド」（McDonald's）などのファースト・フード店にあるセルフ・サービスのディスペンサー、そして「ターゲット」（Target）や「ブロックバスター・ビデオ」（Blockbuster Video）などの小売店のレジにある「コカ・コーラ」販売用のクーラー・ボックスも同様である。

この「全方位」戦略の追求にあたり、コカ・コーラ社の社員は大手小売と協力して、「コカ・コーラ」を消費者に提供するよりよい方法を模索した。現在では多くの大手食料品店では、通常のソフト・ドリンクの棚に加えて、「コカ・コーラ」専用のクーラー・ボックス、自動販売機、そしてディスペンサーが設置されている。流通の場所の増加への集中した取り組みで、既に130年以上の歴史のブランドであるにも関わらず、コカ・コーラ社の経営陣は「コカ・コーラ」に毎年二桁の成長が可能であると信じているのである。

■「限定」戦略

全く反対の流通戦略が、製品を販売する場所を特定の条件の小売環境、さらには特定の小売店に限定する、「限定」戦略である。「多くの場所で流通させれば、それだけ売上も増えるはず」という考えが一般的であるにも関わらず、なぜこの戦略を採用する企業があるのだろうか？　「ロレックス」の例を思い出してみていただきたい。製品を所構わず売ることは、必ずしも賢い選択ではないのである。

> ● 競争に勝つための原則 ●
>
> 流通戦略を策定する時は、チャネル・流通がブランドのイメージや価値を強化・補完することができるように、製品のブランド・イメージに適合した流通を選択しなくてはならない

「ポロ」（Polo by Ralph Lauren）ブランドを例に考えてみたい。「ポロ」は上流でエリートというブランド・イメージを持ち、10万ドル以上の年収があり、裕福なイメージが好きでお洒落な消費者をターゲットにしている。ブ

Part2 Cornerstones

ランドは今まで、「ポロ」ブランドのみを扱う「ポロ・ショップ」と限定された高級衣料店のみで販売するという、「限定」流通戦略を採用している。この戦略はブランドの本質やイメージと合致していたため、何年もの間「ポロ」の他ブランドとの差別化に効果的であった。

考えてみよう　もしあなたが「ポロ」のマーケティング担当者としてブランドの新しい流通機会を検討する場合、以下の小売の中で「ポロ」ブランドのイメージと相乗効果があり、ブランドをさらに強力にしてくれる候補はどこであろうか？「ウォルマート」(Walmart)はダメ、「Kマート」(Kmart)もダメ、「ブルーミングデール」(Bloomingdales)はOK、「サックス・フィフス・アベニュー」(Saks Fifth Avenue)もOK、「コストコ・ホールセール・クラブ」(Costco Wholesale Club)はダメ、「ザ・メンズ・ウェアハウス」(The Men's Warehouse)はたぶんOK、一般的なディスカウント・アウトレット・モールもOK、といったところであろう。

高級ブランドの安売り店における近年の流行は、ディスカウント・アウトレット・モールに出店することである。「バーニーズ・ベースメント」(Barney's Basement)、「ノードストロム・ラック」(Nordstrom's Rack)、「アン・テイラー・ロフト」(Anne Taylor Loft)といった、高級ブランドの正規製品をディスカウント価格で販売する店の成功は、まさに「ポロ」が見習うべきである。あなたの製品をウェアハウス・ストアや大規模ディスカウント店で売るのか、それとも近年各地に増えているアウトレット・ストアで売るのかには大きな違いがある。アウトレット・ストアは、価格に敏感な消費者に過剰在庫や季節外れの製品を売るためには最適な方法である。というのも、製品の価格を下げる代わりに、消費者に「この特別なアウトレットでしか、正規の製品を低価格で手に入れることができない」と信じさせることで、ブランドの高級イメージを補強しているからである。製品の陳列・販売方法や店の全体的な外観は、ブランドのプレミアム・イメージを補強するように注意深く工夫されている。このような店では、ビンが捨ててあったり、バーゲン品が山のように積み上がっていることは、絶対にない。

ディズニー社(Disney)は、「全方位」戦略と「限定」戦略の両方を、素晴らしい知性と感性で上手に使い分けている、他に類を見ない会社である。

例えば「ディズニー」ビデオは、スーパーマーケット、ドラッグ・ストア、空港など、どこにでも売っている。しかしディズニー社は、どのような場合に製品の流通を制限して需要を創出し、高価格をつけるべきかも、十分に心得ている。例えば「くまのプーさん」（Winnie the Pooh）のようなブランドは、チャネルによってグラフィックと価格帯の異なる製品を販売している。カラフルで漫画のような「ディズニー・プー」（Disney Pooh）シリーズは、太めの字を使って遊び心いっぱいのグラフィックで描かれており、大規模ディスカウント店から食料品店まであらゆる場所で販売している。しかし、「プー」の原本である水彩画の絵本に基づいて優しく抽象画風に描かれた「クラシック・プー」（Classic Pooh）シリーズは、高級店や「ディズニー」の直営店でしか販売していない。「プー」の両方のシリーズとも、大変な人気を博している。

マーケティング・ゴールド・スタンダード

「アート・オブ・ディズニー」（The Art of Disney）と名付けられたアニメーションで使用された手描きのセル画で、ディズニー社が採用した流通は、強力な流通戦略の典型的なケース・スタディである。ディズニー社のマーケティングの達人たちは、鋭く賢い流通戦略だけで、非常に利益背の高い長期的事業を構築した。

ある日ディズニー社のマーケティング担当者は、過去60年間に「ディズニー」のアニメーションに使用されたセル画の山で倉庫が破裂しそうになっているのを見て、これらのセル画を売ることを思いついた。「ディズニー」のアニメーションは1時間で約6万4800枚のセル画を使用していたため、長いアニメーションの歴史を持つディズニーにどれほど大量のセル画があったかを想像していただけると思う。

このセル画を売るために様々な流通のオプションが検討された。最も現実的なオプションのひとつは、「Kマート」、「ターゲット」（Target）、「ウォルマート」などで、セル画を一枚30〜50ドルで売るというものであった。このオプションは財務的にも魅力的であり、リスクも低いように見えた。

もし一年間に100万枚のセル画を売れば、かかる実質的な費用は額縁だけであったため、毎年約3000万ドルの利益になると見込まれた。

しかし、ディズニー社のマーケティング・チームはこの安易なオプションは採用しなかった。採用されたのは、このセル画を「ディズニー・ストア」(The Disney Store)、「ディズニー・カタログ」(Disney Catalog)、「ファイン・アート・ギャラリー」(Fine Art Galleries) だけで一枚250～500ドルで販売するという、「限定」流通戦略であった。

「ディズニー」は世界で最も商業主義的なブランドであると考えれば、目の前の現金を逃してしまったこの決断は、一見間違っているように見える。しかし、ディズニー社のマーケティング担当者たちは賢かった。彼らは、消費者の「ディズニー」の原画に対する情熱をかき立てながら、プレミアム・イメージを創造し、長期的な事業を行うことを選択したのである。ディズニー社は、世界に一枚しかないようなセル画が市場に溢れてしまったら、「ディズニー」のアニメーション映画の「魔法」に対する過熱気味の伝説(「ディズニー」のアニメーション映画はあまりに特別なので、7年に1回しかビデオを買うことができないと信じている人までいた！)に、逆の影響を及ぼすと知っていたのである。セル画を高価格で少量だけ高級小売店で販売するだけでは、大規模小売店にばら撒くほどの量は売れないであろうことは明白であった。しかし非常に高い価格設定のため、毎年ほんの少量（年間10万枚）だけを販売すれば、大規模小売店で販売するのとほぼ同額の利益をあげることができた。「限定」流通戦略により、「ディズニー」のオリジナル・セル画を所有していることは、普通にポスターを買うことと較べてはるかに高い価値を持つようになった。また、「ディズニー」の芸術に関する事業は、向こう数十年間の安定した基盤を確立できたのであった。

「限定」流通戦略は、通常「ロレックス」「メルセデス・ベンツ」(Mercedes-Benz)「ポルシェ」(Porsche) などの高価格製品か、オーストラリアから輸入された「クーギ」(Coogi) ブランドのセーター、芸術品、ハンドメイドの製品など、供給が限定されている（または、限定されていると考えられている）製品に有効である。このような製品は機能や価値だけではなく、所有や購入自体がステータスでなくてはならない。

チャネル戦略

　流通戦略は、どのような小売にあなたの製品を販売して欲しいかを決定する、というチャネル戦略であると考えることもできる。もしあなたの会社が缶入りの緑豆を売っている場合、その製品を地元の自動車販売会社に販売して欲しいとは考えないであろうが、一般的な食料品店に加えて「コストコ」や「サムズ・クラブ」（Sam's Club）などのウェアハウス・ストア（Warehouse Store）には販売して欲しいと考えるであろう。しかし、同時に学校や病院などの施設向けに給食を提供する企業や、レストラン向けの食材卸業者や、コンビニエンス・ストアや、ヒスパニック向けの食料品店（Boodega）などでも、あなたの会社の緑豆を販売して欲しいに違いない。

　流通チャネルに関しては、「ここから選べばよい」といったような便利なリストは存在しない。流通チャネルは無数にあり、また常に変化しているため、どのチャネルが最適で機会があるかについては、個々の製品ごとに別々に、また綿密に調査しなくてはならない。例えば、もしあなたがスコアボードを製造していたら、あなたの会社に最適な流通先はプロ・スポーツの競技場であり、高校や大学であり、市役所の娯楽課などであろう。オーディオのスピーカーを製造している会社であれば、最適な流通先は電器店、オーディオ専門店、自動車販売会社、そして高級電器製品カタログかもしれない。ターゲット顧客が購買を行い、売り場の環境がブランドのコンセプトを補強してくれるような場所で製品が販売されるように、各ブランドは具体的なチャネル戦略を策定しなくてはならない。

　チャネルの視点からの検討が、通常は流通戦略を策定する際に最適な方法である。ほとんどのトップ企業は流通戦略をチャネル戦略ととらえ、各チャネルごとに目標を設定している。例えば、緑豆のマーケティング担当者はチャネル戦略として、食料品店の90％、コンビニエンスストアの60％、施設向け給食提供企業の85％に配荷を獲得するなどの目標を設定するかもしれない。このように目標数値を決定することにより、マーケティング担当者は年間の売上予測や社内における配荷や売上目標の決定が可能になる。

Part2 Cornerstones

> ● 競争に勝つための原則 ●
>
> 狙った流通チャネルの70％以上で配荷を獲得できるまで、マス広告を打ってはいけない。70％以上の配荷が獲得できる前の広告は、費用の無駄でしかないからである。たとえ70％の配荷を獲得したとしても、あなたの製品を買いに来た顧客の10人中3人は、製品を見つけることができないのである

■■ 間違った流通戦略は、ブランドを崩壊させる

「リーバイス」（Levi's）ジーンズは、確立された有名ブランドでも間違った流通戦略によってビジネスを悪化させてしまうことを、痛い思いをして学習した。1970年代までは、「リーバイス」はジーンズのカテゴリーで不動の地位を確立していた。それまでの流通戦略は、「リーバイス」のジーンズは高級デパートでのみで販売するというものであった。「リーバイス」はこの戦略は、それまで何十年もの間成功を収めてきており、また今後何十年もブランドに高い収益性をもたらすであろうと考えられていた。

1970年代が終わる頃、ショッピング・モールが各地で台頭し、伝統的なデパートは衰退し始めた。デパートは消費者が集まるショッピング・モールへの出店を余儀なくされたが、特にアパレルの分野などでは激しい競争に晒されて苦戦していた。ほとんどのショッピング・モールでは、「ギャップ」（Gap）や「バナナ・リパブリック」（Banana Republic）などの店や、若々しい現代的な10代向けの様々な店が、ファッションに敏感な若者の人気を急速に集めていた。

そしてある日突然、「リーバイス」は格好よいブランドではなくなってしまった。これは、「リーバイス」が若者に人気のある店で販売されていないからであった。代わって「ゲス」（Guess）、「カルバン・クライン」（Calvin Klein）などが、主にそれらのジーンズが販売されている店のイメージから、ファッショナブルなブランドとなった。若者にとって「リーバイス」は、「両親が買い物をするような店（デパート）」で売られているブランドであり、全く問題外であった。この流通戦略の大失敗以来、「リーバイス」は若者の間で

ファッショナブルなイメージの再確立に苦戦しており、1970年代には70％あったシェアは現在では約20％まで落ちてしまった。損害はあまりに甚大であり、「リーバイス」は1999年に22の製造拠点のうち11を閉鎖した。

■ 流通チャネルごとの製品戦略

　多くのメーカーが、異なる流通チャネルに合うように製品を若干修正して提供している。例えば多くの消費財ブランドは、「コストコ」や「サムズ・クラブ」などのウェアハウス・ストア向けに、特大サイズや2個入り・3個入りといった、食料品店やドラッグ・ストアなどの一般店にはない特別サイズを提供している。これには2つの理由がある。最初の理由は、1回に販売する量、つまり消費者の購入1回あたりの売上の最大化である。ウェアハウス・ストアに来るような消費者は、製品ひとつあたりの価格をできるだけ低く押さえようと大量に購入する傾向がある。そのため、メーカーはこのようなチャネルでは、一度により大量の製品を販売できる可能性が高いのである。

　2つ目の理由は、消費者に自社製品を一度に大量に購入させれば、自社製品を長い期間使用するので来店頻度が減少し、競合製品に移る機会が減少することである。また、ティッシュペーパーやスナック菓子などの製品カテゴリーでは、家庭に在庫が多ければ多いほど、消費量も増加すると判明している。このような全ての理由から、ウェアハウス・ストア向けに特別な大きいサイズを提供することは、マーケティングの理にかなっているのである。

　意外に聞こえるかもしれないが、テレビのメーカーも流通チャネルごとに異なる製品を提供する戦略を採用している。例えばあなたが「ソニー・トリニトロン」（Sony Trinitron）の32インチ画面のテレビを探していた場合、訪れる店の種類によって若干異なる製品を見つけるであろう。「Kマート」や「ウォルマート」では、最低限の機能がついた「基本モデル」が一種類だけ、非常に魅力的な価格で提供されているであろう。一方で「ベスト・バイ」（Best Buy）や「サーキット・シティ」（Circuit City）などの電器製品専門店では、同じ「ソニー」の32インチでも様々なモデルがあり、画面分割やサラウンド・システム、Sビデオ端子やオーディオ・ビデオ用の様々な入出力機能があるモデルを販売しており、価格も「ウォルマート」より500〜600

ドル高く設定されているであろう。

　同じ製品に様々な種類が提供されているのは、自動車に「メルセデス・ベンツ」や「現代」（Hyudai）などがあるのと同じ理由である。消費者の中には、トラックに住みながらも、ちょっとした贅沢感を味わいたい人もいる。このような消費者は、「32インチのテレビを所有している」ことに個人的に満足したいのであり、余計な機能は必要としないため、ただ「大画面のテレビ」を求めて「Kマート」や「ウォルマート」で買い物をする。都会に住む裕福なヤッピーたちは、テレビとDVDをつなげてサラウンドで音を楽しむため、高級な電器製品専門店で、付加機能のために何百ドルも払ってテレビを購入する。「ソニー」は、流通チャネルごとに異なる消費者ニーズに合わせて、製品を調整しているのである。

■ 店内露出の最大化

　あなたの製品をどこで販売するかを決定したら、次はどのようにして小売における製品の陳列や販売方法に影響を及ぼすかを考えなくてはならない。製品をただ棚に並べるだけでは、決して十分ではない。どこに並ぶのか、そしてどの製品の横に並ぶのか、などが重要である。

● 競争に勝つための原則 ●

消費者にとっての「ストライク・ゾーン（店頭の棚で消費者が最も手を出しやすい場所）」は、野球の「ストライク・ゾーン」とほとんど同じ、肩から膝までの間である。もし、あなたが勝利したいのであれば、あなたの製品は必ずこの「ストライク・ゾーン」に陳列されなくてはならない

　もしスーパーマーケットに行くことがあれば、ぜひ買い物客が棚をどのように見ているか、観察してみていただきたい。様々な調査により、「ストライク・ゾーン」の製品は全体の約半数であるにも関わらず、売上の85〜90%を占めることが判明している。

■ 棚スペースの拡大

　マーケティングは、時に非常に単純である。「棚で最大のスペースを確保した製品が勝つ」のが、基本原則なのである。この原則に従うと、優れたマーケティング担当者になれるかどうかは、あなたの製品に競合より広い棚のスペースを割くべきであると小売のマネージャーを説得する根拠を作成できるかどうかにかかっている。

　何年もの間、多くのメーカーは小売に対して棚割り（棚にどの製品を、いくつ、どのように並べるか）の根拠を示すために、特別なコンピューター・プログラムを使用してきた。このプログラムは棚に置くことのできる製品数を指定すると、各製品の回転と利益率を分析し、小売の利益を最大化するような棚割りが数パターン表示されるというものであった。

　このプログラムは何年もの間、メーカーにとって非常に有効な販売ツールであった。小売は、トップメーカーの販売担当者に自社の棚を無料で分析してもらい、分析結果をもらうことができた。P&G社（Procter & Gamble）は約10年もの間、この手法を自社ブランド売り込みの戦術として使用していた。もちろん分析結果はP&G社のブランドに有利なものとなっていたが、小売側はこれを十分承知で、分析結果を若干修正して使用していた。

　しかし近年、小売の淘汰が進み、小売の規模が大きくなり業務も洗練されてくると、利益性は自社で常に分析されるようになり、メーカーに分析をしてもらう必要はなくなった。しかし、優れたマーケティングを行う企業は、競合の販売状況や収益性を理解するため、依然として自社独自の分析を行い、小売に棚のスペースを要求するための交渉材料として使用している。

　賢いマーケティング担当者は、利益性に関する分析モデルを、エクセルやロータスなどの表計算ソフトに販売データを入力して、独自に作成している。分析方法は、比較的簡単である。まず、当該小売における自分の製品カテゴリーの売上高データを1〜2カ月分入手し、販売価格と仕入れ値の情報（たいていの大企業では競合分析を随時行っており、小売が競合製品をいくらで仕入れたかの情報は入手している）を入力する。そして、販売量（売上高÷価格）に利益額（販売価格－仕入れ値）をかければ、「1SKU（Stock Keeping Unit）あたりの利益」が算出される。この「1SKUあたりの利益」

ツール

が多い順番にあなたのカテゴリーの全製品を並べ直すと、どの製品が利益を出し、どの製品が出していないか、そして差はどれくらいあるのかなどを全て理解することができる。

　小売はスペースあたりの利益最大化に最も興味があるため、利益を出していない製品は、もっと売れる可能性のある製品に差し替えられる危険性が高い。「1SKUあたりの利益」を算出すれば、どの製品が差し替えの危険が高いのかが明白になる。そこで、あなたが小売に対して、「1SKUあたりの利益」リストの下のほうにある製品（あなたの製品がここにないことを願う！）を棚から外し、代わりにあなたの製品を入れるべきであると論理的に説得すれば、あなたの製品の棚スペースを拡大できるかもしれないのである。

　1980年代から1990年代にかけての利益性分析の登場により、主要ブランドと回転数で競争できない小さなブランドが多数姿を消した。残念なのは、このような小さなブランドの多くは、実際には全国ブランドより優れた製品であったことである。

■ ブロッキング戦略

　もしあなたが、「フォルジャーズ」(Folgers)コーヒーのように、一般的な店でも「レギュラー」(Regular)、「オートマチック・ドリップ」(Automatic Drip)、「カフェイン抜き」(Decaffeinated)、「グルメ・スープリーム」(Gourmet Supreme)などの味を、13オンス、26オンス、39オンスの缶のサイズで揃えているようなブランドを担当しているのであれば、あなたの製品の取り扱い数と店内露出を最大化することで、棚に競合製品が入るのを妨害（ブロック）し、またあなたのブランドを消費者に見つけやすくすることが可能である。

　ブロッキング戦略を行うことができれば、小売が棚に製品をどのように並べて欲しいかを、自分自身で決定できたも同然である。この戦略を上手に遂行できれば、あなたの製品の売上は増加するであろうし、消費者の意識をあなたの製品にもっと引きつけることができる。

　あなたが近くの店のコーヒー売り場に行けば、「フォルジャーズ」の赤い缶と「マックスウェル・ハウス」(Maxwell House)の青い缶が、棚でひとき

わ目立っているのに気がつくであろう。これらのブランドは、棚にひとかたまり（ブロック）で陳列するように小売を説得できているため、店で簡単に見つけることができるのである。同様にソフトドリンクの棚でも、「コカ・コーラ」が置いてある場所は赤い缶とボトルを探せばよいので、棚を一瞬見ただけでどこかわかってしまう。ほとんどのトップ・ブランドは、ブロッキング戦略を工夫して行っている。もしブロッキング戦略を行わないと、あなたの製品を店内でどのように置くかは、小売の店員、最悪の場合は競合が決定してしまうのである！

■■ 特別陳列

　いくつかのブランドにとっては、特別陳列こそが流通販促費を使う最適の場所である。特別陳列は常時行われる場合と一時期だけ行われる場合があり、陳列した製品が売り切れるまでは継続される。

　常時行われる陳列は、マーケティング担当者として最も望ましい店内陳列である。この陳列ではあなたの製品の場所は確保されており、この場所を使って消費者にどのような展開を行うかは、あなた自身が直接決定することができる。このような陳列は、よく大規模小売店でサングラスや時計などの製品で行われているが、目に見えない所でも非常に重要な活動が行われている。

　「デビアス・ダイヤモンド」（DeBeers Diamonds）の陳列がある宝石店に行ってみていただきたい。ダイヤモンドの陳列自体もブランド構築に非常に効果的ではあるが、実はこの陳列を照らしている照明も、「デビアス」が陳列の一部として提供したものである。照明はダイヤモンドの輝きに大きな影響があるため、「デビアス」のダイヤモンドを置いている宝石店に対しては、製品を理想的に見せる陳列プログラムの一部として「デビアス」から特別な照明が提供されるのである。とても賢く、また効果的な方法である。

　一時期だけの特別陳列は通常、季節的な製品か、または映画のビデオや新発売のCDのように短期間で勝負をかける製品であれば有効である。多くの小売店は、一時期だけの特別陳列は安っぽいという先入観があるため、受け入れにあまり積極的ではない。もし何とか入り込もうとするのであれば、豪華な陳列セットを作る必要がある。

Part2 Cornerstones

　私がディズニー社（Disney）にいた時、私の担当であったハロウィーン関連のビデオは長い間売上が低迷していた。そこで私のチームは、小売店が店内に置きたくてたまらないような、全く新しいコンセプトの素晴らしい陳列セットを開発し、ビデオの売上を急拡大しようと計画した。クリエイティブのチームは、ディズニーランドにある有名なアトラクション「ホーンテッド・マンション」（Haunted Mansion）からヒントを得て、48種類のビデオを陳列したすてきな幽霊屋敷のような陳列セット、「ホーンテッド マンション・ビデオ・ショップ」（The Haunted Mansion Video Shoppe）を開発した。この陳列セットは小売店に大いに好評で、飛ぶようになくなった。多くの小売でこの陳列セットを季節コーナーの中心としたため、我々のビデオは店内で最高の位置で販売されることを確約されたのである。

　CDショップは、音楽業界の先端性を最大限に表現するために、最新の流行ミュージシャンなどの一時的な陳列を、非常に効果的に使用している。あなたは、「ミュージック・ランド」（MusicLand）などのCDショップに足を踏み入れた時、突然雰囲気がよくなり、照明が他の店よりほんの少し暗くなっているのに気がついたことはないであろうか？　店の雰囲気も全体的な演出の一部であり、例えあなたが流行のスマッシング・パンプキン（Smashing Pumpkins）ではなくナツメロのバリー・マニロウ（Barry Manilown）のCDを買いに来たとしても、あなたが最先端の人間であると感じるように作られているのである。

● **競争に勝つための原則** ●

優れたマーケティングを行っている企業は、製品の販売や陳列に関する全てに対して影響を与えようと、最大限の努力を行う。小売店・販売店の照明、雰囲気、陳列などの全てが、消費者に対してあなたの製品の魅力を高め、ひいては売上を増加させるためのマーケティングの手段となるのである

　「サタデー・ナイト・ライブ」（Saturday Night Live）のコメディアン、ケビン・ニーロン（Kevin Nealon）は昔、自分の言葉に加えて潜在意識に

訴えるようなサブリミナル・メッセージ（subliminal messages）を含んだ漫画を描き、他人を自分の考え通りに動かそうとしたという。この例と同様に、流通とマーチャンダイジング戦略は消費者に微妙に影響を及ぼし、効果的かつ確実に売上を増加させ、消費者への訴求力を高め、そして競合に悟られることなく競争優位を構築できるのである。

この章のまとめ

- あなたの製品がどこで、どのように売られているかは、消費者心理に対して、たぶん広告・宣伝より強力なメッセージを発信する
- 流通戦略には、「全方位」戦略から「限定」戦略まで存在する
- 流通戦略を策定する時に最も重要な課題は、製品のブランド・イメージと販売店に対する消費者の意識が合致し、またブランド・イメージを相乗効果的に補強してくれるようなチャネルを選択することである
- 流通戦略は売る場所を選ぶチャネル戦略であると考えることもできる
- 間違った流通戦略は、ブランドを崩壊させる
- 流通チャネルごとに異なる消費者ニーズにより適合するように、製品を調整することも可能である
- 常に消費者にとっての「ストライク・ゾーン」、すなわち肩から膝までの間に製品を陳列するようにしなければならない
- 売上を左右する最大の要因が、棚のスペースの大きさの場合がある。棚で最大のスペースを確保した製品が、最大の売上を得るのである
- 賢く「ブロッキング戦略」を実行することで、消費者をあなたの製品に引きつけることも可能である
- 特別陳列は、ビデオの発売のように短期間で勝負する製品には非常に効果的となり得る

第3部

消費者コミュニケーション

第10章　優れた**広告**への第一歩
第11章　**広告・宣伝**の「6つの大罪」
第12章　戦略的**広報活動**

Part3 **Communication**

第10章 優れた広告への第一歩

広告代理店に素晴らしい広告を作らせる秘訣

　私がマーケティングにおけるキャリアを開始して間もないころ、私はP&G社（Procter & Gamble）のマーケティング・マネージャーの部屋に入り、次のように質問したことがある。「P&G社は非常に大量の広告を行い、これからも色々な広告キャンペーンを作り続けるのであれば、なぜ自社内で広告を製作してしまわないのですか？　自社内に広告宣伝部を設置して、クリエイティブも自社で雇ってしまえば、私たちのブランドの広告を製作するためにニューヨークやシカゴやロサンゼルスのたくさんの広告代理店に支払っている費用の内、かなりの部分を節約できるのではないでしょうか？　それに、自社内で広告を製作した方が、最終的な広告をもっと思うがままにできるのではないのですか？」と尋ねたことがある。

　マーケティング・マネージャーの答えは、「様々な異なるブランドの広告を製作するためには、異なるクリエイティブ・アプローチが必要です。しかし、ほとんどのクリエイティブの人々は、『自分の広告の作り方』のような個人のスタイルを持っているものです。もし私たちが自社で雇った専属クリエイティブに全てのブランドの広告制作を任せてしまったら、私たちの広告はいずれ全て同じように見えてしまうでしょう。これは、クリエイティブも人間で

ある以上、ある程度仕方がないことです。私たちがブランドを育てていく時に、常に新しい「血」を入れたり、新しいビジョンや目標に挑戦しなければ、私たちはすぐに同じような広告を作り続けるようになってしまうでしょう。しかし、広告代理店を雇うことで、それぞれのブランドに対して独自のクリエイティブ・アプローチをとることが可能となり、また私たちだけでなく大勢の才能ある人たちの頭脳を借りることができるため、結果として、常に期待以上の素晴らしい結果を生み出すことができるようになるのです」という、いたってシンプルなものであった。

たぶんこれが、「広告代理店は何のために存在するのか？」という質問に対して、私が今までに聞いた中では最も的を射た解答である。私のキャリアの中で広告代理店とは、非常に素晴らしい経験と、悲惨で苦しい経験の両方を体験してきた。その体験の中で、私は広告代理店と良好な関係を構築することは、クリエイティブな仕事の環境を作り素晴らしい広告を継続的に生み出して行くためには必須であり、また、学習することで上達が可能な「スキル」であるとも発見した。クライアントは、広告代理店の仕事のやり方を良く理解した上で彼らのニーズに合うようにこちら側の意見や方向性を伝えることができるような、「良いクライアントとなるためのスキル」を身に付けなくてはならないのである。

広告代理店と素晴らしい広告を生み出す生産的な関係を構築するためには、まず広告代理店の現実を知っておかなければならない。

広告代理店の現実1：
広告代理店は利益でのみ動く

ほとんどのマーケティング担当者にとって、広告は実務的な経験が最も少ない分野でもある。広告代理店の価値を正当に評価・判断するのは非常に難しく、また実際、同じような仕事に対して請求される費用の額が広告代理店によって大きく異なることもある。もしあなたが、自分が何をしているのかはっきり理解していないようであれば、広告代理店にあっというまに膨大な金額を巻き上げられてしまうであろう。

広告代理店の秘密を明かそう。広告代理店の収入源は、大きく3つに分類

Part3 Communication

される。まず①毎月の定額契約料（一般に「リテイナー・フィー」と呼ばれ、6カ月や12カ月などの期間で契約する）、次に②全ての広告関連の製作費に対する30〜50％程度の手数料（訳注：日本では一般的に約15％〜20％）、最後に③広告代理店があなたの会社のために購入するメディア媒体費に対する手数料（訳注：日本では一般的に「メディア・バイイング・コミッション」と呼ばれ、媒体費の約15〜20％）、の3つである。

　実際の金額の大きさや割合を理解していただくために、ある架空ブランドが1年間に広告代理店に支払う金額の内訳を見てみよう。

あるブランドを担当する広告代理店の年間売上高

毎月の定額契約料（7000ドル×12）	84,000ドル
広告製作に対する手数料（費用の40％と仮定）	
25万ドル分の新聞・雑誌宣伝製作	100,000ドル
2つのテレビ広告（ひとつ25万ドル）製作	200,000ドル
4つのラジオ広告（ひとつ1万ドル）製作	16,000ドル
メディア媒体購入手数料（費用の12％と仮定）	
総額200万ドルの媒体	240,000ドル
合　　　計	640,000ドル

　もしあなたが広告を主要なマーケティング手段としている場合、あなたのマーケティング費用の約20％は、実は広告代理店に払っているのである！

　もしマクドナルド社（McDonald's）やコカ・コーラ社（Coca-Cola）など、毎年何百万ドルも広告を行う企業が顧客にいれば、広告代理店はまさに「ぼろ儲け」である。多くの広告代理店が、マディソン街（訳注：ニューヨークのマンハッタンで最も高級なオフィス街のひとつ）沿いに、大きなオフィスを構えているのも不思議ではない。

広告代理店の現実2：
広告代理店はあなたのパートナーではない

　広告代理店は友人でもなく、もちろんパートナーでもなく、ただのサプライヤー（納入業者）のひとつでしかない。ただし残念なことに、広告代理店の仕事の良し悪しは、ビジネスに対して他のほとんどのサプライヤーと比較にならない程大きな影響がある。

　広告代理店の人が本書を読んでいたら、私のこの考え方に激しく反対するかもしれない。しかし、もし広告代理店がビジネスのパートナーであるというのであれば、ビジネスの失敗に関わるリスクをクライアントと共有しなくてはならないはずであるが、私はまだ「製作した広告キャンペーンが失敗に終わった時には、制作費を全額返還します」というような広告代理店には出会ったことがない。もしあなたがそのような広告代理店をみつけたら、すぐにでも雇うべきである。

　私は時々、P&G社のマーケティング担当者が経営陣に対して年間マーケティング予算を発表する、「年間予算会議」での出来事を思い出すことがある。マーケティング担当者たちは、市場調査からヒスパニック（ラテンアメリカ系の消費者）市場に売上拡大の余地があると考えていた。そこで、ヒスパニック市場向けの新しい広告キャンペーンを行うこと、そのキャンペーンの製作のためにヒスパニック・マーケティングに特化した広告代理店を雇うことが提案された。

　そのブランドの広告をそれまで担当していた広告代理店の代表者も、会議に出席していた。マーケティング担当者が「ブランドの年間広告予算のうち、500万ドルをヒスパニック市場向けに振り向ける」と発表した時、この広告代理店の担当者の顔は見る見る真っ赤になった。私は今まで、こんなにも迫力のある「反対表明」を見たことがない。何しろ、彼の会社が手に入れるはずだった60万ドルもの広告手数料が、一瞬のうちに吹っ飛んでしまったのである！　もし、この広告代理店が真のパートナーであれば、ブランドがヒスパニック市場に対して力を入れることの重要性を理解してくれたに違いない。しかし、彼らは自分の財布の中身にしか興味がなかったのである。

Part3 Communication

■■ 広告代理店の現実3：
広告代理店は調査会社ではない

　いくつかの大手広告代理店は、「消費者の購買動向を他社より深く理解できる」という触れ込みの、独自の分析モデルや調査方法を持っていることを、自社が業界で「ベスト」である理由にしている。彼らは消費者理解に関して広く深い経験があり、消費者を本当に理解しているのはあたかも自社だけであるかのように自慢している。

　実際のところ、そんな言葉は全て「たわごと」である。広告代理店の行っている消費者調査データの中には本当に役に立つものも若干はあるが、データは所詮データでしかなく、そのデータをどのようにアクションに移すのかが重要なのである。ところが、広告代理店のクリエイティブの多くは消費者調査結果や統計データを見るのも嫌がるため、結局、消費者調査で得た洞察はほとんど実際の広告製作には生かされないのである。もちろん、広告代理店の営業（アカウント・ディレクターなど）はあなたの会社から少しでも多くの広告予算を引き出すために、消費者データの分析結果を誇らしげに発表するであろう。しかし、そのような消費者の洞察が実際の広告キャンペーンのコンセプトに生かされることは、一割もないのが実情である。

■■ 広告代理店の現実4：
最高のクリエイティブ・チームでも成功は保証されない

　広告代理店の多くは、あなたの会社を担当するクリエイティブの面々が、まるで神の子でもあるかのように才能に溢れて洞察力が鋭いと、あなたに語って聞かせるであろう。そのような「売り込み」があまりに大げさな場合は、まるで偉大なダライ・ラマ（訳注：チベット仏教の最高者）があなたと一緒に会議室にいるかのような気にさせられるであろう。

　広告代理店の良し悪しが、クリエイティブ次第であるというのは本当である。しかし、誤解を恐れずに言えば、広告代理店のクリエイティブのほとんどはちょっと「普通ではない」感覚を持っていて、現実の世界にぎりぎり踏

みとどまっているような人たちである。クリエイティブの「普通ではない」感覚自体は決して悪いことではないが、彼らは私やあなたのような人たちとは全く違う世界に生きていることを理解しておかなくてはならない。クリエイティブは、世界を赤いサングラスを通して見ているような人たちである。いかに以前の広告キャンペーンが素晴らしくて洞察的なものだったとしても、同じクリエイティブ・チームが同じクライアントのために製作する次の広告キャンペーンが、同じように成功する保証は全くない。スティーブン・スピルバーグ（Steven Spielberg）が「ジュラシック・パーク」（Jurassic Park）、「シンドラーのリスト」（Schindler's List）、「プライベート・ライアン」（Saving Private Ryan）、などの素晴らしい映画作品を制作する一方で、「ハワード・ダック」（Howard The Duck）や「1941」などの駄作も作ったのと同じことである。どんなに才能があって過去に素晴らしい作品を作ったクリエイティブでも、失敗することはあるのである。

> ● 競争に勝つための原則 ●
>
> 広告代理店と働く際に最も重要なことは、あなたの広告の製作に携わるクリエイティブ・チームをよく理解しておくことである。理解しなくてはいけないのはクリエイティブの代表者だけではなく、あなたの広告に携わるクリエイティブ・メンバー全員である。一般の会社と同様、広告代理店も新入社員や経験の浅い社員を抱えている。あなたの広告のためには、経験豊富なクリエイティブだけを参加させるように頑固に主張すべきである。経験の浅い社員は、あなたの広告ではなく、どこか他の会社の広告製作のために働いてもらえばよい

広告代理店の現実5：
「大きい広告代理店」は必ずしも「良い広告代理店」ではない

多くの広告代理店は「毎年何百万ドルの取り扱いをした」ことを誇りにしている。しかし、これはクライアントには全く関係がないことである。例えばあなたが自動車を買うとき、「フォードは世界中で何百億ドルも売上があ

る」ということを、少しでも気にするであろうか？　私の経験では、広告代理店が「大きいこと」は必ずしも「良いこと」ではなく、かえって「悪いこと」の方が多いかもしれない。

■ 広告代理店にとっての「成功」とは？

　さて、今までいろいろ広告代理店について悪いことを言ってきたが、もし上手に方向性を示すことができて、良い関係を構築することができさえすれば、広告代理店は素晴らしい仕事をしてくれるというのも本当である。広告代理店が出す結果の良し悪しは、あなたが広告代理店に対して提供する中身次第である。もしあなたが広告代理店に対して、明快な戦略的コンセプトとターゲット消費者に関する深い知見・洞察を提供し、ある程度自由奔放に考えることを許せば、広告代理店はたいてい、あなたが考えても見なかったような形で戦略を具現化した、魅力的で洞察に溢れた広告キャンペーンを製作してくれるであろう。

　しかし、あなたが広告代理店の人たちが本当に目指していることをきちんと理解していなければ、こんなに上手くはいかない。広告代理店の最大の目標は、広告賞の獲得である。広告賞の獲得には、「いかに創造的であるか」が最も重要である。広告業界内で賞賛されるのは、クリオ賞（訳注：全米で最も権威のある広告賞）の獲得であり、「美しい・芸術的な広告」であるため、広告代理店はあなたのブランドの広告をなんとか先進的・革新的にしようとする。残念ながら、売上に大きな貢献をした広告を製作した広告代理店を表彰するような広告賞は少ない。広告代理店は、契約が打ち切られたら困るため少しは心配するそぶりを見せるかもしれないが、基本的にあなたのビジネスの状況がどうなろうとも、たいした興味はないのである。

■ 広告代理店との上手な付き合い方

　広告代理店と良い関係を築いていくことは、結び目がたくさんある細いロープの上を歩いていくように難しいことである。広告代理店は、暴発しがちで壊れやすい自己中心的な人々で溢れている。実際、クリエイティブの多く

は信じられないほど繊細である。あなたは、典型的な性格分析で現れる、極端から普通までの全ての性格の人々と上手に付き合う必要がある。どんな時でも、どんな人とでも落ち着いた心理状態を保てるようになることは、成功のために非常に重要である。

■「ボスはあなたである」ことをはっきりさせる

　まず、広告代理店を雇っているのはあなた（クライアント）なのであるという、正しいバランスをもった仕事関係を築かなくてはならない。ビジネスを行っているのはあなたであり、広告代理店ではない。この言い方は若干厳しく聞こえるかもしれない。しかし私は今まで、あたかも自分の方が私より担当ブランドについて良く知っているかのように振る舞い、与えられた戦略的方向性を無視しようとした広告代理店の担当者を何人も見てきた。また、ある小規模な消費財メーカーが、広告代理店に対して自社のマーケティングを統括する権限を与えたところ、広告の戦略的焦点がぼやけてしまい、大混乱に陥ったこともあった。素晴らしく創造的な広告ができ上がったのだが、消費者には全く理解してもらえなかったのである。その広告は確かにとても創造的ではあったが、製品の便益を伝えることも、消費者に製品を買うように説得することもできていなかったのである。

■戦略的コンセプトから外れさせない

　広告代理店は、あなたが与えた戦略的コンセプトを、自分たちのやり方やスタイルに合うように「まとめ直す」ことがある。例えば、広告代理店によってはどんなクライアントの仕事でも、同じような書類フォーマットや用語を使って戦略をまとめ直さなくてはならない場合もある。もし、クリエイティブが広告代理店独自のフォーマットや用語の方が仕事をしやすいということであれば、別に「まとめ直し」に口をはさむ必要はない。しかし、戦略をまとめ直す作業は非常に危険な作業であることも認識しておかなくてはならない。広告代理店があなたの戦略的コンセプトをまとめ直す時には、あなたが意図した戦略的要素が全て抜け落ちていないかどうか、必ずあなた自身の目で確認する必要がある。広告代理店が「まとめ直し」をする時によくあるのは、戦略的な方向性が希薄になり、自由に考えることができるような「許

容度」が増し、広告の制約条件が減ってしまうことである。例えて言えば、あなたが「牛ステーキ」を注文したと思っていても、広告代理店はあなたに「羊のすね肉」を食べさせようとするかもしれないということである。

非常に有名なある広告代理店が、私をこの手で騙そうとしたことがある。ある広告キャンペーンについてこの広告代理店と働いている間ずっと、私はこの広告代理店に対して「戦略に沿った広告を作って欲しい」と言い続けていた。この広告代理店は我々が提供した戦略が気に入らなかったため、広告を製作しやすいような新しい戦略を自分たちで作ってしまいたいと考えていた。このため、広告の製作過程で何回も言い争いになった。最終的には、この広告代理店は我々が提供した戦略に沿った2本の広告を製作してくれた。これら2本の広告は、コカ・コーラ社の広告テストにおいて過去最高の「説得力」の点数を記録した、伝説的な広告キャンペーンとなった。

■ 経費は使われる「前」に合意する

あなたがマーケティング費用を守るためには、いくら注意深くなってもなりすぎることはない。広告代理店は「このような活動をするから」と言って、あなたから口頭で了承を得たがる。確かに話している内容は素晴らしいのだが、プロジェクトが終了するまで値段がはっきりしない、というようなことがないように気を付けなくてはならない。もしそのような状況になってしまったら、あなたのマーケティング予算の全てを広告代理店に払う、といった最悪の状況も覚悟しなくてはならない。値段を見ないで合意してしまうことは、数字の入っていない小切手を渡すのと同じである。

私がこの教訓を学んだのは、コカ・コーラ社（Coca-Cola）時代の最悪の経験からであった。私のチームが、1996年のアトランタ・オリンピックのためにアトランタの中心部に作る予定であった「コカ・コーラ・オリンピック・シティ」（Coca-Cola Olympic City）と名付けられたテーマパークの準備をしていた時のことである。広告代理店と一緒に、「オリンピック・シティ」にはどのようなものがあるべきか、といったアイデアを検討している時、広告代理店がこのイベントにおけるアーチストの演出について、コカ・コーラ社の経営陣と取締役会に対して発表する準備を行うことになった。我々は、今までの広告代理店の担当メンバー8人で、この発表の準備をしているもの

とばかり思っていた。プロジェクト開始当時、我々は広告代理店のサポートをどこにどのように必要とするか、明確な確信がなかったため、予算や経費をどうするかに関しては両者間で一切確認されていなかった。30日後、広告代理店から55万ドルの請求書が送られて来た時、我々は心臓発作でも起こしそうなほど驚いた。請求書の明細には、「広告代理店の60人以上のスタッフが、このプロジェクトのためだけに働いた」と書かれていたのである。

● 競争に勝つための原則 ●

広告代理店が何か行動を起こす前に、全ての経費を「見積り」として（口頭ではなく）書類にまとめさせ、何に使われているのか完全に理解できるまで、一行一行念入りにチェックするべきである。経費のひとつひとつについて「本当に必要なのか」を考えながら、微に入り細に入り検討するのである。そうすることで、毎回毎回不必要な経費を洗い出し、多額の経費を節減することができる

マーケティング・ゴールド・スタンダード

　もしあなたの広告代理店が、見栄えが良いだけでなく、ビジネスにも貢献するような広告を製作してくれたら、なんと素晴らしいことであろう。優れた広告を生み出すような仕事環境を作るために、広告代理店と仕事をする上で気を付けなくてはならない点がいくつかある。

ある程度自由奔放に考えることを許容する

　クリエイティブには、彼らが付加価値を加える余地が必要である。クリエイティブに良い仕事をしてもらうためには、彼らが自由に心を解き放ち、世界中の様々な刺激をあなたの広告に取り入れてもいい、と感じてもらわなくてはならない。広告代理店のクリエイティブは、私やあなたとは全く違う世界に生きているのである。彼らは、私やあなたとは全

く違うリズムで生活しており、彼らが成功するために必要とする要素は、私やあなたが全く想像がつかないようなものであったりする。

多くのマーケティング担当者が犯すミスに、広告代理店に対して最終的な広告キャンペーンがどのようになるのかを詳細まで指示してしまう、ということがある。クライアントが広告代理店の営業と電話で世間話をしている時に、広告の詳細について少し話をするのは、別にクライアントに悪気があってのことではない。しかし、その後に起こる事態はまさに「弾圧」でしかない。一見全く無害な発言に見えても、クライアントは広告代理店に製作して欲しい広告の内容を、はっきりと見せてしまっているのである。クライアントのこのような発言は、間違いなく広告キャンペーンの製作を失敗させることになる。情報がクリエイティブ・チームに届くころには、あなたの不用意な発言はあたかも「クライアントの絶対命令」であるかのように伝えられており、クリエイティブ・チームのやる気を失墜させ、創造力を奪ってしまう。こうなると、クリエイティブ・チームは全力で最高の仕事をする代わりに、クライアントが望むであろう広告を、最小限の努力でまとめ上げることしかしないのである。

広告代理店と上手に仕事をするためには、明確で簡潔な戦略的コンセプト（**明確なターゲット消費者、強力な消費者便益、説得力のある「信じる理由」**）だけを与え、あとは自由にやらせることである。広告代理店に対して、今までの常識にとらわれずに素晴らしい広告を考えるように励まし、「素晴らしい仕事を期待している」とだけ言い続け、彼らの力が発揮できるように舞台を整えてあげるのである。こうすることで、広告代理店のチームはあなたのために最高の広告を製作したいと考えるようになる。クリエイティブ・チームに対して、自由に最小限の制約で考えるように励ますことで、彼らの頭脳を最高の状態にまで高め、最高の仕事をしてもらうのである。

今まで説明したことを実感していただくため、あなたが広告代理店のクリエイティブになったと仮定して考えてみていただきたい。あなたは、「子供たちが人種を超えて世界中の人たちと助けあうことで、平和・幸せ・協調を実現していくように励ます」ような、子供向けの歌を作ってくれるように頼まれたとしよう。これがあなたに与えられた任務である。

さて、あなたがこの任務にどのように取り組むか考えてみていただきた

い。この任務は全く制約条件がなく、あなたはどんな歌を作っても良い自由を与えられていると感じるであろう。つまり、この任務であなたは「最大限の創造力を発揮できる」と考えるのである。子供向けの歌で、メッセージさえちゃんと伝えることができるならば、元気な歌でもゆっくりとした歌でも、楽しい歌でも憂いを含んだ歌でも、またシンプルな歌でも重厚なオーケストラを使った歌でも、何でも良いのである。あなたは自分の好きなように歌詞を選び、メロディを作ることができる。唯一の制約条件は、あなたの想像力なのである。

では、同じ任務を少し違う角度から考えてみよう。「子供たちが人種を超えて世界中の人たちと助けあうことで、平和・幸せ・協調を実現していくように励ます」ような、子供向けの歌を作るという任務は同じである。そして、クライアントから成果物の具体的なイメージとして、ディズニーの名曲「イッツ・ア・スモール・ワールド」(It's a Small World) が挙げられ、「参考まで」と歌詞の内容も渡された。

　　　　世界中　だれだって　ほほえめば　仲良しさ
　　　　みんな　輪になり　手をつなごう　小さな世界
　　　　　　世界中　どこだって　笑いあり　涙あり
　　　　　みんな　それぞれ助け合う　小さな世界
　　世界はせまい　世界はおなじ　世界はまるい　ただひとつ

この任務に取り組むに当たって、あなたの中の創造的な部分は吹っ飛んでしまったに違いない。あなたの頭の中には、「イッツ・ア・スモール・ワールド」のメロディが流れ続けている。こんな状態で、どうやって新しい素晴らしい曲を作れと言うのであろうか？

まさにこれが、クライアントが悪意なしにクリエイティブ的な内容を提案してしまうことにより、広告代理店のクリエイティブ・チームが被る悩みなのである。このような状態になると、クリエイティブ・チームからは創造力が減少し、自由な連想が途絶え、与えられた制約条件の中だけで考えるようになってしまう。このような仕事のやり方をしては、最高のクリエイティブ・アイデアを得ることは、望むべくもない。

創造的刺激を与える

　普段オフィスの机にじっと座っていて、電話などの仕事の邪魔がたびたび入るような環境で働いているような人からは、素晴らしいアイデアはまず生まれない。「ひらめき」は、沈む夕日を眺めたり、海岸を散歩したり、何か新しいことを探検したり、調べたり、見たり、聞いたりする中で生まれてくるものである。

　もしあなたのクリエイティブ・チームに「ひらめき」があるような仕事をして欲しいのであれば、あなたが彼らに「創造的刺激」を与えなくてはならない。クリエイティブ・チームと製品の製造現場を見に行くとか、店の中で一緒に消費者が製品を買う瞬間を観察したりしてみてはどうであろうか？　また、あなたのブランドの使用者・非使用者、そして競合製品の使用者に対してグループ・インタビューを行ってみるのも面白い。

　あなたのクリエイティブ・チームを競合調査に巻き込んでしまうのも、非常に効果がある。クリエイティブ・チームが担当のブランドのことだけしか知らず、競合製品については何も知らなかったら、あなたはさぞかし不満であろう。クリエイティブ・チームは、不満がある消費者や、無関心な消費者や、あるいはあなたのブランドを嫌いな消費者も見ておく必要がある。あなたのブランドを使っている消費者より、使っていない消費者や嫌いな消費者の方が、多くの示唆を得ることができるものである。あなたのブランドの欠点を隠したりしないで、クリエイティブ・チームにブランドの全てを見、感じ、触れ、嗅ぎ、深く理解してもらうのである。

コンセプトやアイデアを検討するのに十分な時間を与える

　「ローマは一日にして成らず」と言われるように、ほとんどの素晴らしい広告キャンペーンにはある程度の時間がかかっている。どんなに素晴らしいアイデアが頭に浮かんだとしても、すぐ広告にできるほど完成されていることはまずない。まずアイデアの種があり、次にアイデアが根を張ってある程度成長したら、ちょっとひねったり加えたり削ったりすると、ごく稀に期待以上の素晴らしいものになる、という順番である。

同じように、ある日素晴らしいと思ったアイデアが、次の日によく考えて見ると全然「使えない」アイデアだったということもある。広告代理店におけるクリエイティブのプロセスも同様である。もしあなたが広告代理店に対してあまりに短い期間を強要した場合、中途半端なアイデアしか出てこない可能性が高くなる。素晴らしい広告が欲しいのであれば、あせってはならない。ほとんどの優れた広告キャンペーンは、製作に６～８カ月はかかっているものなのである。

広告の評価・批判にはルールを設定する

　広告代理店から出てきた仕事内容を評価するための会議（クリエイティブ・レビュー）は、お茶会の儀式と同じくらい、礼儀作法に注意して行う必要がある。広告代理店が出してくるものは全て、広告代理店内で既に何回も検討されている、ということを忘れてはならない。クリエイティブ・チームは、それぞれの内容に対して何らかの「思い入れ」や「こだわり」があるものである。あなたは、公平で正直なコメントを最適なタイミングで行うと同時に、アイデアをばっさり切ってしまうのではなく、出されたアイデアをうまく生かすような「前向き」な言い方をしなくてはならない。あなたが、クライアントとしてこのような雰囲気を作り出すために、従わなくてはならないルールがいくつかある。

　まず、広告代理店がプレゼンテーションをする前に、クライアント側がどの順番で、何についてコメントするべきかの明確なルールを決めておかなくてはならない。クライアント側のほとんどの参加者は、広告の戦略的部分に関するコメントのみが許されるべきである。討議のポイントは、「広告の内容が合意されたブランド戦略に沿っているかどうか」、及び「どの選択肢が、ブランドの戦略的コンセプトを最も的確に伝えているか」だけである。広告のクリエイティブ的な内容や詳細に関するコメントは、クライアント側で最も地位の高い１人か２人のみに許されるべきである。何も、会議室にいる全員の参加者が、アート・ディレクターよろしく、広告の詳細について微に入り細に入りコメントする必要はない。

Part3 Communication

● 競争に勝つための原則 ●

広告代理店の出してきた内容を評価・批判する時には、まず戦略的な評価、つまりは出された内容が以前に合意されたブランドの戦略的コンセプトに沿っているかどうか、という点から始めなくてはならない。これは同時に、マーケティング部で経験の浅い社員にとっては、戦略性の評価に関する最高の練習ともなる

　経験の浅いクライアントのメンバーは、広告の戦略的な点だけしかコメントするべきでないという点に関しては、特に強調しておきたい。私はこの教訓を、P&G社における私の初めての広告評価会議での、非常につらい経験で学んだ。この会議は「シトラス・ヒル」（Citrus Hill）オレンジジュースの新しいテレビ広告キャンペーンに関する会議で、私は当時まだ入社4週間目であった。上司は、私に対して広告評価会議における評価・批評のルールを教えるのを忘れていた。広告代理店がプレゼンテーションを終わって、P&G社のカテゴリー・マネージャーが私の方を振り返って私に「どう思うか」とたずねた時、私は間髪入れず「縞のシャツを着た女性がオレンジの樹の中を歩いていくこの広告は、（競合の）『トロピカーナ』（Tropicana）の真似にしか見えません」と答えた。私が話し終えたとき、会議室の空気は明らかに重苦しくなっており、私は今にも会議室から叩き出されそうな雰囲気であった。私は経験の浅い人間が従わなくてはならないルールを破り、広告代理店の創造力を侮辱したのである。この出来事のおかげで、私がP&G社にいる間ずっと、この広告代理店とは気まずい関係のままであった。

公平で正直なコメントを、最適なタイミングでの行う

　広告代理店のプレゼンテーションを一通り見終わったら、まずあなたの全体的印象・評価を述べる。時間をかけていろいろ考えてはいけない。あなたの最初の印象が、たぶん正しい評価である。まず、広告のどのオプションが良いと思って、どれを良いと思わなかったかを述べる。評価

の理由としては、まず戦略的な部分の評価があり、次にクリエイティブ的な詳細である。もしプレゼンテーションの中に良いアイデアはあるのだが、広告への具体的な落とし方がまずいと思った場合には、広告代理店に対して、アイデアそのものは生かしながら修正・改善するように激励するとよい。素晴らしい広告を作るためには、通常広告代理店との何回かのやりとりが必要である、それらのやりとりを通じて、広告の内容が固まっていくものなのである。

図表10-1　広告代理店との上手な付き合い方

特に営業に対して	特にクリエイティブに対して
・「ボスはあなたである」ことをはっきりさせる ・戦略的コンセプトから外れさせない ・経費は使われる「前」に合意する	・ある程度自由奔放に考えることを許容する ・創造的刺激を与える ・コンセプトやアイデアを検討するのに十分な時間を与える ・広告の評価・批判にはルールを設定する ・公平で正直なコメントを、最適なタイミングで行う

■ 最適なメディアに最適なタイミングで

　あなたが素晴らしい広告を製作できたら、次はその広告をどのメディアで流すかを決める番である。メディア・プランナーは通常、広告代理店のメンバーの中では最も周囲から評価されておらず、最も給料が低く、また仕事の内容が最も理解されていないことが多い。営業やクリエイティブがクライアント先を飛び回って派手なプレゼンテーションを行う準備に忙しい一方、メディア・プランナーは自分の席で数字やファックスと格闘している。メディア・プランナーを、「こんなものだ」と考えてしまってはいけない。

　メディア・プランナーは、あなたの広告をいつ、どこで、どのように流すのかを決定する、メディアの達人である。優れたメディア・プランナーは、

Part3 Communication

　あなたのブランドの広告を少ない費用で多くのターゲット消費者に到達できるようにし、ブランドのマーケティング費用を大幅に節約してくれる。それだけではなく、「編集タイアップ（一見広告に見えるような PR ページ）」を同時出稿して、消費者への露出量を倍にしたらどうか？」、などの斬新なアイデアを提案してくれるかもしれない。

　一般的な媒体費用や効果分析をそのままあなたに提示してくるようなメディア・プランナーは、媒体を何の工夫もなく組み合わせで「媒体計画」と呼んでいるだけの場合が多いため、要注意である。優れたメディア・プランナーは媒体の一般的ルールの「抜け道」を熟知しているため、低価格のテレビ番組を上手に利用したり、あなたのマーケティング費用内に収まるようなスポット媒体を見つけてきたりといった、杓子定規ではない仕事をしてくれるものである。

　ほとんどの広告代理店では、メディア・プランナーの作成した媒体計画が営業を通してクライアントに提案されているため、特別に要請でもしない限り、クライアントのあなたがメディア・プランナーに会うことはない。広告代理店の営業に対して、あなたがいかにメディア・プランナーの付加価値を認めているかを語って聞かせ、媒体計画に関する会議にはいつも必ずメディア・プランナーを同席させるように要請してみるとよい。あなたが媒体計画の製作過程に興味を示し、メディア・プランナーを激励することで、いかにメディア・プランナーが一生懸命仕事をしてくれるようになるか、驚くことになるであろう。

■ 優れた広告を継続的に生み出すために

　優れた広告とは、革新的で、創造的で、ユニークでありながら、しかも消費者が納得するような広告である。このような全ての要素が揃った広告は、広告を考え始めた頃にキーワードを紙に走り書きしていた頃からは想像もできないほど、素晴らしい広告となるものである。広告代理店は、今まで多くの優れた広告を生み出してきた。広告代理店があなたのブランドのために継続的に優れた広告を生み出してもらうためには、「良いクライアント」になるためのスキルを日々研鑽しなくてはならないのである。

■ 中小企業にとっての広告

多額の広告予算を持たない多くの中小企業は、有名な大規模広告代理店ではなく、中小企業を専門にした規模の小さな広告代理店や制作会社と仕事をしていることと思う。しかし、あなたがどのような大きさの広告代理店と働く場合でも、全く同じ原則があてはまる。優れた広告を製作してもらうためには、明快な戦略的方向性を提示し、より創造的になるような刺激を与え、そして既製の概念にとらわれない発想をするように励ますのである。適切なタイミングで明確な修正を行い、修正点について話す際にはまず戦略的な観点を話し、それからクリエイティブ的な詳細を話す。広告はマーケティングの中でも「人」の重要性が高い部分のひとつであり、あなたが一緒に働く人たち（広告代理店）の良し悪しが、あなたのビジネスに大きな影響を及ぼしてしまう。優れた広告ができ上がるように、広告代理店の製作過程や製作環境を整えてあげるのは、クライアントのあなた自身の責任なのである。

この章のまとめ

- 広告代理店に優れた広告を製作してもらうためには、多くのことが必要である。まず、広告代理店の仕事を理解しなければならない
  - 広告代理店は利益でのみ動く。典型的な広告代理店は、あなたのマーケティング費用の20％も持っていってしまう
  - 広告代理店はあなたのパートナーではない。広告代理店は、あなたのビジネスに大きな影響を及ぼすサプライヤー（納入業者）である
  - 広告代理店は調査会社ではない
  - 最高のクリエイティブ・チームでも成功は保証されない
  - 「大きい広告代理店」は必ずしも「良い広告代理店」ではない
  - 広告代理店には「いかに創造的な仕事をするか」が最も重要である
  - 広告代理店と上手に付き合うために、どんな性格の人間とても上手に付き合えるようになる必要がある。クリエイティブ・チームが、常に前向きになるように激励しなければならない
  - 広告代理店の提案が、戦略的コンセプトに沿っているかどうか、常に確認しておく必要がある

- 費用は使われる「前」に合意する。経費の全てについて「本当に必要なのか」を疑い、微に入り細に入り検討した方がよい
- ●クリエイティブ・チームに優れた広告を生み出してもらうために、以下の点に注意しなければならない
  - ある程度自由奔放に考えることを許容する
  - 明快な戦略的コンセプトを提供する
  - 創造的刺激を与える
  - コンセプトやアイデアを検討するのに十分な時間を与える。素晴らしい広告キャンペーンの多くは、製作に6～8カ月はかかっている
  - 広告の評価・批判にはルールを設定する。お茶会の儀式と同じくらい、礼儀作法に注意を払わなくてはならない
  - 広告代理店との会議では、クライアントのメンバーの中で、誰がどのような順番で広告の評価・批評をするか決めておく。最も低い役職のメンバーが、最初に話すようにする
  - クライアント側の経験の浅いメンバーのコメントは、広告の戦略的部分に限定させる。クリエイティブ部分についてコメントしてはならない
  - 間を空けずに、公平で正直なコメントをする。あなたの最初の印象が、たぶん正しい評価である
- ●メディア・プランナーは非常に貴重な人材である。最大限に活用するべきである

第11章 広告・宣伝の「6つの大罪」

マーケティング担当者が陥りがちな「罠」

愉快で、驚きがあって、覚えやすくて、感動的で、ユーモアがあったとしても、ビジネスに全く貢献しない広告があるのはなぜであろうか？ 広告が、製品のコンセプトをあいまいにしか伝えていないことが原因の場合もある。広告のコンセプトや表現が、製品の便益をうまく消費者に伝えきれていない場合もある。また、広告自体はセンセーショナルで記憶に残るのだが、製品との関連性が弱いという場合もある。いずれの理由にしろ、「効果がない」広告のために毎日何百万ドルもが浪費されている。これは、金をどぶに捨てているのと同じである。

　私がこんなにも自信を持って断言している理由は、私がこれまで、何千何百ものテレビ・雑誌・新聞・看板などの広告が消費者の購入意向や売上などにどのような影響を及ぼすのかを、数多くの量的・質的調査によって分析してきたからである。私は一連の経験の中で、多くのマーケティング担当者が広告・宣伝で陥りやすい、典型的ないくつかの「罠」に気が付いた。多くの企業がこの「罠」にはまることよって、広告を行っても消費者に製品について興味を抱いてもらえないばかりか、場合によっては消費者を遠ざけてしまっている場合も多い。

確かに素晴らしい広告には見る者の心を掴むものもあるが、「効果がある」広告の製作に必要なのは、決して芸術性などではない。必要なのは、戦略的思考と、綿密な調査と、消費者に製品を「魅力的」と思わせるような製品便益である。このようなしっかりした基盤があって初めて、広告の「芸術的」側面であるクリエイティブが意味を持つのである。クライアントと広告代理店は、広告のメッセージが消費者に行動を起こさせるくらい強力で明快であるか、常に注意していなくてはならない。

消費者の心の琴線に触れることの重要性

私が広告の失敗や弱点について気が付いたのは、スポンサー企業が製作した数々のオリンピックをテーマにした広告を集中的に分析した時であった。私は過去数十年間にわたる何十もの広告を見た時、「広告中の企業名を入れ替えても、誰も気がつかないのでは？」と思うほど、多くの広告が「全く同じ広告」であるかのように酷似していることに非常に大きなショックを受けた。

問題はオリンピックと企業、またはオリンピックとブランドの間に全く関連性が構築できていないことであった。オリンピック関連の広告の多くは、運動選手の美しい動きを素晴らしいビジュアルで見せた後、「努力」「忍耐」「ベスト」「頂点へ」といった内容の言葉（コピー）と共にブランドのロゴが現れるといったものであった。

果たしてこれで、消費者の心の琴線に触れることができるのであろうか？試しに、広告主である企業やブランドがオリンピックとどのような関係があるのかを明確に伝えている広告を、ひとつでも思い出して見ていただきたい。たぶん、多くのスポンサー企業が過去数十年間にわたって、オリンピックを主な広告媒体としてきたにも関わらず、あなたが思い出すことができるのはせいぜい2〜3社であろう。これでも、5000万ドルもするオリンピック・スポンサー料は、十分価値があるのであろうか？　私が「金をどぶに捨てている」と言った意味を、御理解いただけたであろうか？

ビザ社（VISA）は、自社ブランドとオリンピックの間に明快で論理的な関連性を構築し、払ったスポンサー料を有効に活用している数少ない企業のひとつである。あなたが米国で生活したことがあれば、「『アメックス』（Amex）

では、オリンピックのチケットは買えません」という広告キャンペーンを覚えているであろう。広告は、「いつでもどこでも、あなたが欲しい場所でVISA」という印象的な言葉（コピー）で結ばれる。オリンピックとビザ社を明確に関連づけることで、他のスポンサー企業の広告とは一線を画している。さらには、ビザ社がオリンピック・スポンサーであるということを、他のカード会社とのわかりやすく具体的な差別化要因として、うまく強調することにも成功している。

コカ・コーラ社（Coca-Cola）が1996年のオリンピックの時に行った「ファンのために」（For The Fans）も、消費者の心を掴んだ広告キャンペーンのひとつである。「『コカ・コーラ』はオリンピックのファンを元気にする」という広告のメッセージは、消費者にとってわかりやすく、また「コカ・コーラ」とオリンピックとの関係も明快であった。広告で「コカ・コーラ」を飲んでいるのはオリンピックの選手ではなく、ファンであった。広告や販売促進などの全てに、「応援すれば、喉が渇く」とか「オリンピックを元気にする！」といったコピーが使用された。この広告キャンペーンは、当時のオリンピック・スポンサーの広告の中では最高の認知度を獲得し、また最も説得力のある広告でもあった。この広告キャンペーンにより、「コカ・コーラ」はキャンペーン期間中に過去最高の売上高を達成した。

■ 分析対象業界の拡大

オリンピックが一段落した後、私はもしかしてオリンピックの広告主が陥っていた「罠」に、他の多くの広告主も陥っているのではないかと考えた。そこで、私のチームは他の様々な製品カテゴリー（ファッション、消費財、レストラン、自動車、航空会社、等）の広告の評価・分析を行ってみた。そこで我々が発見したのは、オリンピック・スポンサー企業と全く同じ数々の「罠」にはまっている、多くの企業の姿であった！

これら数々の「罠」は、どの製品カテゴリーでも同じように広告キャンペーンの効果を激減させ、消費者にマイナスの影響を与える。そこで私はこれらの「罠」を、「広告・宣伝の6つの大罪」と名付けた。

広告・宣伝の「6つの大罪」

　たぶん読者の皆様は、「確か大罪というのは、7つあったのでは？」と思っているであろう。その通り、確かに一般的にキリスト教で言うところの「大罪」は7つある。しかし、「7つの大罪」のひとつである「色欲」は宗教では罪かもしれないが、広告では美徳である。セックスは、自動車からチューインガムまでほとんど全ての製品を売るために利用されており、実際、消費者を引き付けるのにとても貢献しているのである。それでは、「色欲」を除いた他の「6つの大罪」について、それぞれ説明していきたい。

第1の大罪：傲慢（自社ロゴの過剰露出）

　ギリシア悲劇に出てくるナルキッソス（Narcissus、自己陶酔を表す「ナルシズム」の語源）のように、多くの企業は自社のイメージがとても素晴らしいと信じ切っているため、自社名や自社ロゴを、あちこちの目立つところで見たがる傾向がある。大きいほど、目立つほど良いと信じているのである。消費者に自社の名前ではなく、製品について何か伝える必要があるとは、考えてもいない。全ての消費者は自社の会社名と事業内容を知っているであろうと思い込んでいるため、広告のメッセージ（内容）ではなく、大きさがより重要なのである。これが第1の大罪、「傲慢」である。

　確かに企業ロゴの入った看板広告は格好がよく、見栄えがするかもしれない。しかし、「クアルコム」（Qualcomm）とはどんな会社で、何を売っているのであろうか？「スリーコム」（3Com）は？　ほとんどの消費者には見当もつかないのに、このような企業は自社名を野球場に掲げるという自己満足のために大金をつぎ込んでいる。もしあなたの会社の製品について全く触れないのであれば、なぜそんな大金を広告に払う必要があるのであろうか？

　そのような広告は、消費者には何も伝えていないのと同じであり、消費者に完全に無視されてしまう。消費者が広告に注意を払うのは、広告が自分の生活と関係していると感じるか、心の琴線に触れるか、笑わせてくれるか、または面白い情報を提供している場合だけである。消費者がスポーツ・スタジアムや高速道路にある大きな企業ロゴの広告に払う注意は、駐車場で周囲の車のナンバー・プレートに払う注意と同じくらい低いのである！

この問題点を検証するために、私は数年前、スポーツ・スタジアム内にある広告の想起率を調査してみた。もしあなたが最近プロ・スポーツの試合を見に行ったことがあれば、スタジアムや野球場の中が、「バドワイザー」（Budweiser）「ユナイテッド」（United）「AT&T」「パナソニック」（Panasonic）などの企業ロゴの大きな広告看板で埋め尽くされているのをご存知であろう。

この調査では、スタジアムから帰る人たちをつかまえて、まず「スタジアム内で広告をしていた企業」を思いつくだけ挙げてもらう（純粋想起）。通常、ここで消費者が思い出すことが出来る企業名は非常に少ない。そこで今度は、企業名を列挙したリスト（スタジアム内で広告をしていた企業も、していない企業も含まれる）を渡して、スタジアム内で広告を見たと思う企業名を挙げてもらう（助成想起）。スタジアム内では50社以上が広告を行っているのにも関わらず、その中の5社以上の名前を挙げることができる消費者は、たった10％に満たない。消費者はこのような企業ロゴのだけの広告を、全く意識していないのである。

● 競争に勝つための原則 ●

× 自社のブランド名または企業名だけを露出する広告は、決して行ってはならない

○ ブランド名や企業名と共に、何か消費者が自分に関連付けることができ、ブランド・企業のコンセプトを強化できるメッセージを添えなくてはならない

この大罪への対処は簡単である。あなたのブランドに、何らかのメッセージをつければよいのである。長いメッセージである必要はなく、例えば「コカ・コーラ」とする代わりに、「いつもコカ・コーラ」とすればよいのである。両者で何が違うのか、おわかりであろうか？　後者のメッセージは、消費者が様々な広告媒体を通して毎日見たり聞いたりしているそのブランドの他の広告と一貫性を保つことで、ブランドのコンセプトを強化することに貢献している。もしかして、広告看板を見ただけで、消費者の頭の中にはその

Part3 Communication

ブランドの広告のコピーやメロディが浮かんだかもしれない。どんなブランドでも、例えば「バドワイザー」とするだけではなく、「バドワイザー、ビールの王者」のようにメッセージを加えるか、「バドワイザー」の横にカエルやイグアナといった広告キャラクターを加えたりするべきである。このような、大したスペースがいらないちょっとした工夫で、「バドワイザー」のブランド・アイデンティティ（訳注：ブランドがターゲット消費者にどのように受け入れられるべきかというビジョン。デービッド・A・アーカー著「ブランド・リーダーシップ」による）の強化に貢献するのである。

　このようなほんの少しだけの違いが、消費者の広告想起に大きな影響を与えている。我々がスタジアムで行った調査では、企業ロゴに加えて何かメッセージを載せている広告の方が、企業ロゴだけの広告に対して、圧倒的に高い想起率であったのである。

■ 第2の大罪：暴食（目を引くが、何の関係もないビジュアル・映像の使用）

　素晴らしいビジュアル・映像を使っている広告は数多いが、そのビジュアル・映像がブランドの構築に貢献している広告は多くない。その理由は、広告で使われている素晴らしい（そして高価な！）ビジュアル・映像を、消費者にブランドを想起させるような形で製品に結びつけることに失敗しているからである。これが第2の大罪、「暴食」である。

　デルタ航空（Delta Airline）とネーションズ・バンク社（NationsBank）は、この「大罪」の典型例である。両社とも1996年のオリンピック・キャンペーンでは、「運動選手の躍動的なポーズの上に企業ロゴをあしらう」という広告を製作した。このような広告ができ上がった過程は、容易に想像できる。会議室の机の上に並べられた、写真うつりのよい運動選手たちの素晴らしい瞬間をとらえた数々の写真を見ながら、マーケティング担当の社員たちが興奮して「このビジュアルは、勇敢で、力強く、成功への確信に満ち溢れている！　うちの会社と全く同じだ！　このビジュアルは、会社の象徴としてぴったりだ！」とか叫びながら決めているのである。その企業のマーケティング担当者であればこれらの写真と企業を関連付けて考えるかもしれないが、同じことを消費者に期待するのは全く無理な注文である。消費者の多く

は「シカゴに行きたい」ことだけを望んでいるのであり、「シカゴに行くための航空会社」は気にもしていないのである。

　多くの自動車会社もこの「大罪」を犯している。よく自動車の広告では、車が美しく見晴らしのよい山頂にいたり、他の車が全くいない濡れた山道を駆け下りてきたりしている。しかし、あなたが最近どこかへ出かけた時に、混雑や渋滞に全く巻き込まれなかったというようなことが、1回でもあったであろうか？

> ● 競争に勝つための原則 ●
>
> ×　どんなに素晴らしいビジュアル・映像でも、自社ブランドのイメージや、ブランド・パーソナリティー、ブランドを使用する状況などと関連がないものは、決して広告に使用してはならない
>
> ○　どんな広告も、消費者が自分を広告に関連付け、投影できるようでなくてはならない。消費者がその広告に自分を投影できれば、必ず成功する

　ひとつ誤解しないでいただきたい。何も私は「空想」が広告に効果がないと言っているわけではない。「空想」は、広告に消費者の注意を引き付けるためにはとても効果的である。特に、消費者にとって楽しそうなシーン（例えば南国の島で召使に日焼け止めクリームを背中に塗ってもらうといったシーン）を想像してもらうことができれば、より効果的である。消費者にあなたの製品を買ってもらうための最強の方法は、「あなたの製品を使えば、日々の平凡な生活とは違う、楽しくて面白い別世界に行くことができる」と信じさせることである。

　あなたは今までに、「ダウ」（Dow）のお風呂洗い用洗剤をお風呂場にスプレーしたとき、コマーシャルに登場する泡のキャラクター「スクラビング・バブル」（Scrubbing Bubbles）が浴槽についた水垢と戦っているコマーシャルのシーンを、思わず思い浮かべてしまったことはないであろうか？「空想」は、製品が何をしてくれるのか、また製品を使うとどのように感じるのか、といったことをきちんと伝えてさえいれば、全く問題はない。「ダウ」

の広告に登場する泡のキャラクターが現実に存在しないことは誰でもわかっているが、実際の汚い浴槽を洗う広告と較べたら、格段に楽しい広告になっているのである。

■ 第3の大罪：嫉妬（他社の真似）

　競合の成功にあまりに気をとられて、独自の特徴を確立しようとする代わりに、競合の広告キャンペーンの真似をしてしまうブランドがある。これが、第3の大罪、「嫉妬」である。第10章で「シトラス・ヒル」（Citrus Hill）オレンジジュースが「トロピカーナ」（Tropicana）が既に流していた広告と驚くほどそっくりの広告を製作したという話をしたのを覚えているであろうか？　新しい「シトラス・ヒル」の広告は、縞のシャツを着た肩まで長い茶色い髪の女性が、オレンジの樹の中を歩きながらオレンジをもぎ取る、という内容であった。最後のシーンは、この女性が娘とおぼしき女の子と、オレンジを積んだ古いトラックの前に並んで立っている、というものであった。

　「トロピカーナ」は当時、縞のシャツを着た肩まで長い茶色い髪の女性が、オレンジの樹の中を歩きながらオレンジをもぎ取り、古いトラックの前に立っている、という広告を流していた。「シトラス・ヒル」の広告との違いがおわかりいただけるであろうか？「シトラス・ヒル」の方は、最後のシーンに女性が1人ではなく娘と登場し、またトラックにはオレンジが積まれている、という違いだけだったのである！

　結果は、火を見るより明らかであった。広告代理店と「シトラス・ヒル」のマーケティング担当者たちは、「シトラス・ヒル」の広告は「トロピカーナ」とは違うと信じていたが、消費者には両ブランドの広告の違いはわからなかった。多くの消費者は、「シトラス・ヒル」の広告を見て、その広告を「トロピカーナ」の広告だと思い込んでしまったのである。

　ビールのブランドの多くも「嫉妬」に狂っている。最近1カ月の間に、格好いい若い男女がビールの瓶を片手にパーティーを楽しんでいる、というようなビールの広告をいくつ見たか考えてみていただきたい。または、魅力的な男女が流行のバーでビールを飲みながらふざけあっている、という広告はどうであろうか？　どのビールのブランドがどのような広告を流していたか、はっきりとは思い出せないに違いない。「バドワイザー」のカエルとイグアナ

をキャラクターに使ったビールの広告がヒットしたのは、他のビールの広告とは明らかに違っていたからであろう。

● **競争に勝つための原則** ●

× 競合他社と似たような広告は、決して製作してはならない

○ 消費者に、「自社のブランドは他に類がないほど素晴らしく、買う価値がある」と伝えたいのであれば、あなたの広告キャンペーンは常に他とは異なっており、優れており、特別でなくてはならない

■ 第4の大罪：貪欲（便益の過剰表現）

　マーケティング担当者の中には、利益を稼ぐのにあまりに貪欲なために、製品を売るためにはどんなことでも、その製品の便益としてはあまりに大げさで信じられないようなことまで言うような人たちがいる。これが第4の大罪、「貪欲」である。

　ダイエットやフィットネス器具の広告は、この際たる例である。あなたもきっと、「毎日たった15分のエクササイズで、アーノルド・シュワルツェネッガー（Arnold Schwarzenegger）みたいな体に！」といった広告を見たことがあるに違いない。まさに、「とても信じられない！」という内容である。もしアーノルド・シュワルツェネッガーが、こんな「ボウ・フレックス」（Bow Flex）とかいう機械をひとつ買うだけで、彼が死ぬほどの努力と鍛錬で作り上げたのと同じような肉体を得ることができると知ったら、さぞかしがっかりするであろう。

　アーノルド・シュワルツェネッガーは、「スニッカーズ」（Snickers）という菓子がトレーニングに非常に有効だと聞いたら、同じくらい驚くに違いない。何年もトレーニングのために煮野菜と魚しか食べないような生活をしていた彼が、ある日突然「世界的な陸上競技選手たちが、練習の合間に『スニッカーズ』をかじっている」という広告を見たら、きっとびっくりするであろうし、またこの広告を信じることはできないであろう。シュワルツェネッガーがこの広告を信じないように、消費者も信じることはできない。たぶ

Part3 Communication

ん、「スニッカーズ」の会社で最も愛社精神が高い社員が、この広告のストーリーを「スニッカーズ」をかじりながら検討したとしても、この広告に現実性や真実性があるとは思わないであろう。マーケティング担当者は、この広告が「スニッカーズ」と世界の一流選手を関連付ける良いアイデアだと考えたのであろうが、残念ながらこの広告は「はったり」としてはあまりに信じられないばかりか、消費者に製品を買うように納得させることもできていない。

　時には、広告で訴求する内容が真実以上に魅力的過ぎて、消費者に製品を買わせることはできたとしても、後でかえって失望させてしまうこともある。あなたは、料理の写真入りの広告を見てレストランに行き、その写真の料理を注文してみたら、写真の料理と運ばれて来た料理とには天と地ほどの差があって、がっかりしたことはないであろうか？　私自身は数回だまされたことがある。私はそのようなことがあったレストランには二度と行かない。

　消費者は、「うまい話には、注意せよ」という格言に従って生きている。誰もそんなに簡単には、詐欺に引っかかってくれないものである。

● **競争に勝つための原則** ●

× 真実を大げさに言うことで、製品の便益を過剰に表現してはならない。消費者が信じることができないような広告を作ってもいけない

○ 常に、明確で価値のある便益を、消費者が論理的に納得し、かつ疑いを持たないような「信じる理由」と共に伝達しなくてはならない

■ 第5の大罪：怠惰（流行のニュースやトレンドの使用）

　第5の大罪「怠惰」は、最近のニュースやトレンドを、広告キャンペーンのアイデアとして使ってしまうことである。

　「エゴ」（Eggo）ワッフルの広告キャンペーンが良い例である。1998年に「世界初のクローン動物誕生」のニュースが世界中を駆け巡った。しばらくしてエゴ社は、狂った科学者が自ら作り出した十数人もの自分のクローン人間たちと、たったひとつの「エゴ」ワッフルを誰が食べるかをめぐって戦う、というテレビ広告を開始した。この広告は、私の「最悪の広告ベストテ

ン」に入っている。広告は全然面白くなく、説得力もなく、広告のアイデアはありふれていて、しかも製品自体も何の差別化もされていない。研究室という広告の設定が全く食べ物に関係がなく、ミルクやジュース、コーンフレークなども広告に全く登場しないため、この「エゴ」という製品が朝食であること、いや食べ物であることすらもわからないのである。

　リーバイ・ストラウス社（Levi-Strauss）も、同じ「大罪」を犯したことがある。「リーバイス」（Livi's）のジーンズから離れてしまっていた10代の若者に「リーバイス」を着ることは格好いい」と訴求するため、当時流行していた「グランジ・ファッション（grunge look、わざと汚れた感じにした，古着などを用いたファッション）」を広告に採用したのである。結果として、若い男が窓を開けたままの車で自動洗車機をくぐり抜けたり、うす汚い女の子が「大きな家を買うために一生懸命働くのは、全然恥ずかしくない」としたり顔で話す、といった広告ができ上がった。「リーバイス」のジーンズとは全く何の関係もないのに！「リーバイス」のジーンズが広告の中で登場するのは、せいぜい1秒程度であった。リーバイス社のマーケティング担当者たちは、このようなトレンディな広告は「カルバン・クライン」（Calvin Klein）のジーンズにはぴったりかもしれないが、「リーバイス」には向かないことを理解していなかった。ただ流行に飛びついて、大失敗したのである。

■ 第6の大罪：憤怒（怒りに満ちた表現）

　多くの会社（特に政治家）が、第6の大罪である「怒れる広告」を製作してしまうのは、理解に難くない。たぶん、消費者調査の結果を見て、「消費者は、このことを（道路の舗装が悪いことや、税金のことなどに違いない）こんなに嫌っているんだ！」と発見したか、競合のことを忌み嫌うあまり、その憎しみが広告に思わず出てしまったに違いない。

　しかし、怒りに満ちた表現を使った広告には効果がない。一般的な消費者は、メッセージをきちんと理解するために平均約7回は同じ広告を見なくてはならないが、耳障りな「怒れる広告」の繰り返しに何回も耐えられる人は多くない。さらに重要なのは、広告されているブランドや人物が、マイナスの感情である「怒り」と関連付けられてしまうため（例：「広告で怒っていたあの人」）、誰もそのような人やブランドと関わり合いを持ちたいとは思わ

図表11-1　広告・宣伝で陥りがちな「罠」

広告・宣伝の「6つの大罪」
第1の大罪：傲慢（自社ロゴの過剰露出）
第2の大罪：暴食（目を引くが、何の関係も無いビジュアル・映像の使用）
第3の大罪：嫉妬（他社の真似）
第4の大罪：貧欲（便益の過剰表現）
第5の大罪：怠惰（流行のニュースやトレンドの使用）
第6の大罪：憤怒（怒りに満ちた表現）

なくなるのである。米国の多くの政治家たちは、激しい個人攻撃・中傷広告合戦を繰り広げた結果、醜い争いに辟易した有権者にそっぽを向かれてしまったという痛い経験から、「怒れる広告は、効かない」ということを身をもって学習したのである。

　残念なことに、様々なブランドもこの「大罪」を犯している。「クウォーカー・ステート」（Quaker State）エンジン・オイルの広告では、有名な野球の投手であるデニス・ラーリー（Dennis Leary）が登場し、独特のニューヨーク訛りで一般のエンジン・オイルの不平不満を早口でまくし立てる。こんな広告は、消費者をかえって遠ざけてしまうのである。

■■ 広告製作に「絶対の方程式」はない

　優れた広告を作るためには、「絶対の方程式」などはない。しかし、数千もの過去の広告を分析して、どのような広告に効果があり、また、どのような広告にはなかったのかを学習することは可能である。

● 競争に勝つための原則 ●

消費者に広告をするのは悪いことでも何でもない。実際、あなたは消費者に情報を送るという「許可（パーミッション）」を得ているのである。唯一気を付けなくてはいけないのは、消費者が見て楽しく面白いような

> 広告にすることと、あなたが広告で何を言いたいのか消費者が理解できるようにメッセージを明確にすることだけである

　「広告・宣伝の6つの大罪」では、マーケティング担当者が広告・宣伝で「してはいけないこと」に少しでも気が付いてくれるよう、最も典型的な数点をまとめてみた。これだけでも、多くのマーケティング担当者が抱える「どうしたら効果のない広告キャンペーンを製作しないようにできるだろうか？」という悩みに、少しは答えることができたのではないかと思っている。この章で挙げたような「罠」を避けることは必ずしも成功を保証するわけではないが、間違いなく失敗の確率を下げることにはなるのである。

❗ マーケティング・ゴールド・スタンダード

　最高の広告と言うのは、消費者を引き付けて感動させることができるように、常に「ぎりぎり」まで創造性を追求する。あまりに「ぎりぎり」過ぎて、崖から落ちてしまうこともあるかもしれないが、それでも問題はない。というのも、十分に考え尽くされた失敗は、次の機会のために貴重な教訓となるからである。19世紀の英国の詩人テニスン（Alfred Lord Tennyson）が「愛して破れたことがある方が、愛したことがないよりずっと価値がある」と詠んだように、「ぎりぎり」まで創造的になって少しだけ行き過ぎた方が、月並みに満足して創造的になろうとしないよりずっと良い。ディズニー社（Disney）の会長であるマイケル・アイズナー（Michael Eisner）の好きな言葉に、「平均的なのは最悪だ！」というものがある。彼の警告を心に留めて、敢然と前へ進んでいただきたい。そうすれば、チャンスを掴み、最高の結果を得ることができるであろう！

この章のまとめ

- 広告は、ブランドと関連性がなくてはならない。様々な分析から、マーケティング担当者が陥りやすい、広告キャンペーンを失敗させる6つの「罠」が抽出された

  ①傲慢（自社ロゴの過剰露出）

  ②暴食（目を引くが、何の関係もないビジュアル・映像の使用）

  ③嫉妬（他社の真似）

  ④貪欲（便益の過剰表現）

  ⑤怠惰（流行のニュースやトレンドの使用）

  ⑥憤怒（怒りに満ちた表現）

- 広告には、消費者が理解・実感でき、かつブランドの戦略的コンセプトを強化するようなメッセージがなくてはならない
- 消費者がビジュアルや設定の中に、自分を投影することができるような広告を製作するように努力しなくてはならない
- 消費者に、「自社のブランドは他に類がないほど素晴らしく、買う価値がある」と伝えるために、常に他とは異なっており、優れており、特別な広告キャンペーンを製作しなくてはならない
- あなたは、消費者に広告をするという「許可（パーミッション）」を得ている。唯一気を付けなくてはいけないことは、消費者が見て楽しく面白いような広告にすることと、あなたが広告で何を言いたいのか消費者が理解できるようにメッセージを明確にすることだけである

第12章 戦略的広報活動

広報活動とは、単に自社ブランドを身につけてテレビに出てくれるタレントを探すことだけではない

広報担当者はその企業にとって、ロビイストのような存在である。彼らは1日の大半を、新聞、TV、ラジオ、業界紙など、あらゆるメディアのからの問い合わせに、自社のことを好意的に書いたり話したりするように対応することに費やしている。広報とは、マスコミを満足させつついかに上手に自社に貢献するかということなのである。広報担当者というのは、人当たりの良さ、しゃれた髪型、デザイナー・スーツの内側に、強靭な意志を秘めた戦士に他ならない。

　西部劇の騎兵隊よろしく、ひとたび問題が起これば、社員の名誉と名声を守るため、広報担当者はすぐに助けに向かう。自社に不利なニュースが流れるやいなや、敵の悪質なキャンペーンに立ち向かい、力強く自社を守る。緊急事態が去れば、彼らは武器を納め、通常の業務に戻る。さまざまなメディアに目を通し、価値あるニュースやデータを探し、将来やってくるかもしれない会社の危機に備えている。

Part3 Communication

■ マスコミへの窓口はひとつだけ

　マスコミと対峙する場合であろうとなかろうと、広報部門は常に一貫して、マスコミに対する唯一の窓口でなければならない。マスコミ(そして消費者)が目や耳にする自社やブランドについてのすべての情報は、その企業イメージや、ブランドの戦略的コンセプトと一致していなければならない。対外的な窓口が多すぎると、マスコミと消費者はかえって混乱してしまう。優良な企業では、広報部門だけがマスコミの窓口となっている。

　1995年の春、私はコカ・コーラ社（Coca-Cola）で広報に関する悪夢のような事件に巻き込まれた。シカゴで会議があり、私はコカ・コーラ社のオリンピック・スポンサー活動に関するスピーチを頼まれた。コカ・コーラ社がオリンピックに関する様々なマーケティング活動を開始する1年前のことであった。他のスポンサーの動きに大きな影響があると考えられていたコカ・コーラ社の動向に、多くのマーケティング関係者とジャーナリストが注目していた。というのも、次回のオリンピック開催地は、コカ・コーラ社の本社があるアトランタだからであった。

　この時期コカ・コーラ社の経営陣は、オリンピックに関するマーケティング戦略が外に漏れることがないかと、非常に神経質になっていた。もし他のスポンサーに（そしてもちろん、ライバルのペプシにも）情報が漏れ、真似されるような事態になれば、数百万ドルの投資が無駄になってしまう。オリンピックに関する情報は、コカ・コーラ社内でも担当者以外には全く知らされず、極秘に検討されていた。ジェームス・ボンド（James Bond）の映画さながら、このプロジェクトには暗号名がつけられ、情報が決して漏れることがないよう万全が期されていた。

　私がこのシカゴでの会議のスピーチ原稿を書いた時、すでに公表されていた過去のオリンピックに対するスポンサー活動とオリンピックに関連するちょっとしたイベントに触れるに留めた。スピーチにはある程度新しい情報も盛り込んだが、「コカ・コーラ・オリンピック・シティ」や「オリンピック聖火リレー」など、未発表の大きなイベントに関しては一切触れなかった。

　スピーチ自体は何の問題もなく終了した。出口に向かって参加者の間を縫うように進んでいたとき、業界紙のアドウィーク紙（Adweek）の記者が声

をかけてきた。「オリンピック・キャンペーンのために、コカ・コーラ社はどのような広告キャンペーンを計画しているのか？」といったものだった。私は歩きながら「まだ複数のアイデアを検討中で、どのようなものになるかは全く決まっていない」とだけ言って質問をかわした。私は逃げるように会議場から出ていき、うまい具合に言い逃れができてほっとしていた。私は何も言ってないのだから、記者も何も書けるはずがないとたかをくくっていた。これがとんでもない大間違いであった。

　２日後、アドウィーク紙の巻頭には、「我々は複数のアイデアを検討中である」という私の発言が大きく強調されて、広告代理店が数週間前に我々に提案してきた４〜５つの広告アイデアが詳しく掲載されていた。どういうわけか、記者は我々が検討していた広告アイデアをどこかの情報源から入手していた。記者が自分で捜してきた情報と私の発言を組み合わせることで、あたかも私がこの記者のインタビューを受けて、極秘の広告キャンペーンを詳細に教えたかのような記事になっていた。

　コカ・コーラ社の経営陣は激怒した。私はすぐにマーケティング最高責任者の部屋に呼ばれ、30分間も「業界紙の記者と話すなんて、なんと馬鹿げたことをしたのか！」と怒鳴られ続けた。すぐに広報部門が防御的広報活動を開始した。記者とこの雑誌の責任者に、いかにこの記事が事実無根であるかを説明し、記事を訂正させた。私は大嵐の真っ只中にいるような気持ちであった。しかし、次の週にはほとんど同じことが、別の業界紙であるアドバタイジング・エイジ紙（Advertising Age）でも起こった。こちらの紙面でも、私の発言とアドウィーク紙の記事を使って、まるで私がこの記者とランチでも食べながら秘密の情報を教えたかのような記事になっていた。私はまたしても、針のむしろに座らせられた様な気分になった。

　これはつらく苦しい経験だったが、私はここから非常に重要な教訓、つまりマーケティングの担当者はマーケティングだけに専念し、マスコミへの対応は全て広報担当者が行うべきだということを学んだ。この事件以来、私はマスコミと一切接触しなくなり、マスコミから電話がかかってくるたびに広報部門に転送した。この方法で、私は本来やるべき仕事に集中することができるようになり、また広報部門もマスコミに流す情報を管理することができるようになった。

Part3 Communication

> ● 競争に勝つための原則 ●
>
> マーケティング担当者は、広報担当者からマスコミに会うように頼まれ、話す内容を事前に広報担当者に確認してもらうまでは、マスコミと接触してはいけない。広報担当者は、マスコミとどのように付き合えばよいのかを経験上よく理解している。良い広報担当者は、マーケティング担当者がマスコミに対して失敗（広報上の失敗は、始末に時間がかかる！）を犯さないように助けてくれる

　この事件以来、コカ・コーラ社の経営陣は、マスコミへの対応について非常に真剣に考えるようになった。マスコミから問い合わせを受け、会社を代表して対応する可能性のある従業員は全員、マスコミへの対応の仕方に関するトレーニングを受けることが義務付けられた。このトレーニングは、コカ・コーラ社の企業イメージを守るための「保険」のようなものであった。

■ 広報部門に人員をさけない場合

　あなたの会社がまだそれほど大きくなく、広報部門にあまり人員をさけない場合、自分自身で広報業務を兼務しなければならないこともあるだろう。そのような時にマスコミから問い合わせが来たら、どのくらい慎重に対応する必要があるのだろうか？　実は、あまり慎重になる必要などない。あなたの会社がかなり大きく有名でない限り、あなたの会社について調査をしたり、否定的な記事を書くために時間や労力を費やすマスコミはほとんどない。彼らがあなたの会社をよく知らなければ、おそらく彼らはあなたの言葉をそのまま記事にするだろう。よって、自分で書くことになるであろうプレス・リリースの内容には十分気をつけなければならない。

　実際の広報業務というのは非常に複雑で、時に退屈なものである。日刊紙、週刊誌、そして月刊誌などの広範なメディアのリストを作成し、それぞれの締め切りにあわせてプレス・リリースを用意し、掲載された記事を確認し、将来の出稿を計画する。この章では、広報活動の具体的内容を詳細に述べることはしないが、広報が大活躍する大企業でも、広報の仕事があまりないような小さな企業でも役に立つような、戦略的広報活動について説明する。

戦略的広報活動の3つの種類

　企業広報と危機管理が、広報部門の主たる業務であるが、実際にはそれら以上の様々な業務が広報には含まれている。広報には3種類の異なった機能があり、それぞれ、目標、目的、それらを達成する方法が異なっている。私はこの3つの広報機能を、「戦略的広報活動の3つの種類」と呼んでいる。

企業広報

　企業広報は、企業に関する日常の広報である。企業からのニュース・リリース、役員の任命や昇進、財務報告書、株主のためのアニュアル・レポートの作成、各種の公的会議の運営、ニュースレターの発行、その他様々な公的な広報業務がここに含まれる。企業広報担当者の仕事は、自社に関する情報を耳にする全ての人たちに、会社の将来性や従業員の能力等について十分納得・満足してもらうことである。

防御的広報

　防御的広報は、攻撃から会社を守るための広報である。問題が発生したり、会社に否定的な情報が流れるやいなや、すぐに行動を起こす。防御的広報の担当者は、危機管理や困難な状況下での対応の専門家である。

マーケティング広報

　マーケティング広報の担当者は、ブランドのマーケティングを助けるために様々な広報プログラムを自ら積極的に計画する。これらの広報活動はブランドの年次計画と統合されている。この業務は、自社製品についてのフリー・パブリシティを獲得するために不可欠である。

　ほとんどの企業における広報活動は、企業広報と防御的広報のみである。もしあなたの会社でも広報活動をこの2つの機能だけと考え、マーケティング広報を十分に行っていないのであれば、何百万ドルものマーケティング予算を捨てていたのと同じである。

Part3 Communication

> ● 競争に勝つための原則 ●
>
> マーケティング広報を上手に活用して多くののフリー・パブリシティを獲得することができれば、マーケティング費用を大幅に増加したのと同様の価値がある。優れたマーケティングを行っている企業は、広報部門の中に自社ブランドのマーケティングをサポートするためのマーケティング広報の専任者を置いている

■ 広報を装ったマーケティング

　主な広報活動には、プレス・リリースとプレス・コンファレンスがある。プレス・リリースとは、面白くてニュース性のある各種の情報の要約を満載した書類を発行し、従業員、新聞や雑誌など影響力のあるマスコミへ配布することである。あなたがある会社のプレス・リリースを何号か読む機会があれば、この会社はなんとうまくビジネスを運営しているのかと感嘆するに違いない。プレス・リリースに掲載されている文章は非常に良く練られているため、たいしたことはない企業活動の情報でも、企業が素晴らしいことをしているかのごとく仕立てられているものである。たとえば、ビルをひとつ作るだけのことが、その地域に何万もの新しい仕事を生み出し、地域社会に何百万ドルもの貢献をし、その上シャチの「ケイコ」を家族の元に返すのにも貢献するかのように大げさに書かれるのである。

　もう1つの活動がプレス・コンファレンスである。プレス・コンファレンスでは、マスコミ関係者に通常の業務を離れてこの会議に出席してもらわなければならないため、この手段を使うのは非常に大きなニュースを発表する時に限定される。もし、たいして価値のない情報しか発表しないのであれば、誰も出席するはずがない。

　プレス・コンファレンスを開催するために、主催企業はしばしば多額の投資をする。プレス・コンファレンスとは、広報を装ったマーケティング手段なのである。私が参加した中で最も豪華なプレス・コンファレンスは、1996年の春に、2000年のシドニー・オリンピックのスポンサーシップをコカ・コーラ社が発表した時のものである。このイベントは、息を呑むよう

にすばらしいシドニー湾の景色を見渡すことができる、有名なシドニーのオペラハウスで行われた。

　2時間のプレス・コンファレンスの雰囲気を最高潮に盛り上げるため、コカ・コーラ社は10万ドルもするセットを本社の米国アトランタから輸送し、オペラハウスの会場でこれを組み立て直した。この会議には、およそ40人の新聞・雑誌記者と、5つのテレビ局が参加した。イベントは、シドニー湾の上空を飛ぶ飛行機からスカイダイバーが飛び降りることから開始された。彼は「コカ・コーラ/シドニー2000」と書かれた大きなパラシュートを広げながら降りてきた。このスカイダイバーが、オペラハウス横に着陸し、大きなクレーン車に乗り移り、地上6階の高さまで上がって、オペラハウスのバルコニーに飛び移り、そして「コカ・コーラ/シドニー2000」と書かれた旗をオーストラリアの首相に手渡したのである。

　それからオーストラリアの首相、シドニー・オリンピック組織委員会の委員長、シドニー市長、コカ・コーラ社のワールド・スポーツ担当副社長のスピーチと進んだ後、スパイ映画に出てくるような小型カメラのついた特製のペンが用意され、天井から大きなスクリーンが下りてきた。マスコミ関係者は大きなスクリーンで、この特性のペンでスポンサー契約が交付される瞬間を見届けることができたのである。何とすばらしいアイデアではないか！契約が無事調印されると、港の上空に花火が打ち上げられ、オーストラリア空軍所属の4機のF16戦闘機がオペラハウスの上空を舞った。そして、赤と白の「コカ・コーラ」のロゴが入った風船2000個が空に放たれた。この豪華なショーは大成功のうちに終了した。翌日、全てのテレビ・新聞がこのイベントを取り上げ、そこに登場したコカ・コーラ社はまさに輝いて見えた。

　ディズニー社は1995年の夏に史上最大のマーケティング広報のイベントを開催した。ニューヨークのセントラル・パークで、映画「ポカホンタス」（Pocahontas）の公開を行なったのである。50万人以上の観客が映画を見るため公園に集まった。この一般消費者向けのイベントに先立って、「エンターテイメント・トゥナイト」（Entertainment Tognight）、「アクセス・ハリウッド」（Access Hollywood）、「インサイド・エディション」（Inside Edition）などのテレビ番組では映画の秘話が披露され、予告編が流された。その晩、イベントの模様は様々なメディアに取り上げられた。このイベント

にかかった費用200万ドル以上だと噂されたが、ディズニー社が獲得したメディア露出はこの10倍以上の価値があった。

■ マーケティング広報で最も重要な要素

　多くの企業が、広報で失敗を犯している。というのも、多くの企業が広報を単に「3P：Plugging away（マスコミを遠ざけること）、Pestering（マスコミに「こび」を売ること）、Plastering（マスコミに情報をバラ撒くこと）」であるととらえ、これらを実行していれば遅かれ早かれ記事にしてくれると思っているが、これは大きな間違いであるからである。フィリピンの元大統領夫人イメルダ・マルコス（Imelda Marcos）のように、マスコミは情報の「量」を求めているわけではない。彼らは「質」の高い情報を求めているのである。彼らが興奮し、記事にしたがるような情報を与えれば、すぐ使ってもらえるという、非常に単純なことなのである。誰もが得られる平凡な情報しか掲載されていないプレス・リリースであれば、100回中99回は読む価値のないものとして捨てられてしまうであろう。新聞や雑誌の編集デスクというものは、情報の洪水に浸っているものなのである。彼らは、何か面白くて他とは異なったニュースを求めているのである。

● 競争に勝つための原則 ●

広報の成功は、アイデアが素晴らしいかどうかにかかっている。創造的で、マスコミが面白がりそうな広報活動計画を立案し、上手にまとめ上げるのである

　彼らを情報の洪水に浸すだけの代り映えのしない退屈なプレス・リリースではなく、他と異なっていて、強烈で、マスコミが面白がりそうな何かがある、すばらしい広報のアイデアを作ることに時間をかけるべきである。

■ ハリウッド流広報

　ハリウッドの映画会社は、広報がどうあるべきかを熟知している。彼らにとっては、マスコミをどう扱えばよいかは訓練した犬をどう扱えばよいかと同じくらい、朝飯前のことである。もちろん映画という製品は通常の製品と異なっている部分も多くあるが、学ぶべき点も多い。

　映画の広報活動は通常、フィルムが各地に配給されるずっと以前から開始されている。撮影がスタートするかなり前から始まることすらある。話題の小説の映画化権を獲得したことや、大物タレントの出演が決まった時など、あらゆることが大ニュースとして発表される。製作が始まると、「メイキング・オブ〜（映画……の舞台裏）」といった製作の舞台裏情報をまとめる専任のスタッフが編成される。映画が公開される6カ月以上前から、話題になりそうなアクション、興奮するシーン、出演タレントの表情など多くの情報を収集する。これらのシーンやアクションはひとつにまとめられ、まだ映画製作スタッフが悪戦苦闘をしている公開数カ月前には、予告編として映画館で上映される。そして、業界紙の担当者に、出演タレントのいる撮影現場への独占取材をさせたり、華やかな衣装や特殊効果を披露したりすることも忘れない。ところが、映画の広報活動はこれで終わりではない。

　映画が公開される2〜3カ月前には、この映画に出演する俳優が参加する業界向けのパーティーが全米各地で開催される。衛星回線を使ったインタビューなどにより、マスコミの中でもとりわけ重要な人物には、俳優と個人的に会う機会が与えられる。そのスターにインタビューできるのはわずか15分間だけだったりするが、レポーターが「私がデミ・ムーア（Demi Moore）に会ったとき、彼女は……」といったことを話すためには、それで十分なのである。スクリーンでの映画上映やインタビューの合間には、ワインや食事が振舞われる。ハリウッド流のパーティーに招待し、この映画がいかにスケールが大きいか、そして映画会社がどれだけ力を入れているかを、招待客に印象付けるのである。このようなマスコミ向けパーティーは、カンヌ映画祭などの大きな映画祭と同時期に同じ場所で開催されることが多い。このような場所では、すべての大手映画会社が、少しでも注目を集め記事にしてもらおうと、自分たちの映画と出演するスターの宣伝にしのぎを削っている。

Part3 Communication

　次にマスコミ関係者向けに特別試写会が行われる。映画評論家に加え、映画に好意的なコメントを言いそうな人々も招待される。逆に、でき上がった作品が思ったより良くないと映画会社が判断した場合、否定的なコメントを避けるために、試写会を取りやめることもある。最近試写会を取りやめるケースが多いが、これは映画に否定的な印象を与えている。例えば映画「アベンジャーズ」(The Avengers) は、豪華キャストと華やかな衣装で前評判は非常に高かったが、「この作品は失敗作なので映画会社が試写会を取りやめた」とある全国紙が報道したために、映画は公開前に失敗が確定してしまった。

　最後に、封切り時の大々的な広報宣伝活動がある。この時までは、広告を見て「この映画はいったいいつから始まるのだろう？」と考えている消費者は、封切りの週に、ついにその映画が始まったと知るのである。映画「リーサル・ウェポン4」(Lethal Weapon 4) を例にとって、封切り時の1週間の広報宣伝活動を見てみよう。主役のメル・ギブソン (Mel Gibson) は、「ロジー・オドンネル」(Rosie O'Donnell)、「ザ・トゥナイトショー」(The Tonight Show)、「レジス＆キャシー・リー」(Regis & Kathy Lee)、「オプラ」(Oprah) などの様々なトークショーや、「ザ・トゥデイショー」(The Today Show)、「グッド・モーニング・アメリカ」(Good Morning America) などの朝のワイドショーに生出演するため、あわただしく全米中を駆け回った。人口の多い大都市では、地元のラジオ番組にも生出演した。また、「エンターテイメント・トゥナイト」や「アクセス・ハリウッド」などのテレビ番組のため、インタビュー録画の収録も行った。

　もう、十分多くのメディアに「リーサル・ウェポン4」を露出させることができたように見えるかもしれない。しかし、これはメル・ギブソンが行なった広報宣伝だけにすぎない。彼がマスコミに一通り広報宣伝活動を行なっている間に、共演者のダニー・グローバー (Danny Glover)、クリス・ロック (Chris Rock)、そしてレニー・ルッソ (Renee Russo) も同じように各都市を回り、「デビット・レターマンのレイトショー」(Late Show with David Letterman)、「コナン・オブライアンのレイトナイト」(Late Night with Conan O'Brien) などのテレビ番組に出演し、メディアへの露出を4倍にも増やしていたのである。

　なぜこれほど大量のメディア露出を、封切り時に集中して行う必要がある

のであろうか？　この映画が非常に良くできていれば、良いニュースは自然と広がっていくのではないだろうか？　もちろんその通りである。しかし、封切り後最初の週末の売上が映画の興行収入の50％を占めることも多く、また封切り第1週目の観客動員数や「第1位にランクインされた」といった情報が、映画のこの週以降の勢いに大きな影響を与えるのである。もちろん「タイタニック」（Titanic）のように、非常に良くできていて人気のある作品であれば、何週・何カ月にもわたって観客動員数が落ちることはないが、多くの映画の人気はそれほど長く続かない。したがって、封切りと同時に売上を最大化することが求められるのである。一般の新製品同様、出だしの成否がその後のより大きな成功に影響する。映画の封切り直後の業績が良ければ、興行主もロングラン上映しようと考えるかもしれないのである。

　出演するタレントが映画の広報を行うことは通常契約に含まれているが、実際に広報活動をどのように進めていくかを計画するのは広報部門の仕事である。映画俳優たちは、自分が出演する映画を徹底的に宣伝しなければならないと理解している。消費者を興奮させ、「映画を見たい」と思わせることが、もっとも大切だと理解しているのである。だからこそ、自分は「タレント」ではなく「アーチスト」だと強いプライドを持っている俳優でも、自らすすんでメディアに登場する必要がないほどの大物俳優でも、映画の宣伝に飛び回るのである。10年以上もインタビューを拒否していたウォーレン・ビーティー（Warren Beatty）でさえ、彼自身が非常に大切にしていた映画「ブルワース」（Bulworth）のためには広報宣伝を行った。

　もちろんマット・デイモン（Matt Damon）やグウィネス・パルトロー（Gwyneth Paltrow）といった映画俳優が、あなたの会社の製品を宣伝してくれるような機会はあまりないかもしれない。そこで、映画会社のケースから通常の製品を扱う企業は何を学ぶことができるのかを御理解いただけるよう、映画会社の活動とそこから学習できる示唆を一覧表にまとめてみた。

図表12-1　ハリウッド流広報活動と一般企業への示唆

映画会社	通常の製品を扱う企業
映画が完成する前に目立つ話題を提供する	発売以前に、業界に新製品情報を流す
登場する俳優を映画の「顔」として宣伝に活用する	製品の「顔」となる人を作る
メディアに個別に対応し、内容の異なる情報を提供する	新聞・雑誌、業界紙に、それぞれ若干異なった独自の情報を提供する
様々な対象に対して、順を追って広報・宣伝を行う	まず業界に対する広報を行い、ついで消費者への広報を行う
封切り時に広報宣伝の「山」をもってくる	イベントや物語性によって派手に大宣伝を行う
封切り第1週目にメディア露出を集中させる	メディア露出を集中させる週を作る

● 競争に勝つための原則 ●

広報宣伝活動は、最初、中間、そして最後にクライマックスが来るように、ブランドを勢いづけなくてはならない。消費者が、あなたの製品についての新しい、若干違った内容の情報を少しずつ、様々なメディアから得ていくように、上手に計画するのである

■■ マイアミ大学での「フォルジャーズ」コーヒーの広報活動

　1991年の春、P&G社の「フォルジャーズ」コーヒー担当者は、コーヒー市場の将来について非常に憂いていた。当時コーヒー専門のカフェはまだほとんどなく、コーヒーは若者にとって時代遅れの飲み物になっていた。コーヒーが好きでその後ずっと飲むようになるかどうかは、たいてい大学生頃に決定されるのだが、当時この年代の若者の多くがコーヒーの替わりにソフトドリンクを選ぶようになっていた。朝起きて目を覚ましたい時ですら、ソフトドリンクが選ばれていた。コーヒー消費者の平均年齢は徐々に上がっており、若い消費者は年々減少してきていた。P&G社の経営陣は、コーヒー市場

が年々減少し、現在の約40％程度、つまり約20年前の水準にまで縮小するかもしれないという予測に直面していた。

　このような危機的な状況に対しては、普段と同じような対策では駄目だということで、この問題に対する担当者として私が選ばれた。私はオハイオ州のマイアミ大学に行き、どうすれば学生のコーヒーに対する嗜好を変えることができるかの調査を開始した。そして、広告と連動した統合的な広報活動を行なえば、彼らはコーヒーに対する態度を変え、再びコーヒーを飲むようになるのではないかと考えた。

　広報キャンペーンには、「『フォルジャーズ』コーヒーで頭をスッキリさせよう！」という名前がつけられた。第1弾として、キャンパス内に45箇所のコーヒー・ステーションを設け、行き交う学生に無料で「フォルジャーズ」を提供した。このコーヒー・ステーションでは、1日2回5ガロン（約19リットル）ずつ、挽きたての新鮮な「フォルジャーズ」が提供されたのである。

　次に、我々は学生のキャンパス活動へ浸透するための活動を開始した。これらの活動では、すぐに大きな成果を得ることができた。学生が行くところはどこにでも、あるいは彼らが参加する全てのイベントには「フォルジャーズ」があるようにしたのである。

　ホッケーとバスケットボールの試合では、「『フォルジャーズ』コーヒーで、春休みに（オハイオ州の）マイアミから（フロリダ州の）マイアミに行こう」という、紙飛行機を使ったキャンペーンを実施した。観戦者全員に紙飛行機を折るための紙を配布し、試合のハーフタイムにコートの中央にある的めがけて紙飛行機を投げてもらい、的に入った人にマイアミ行きの無料飛行機チケットが当たるというイベントを行なったのである。観戦したほぼ全ての人が、この紙飛行機投げのイベントに参加した。紙飛行機を折るための紙には、「フォルジャーズ」に関する楽しいミニ知識が書かれていた。学生が着席してから飛行機を投げるまでの間に読むであろうことを想定して、ブランドに関する戦略的なメッセージを「『フォルジャーズ』のミニ知識」として書き込んでおいたのである。この仕掛けは、信じられないほど効果的であった。後に追跡調査を行なった結果、約60％の学生がこの「『フォルジャーズ』のミニ知識」を知っていたのである。この素晴らしい結果で、まず第1関門は突破した。「フォルジャーズ」はすでに十分なブランド認知を獲得し、「キャンパス

にある楽しいもの」であると学生に認められるようになっていった。

　ではいよいよ、学生に「フォルジャーズ」を飲ませる時である。我々は「『フォルジャーズ』コーヒー・フリー・ミッドナイト・ムービー」というイベントを、キャンパス近くの映画館で毎週土曜の夜に開催した。映画館の入り口で「フォルジャーズ」を1杯飲めば、入場料は無料というイベントであった。もし学生がコーヒーを飲みたくないのであれば、4ドル払って入場することもできた。この結果、毎週土曜の夜は映画館が学生でいっぱいになり、何百人もの学生がこの企画に参加した。コーヒーを断って入場料を払った学生は一人もおらず、何と、全員がコーヒーを飲んだのである！　満員になって入場できなかった学生も、コーヒーを飲みながら映画館の周りでたむろして、友達と何時間も話しこんでおり、満足そうであった。

　以上で、戦略的な広報活動に必要な要素を理解していただけたであろうか？　この広報活動は、学生にとって楽しいものでありながら、「フォルジャーズ」のブランド戦略と密接に関連しているのであった。紙飛行機投げでは、「フォルジャーズ」に関する戦略的メッセージを伝えた。映画のイベントでは、非常にユニークな方法で製品のサンプリングを行った。また、この広報活動は非常に安く上がった。我々は、TWA（トランス・ワールド航空）からマイアミへの無料航空券を提供してもらうかわりに、TWAの飛行機の中で広告を行った。この企画はスポーツイベントという媒体がTWAの企業イメージと一致していたこともあり、TWAにとっても非常に良い宣伝となった。そして、映画館を一回貸し切るにはたった250ドルしかかからなかったのである！

■■ 戦略的広報活動を立案する2つのステップ

ツール

　優れた戦略的広報活動を計画するためには、たった2つのステップをとればよい。第1のステップは「（戦略的な観点から）何を伝えたいか」、つまり戦略的コンセプトを決定することである。わかりやすく説明するために、実例を紹介したい。私の友人で、サンフランシスコ動物園のマーケティング・ディレクターであったリサ・クレメンツ（Lisa Clements）という女性が、サンフランシスコ動物園のために戦略的広報活動を計画した。彼女は1年間に4つのコンセプトを、マスコミを通じて最終的には消費者に伝えようと計

画した。そして、それぞれのコンセプトに沿ったイベントが、四半期ごとに行われた。春に使用されたコンセプトは、「この動物園は、絶滅に瀕した種の、園内での繁殖に大きな貢献をする」というものであった。

　第2のステップは、ブランドの戦略的コンセプトを、マスコミに面白く、かつ楽しく伝えるようなアイデアを開発することである。もちろんこのアイデアは、ユニークでマスコミがニュースにしたがるような「引っ掛かり」がなくてはならない。サンフランシスコ動物園の春のコンセプトであった「この動物園は、絶滅に瀕した種の、園内での繁殖に大きな貢献をする」という言葉自体は、決して面白いものではない。リサはこのコンセプトをマスコミに伝えるにあたり、少し「ひねり」を加えた面白いアイデアを思いついた。動物園の飼育係と協力して、サンフランシスコ動物園「セックス・ツアー」というイベントを行ったのである。これは、バレンタインデーの日に大人限定で行なわれる園内ツアーで、熊やキリン、昆虫、蛇などあらゆる種類の動物たちの様々なセックス行為と、それらの動物の生殖器を見せるというツアーであった。このプログラムは大きな成功を収め、非常に多くの全国メディアに取り上げられ、ツアーのチケットは完売した。現在では、バレンタインデーの日に新聞を見れば、あなたの近くの動物園でも同じようなイベントを行っていることに気がつくであろう。

> ● 競争に勝つための原則 ●
>
> 優れたマーケティング広報は、ブランドの戦略的コンセプト（便益、「信じる理由」、ブランド・パーソナリティーなど）を、ユニーク、かつ面白い形で補強・補完する

面白いアイデアがチャンスを生む

　社会人にとって、日常生活は退屈でつまらないものである。朝起きて、朝食を食べながら新聞を読み、会社に行き、昼食をとり、仕事が終わって帰宅し、子供と遊び、いつも見るテレビ番組を見て、寝るだけなのである。
　誰もが、いつもの退屈な日常から抜け出せるような、少しエキサイティン

グで楽しい体験を期待している。まさにそれこそが広報がマーケティングをサポートすることができる絶好の機会なのである。マスコミと消費者に何か面白い情報を提供しよう！　もし、マスコミが興奮するようなユニークで面白いアイデアを考え出すことができれば、あなたは自分で考える以上にマスコミに取り上げられるであろう。優れたアイデアこそが、戦略的広報活動を加速させるのである。

「くまのプーさん」（Winnie the Pooh）のビデオ発売の広報活動を計画している時に、我々は他のビデオとは異なっていて、しかも「プー」が好きで好きでたまらなくなるようなプレスキットを開発した。広報資料を「くまのプーさん」のクッキー容器に入れたのである。これはマスコミに大受けした。何百もの雑誌や新聞が、ビデオと「プー」のキャラクターの魅力について取り上げてくれた。テレビ番組の「ザ・トゥデイ・ショー」では、司会者が新しく発売されるビデオについて話している間ずっと、この「くまのプーさん」のクッキー容器が画面に写っていた。このようなシンプルだが楽しいアイデアが、何百万ドルもの価値があるメディア露出を可能とするのである。

シェリル・クロウ（Sheryl Crow）の歌にあるように、「私が欲しいのは楽しいことだけ。みんな同じように楽しみたいと思っているはず」と考える人は多い。飛び上がるほど創造的なアイデアで、優れた広報活動を開発していただきたい。そのためには以下の3つの言葉を忘れないでいただきたい。「他とは違っていること（Different）」、「他より優れていること（Better）」、「特別であること（Special）」、の3つである。

この章のまとめ

- 広報部門は、メディアで流れている自社に関するニュースを入手する貴重な情報源である
- マスコミとの窓口は、必ず広報部門を通して行う。これにより窓口が一元化され、首尾一貫したメッセージを伝えることができる
- 戦略的広報活動には3つの種類がある
  - 企業広報　　　　　：企業に関する日常の広報
  - 防御的広報　　　　：攻撃から企業を守るための広報

・マーケティング広報：ブランドのマーケティング活動をサポートするためのキャンペーンを開発して行く広報
- 優れたマーケティング広報は、フリー・パブリシティを獲得することにより、何百万ドルにも相当する価値を生み出すことができる
- 優れたマーケティング広報は、ブランドの戦略的コンセプト（便益、信じる理由）やブランドのパーソナリティーを、特異かつ面白い形で補強・補完する
- 広報活動を装ったマーケティング活動で、広告費用を節約できる
- 多くの企業が広報を単に3P：Plugging away（マスコミを遠ざけること）、Pestering（マスコミに「こび」を売ること）、Plastering（マスコミに情報をバラ撒くこと）と考えている。しかし、マスコミは情報の「量」を求めているのではなく、質の高い情報を求めている
- 広報活動の成功は、アイデアが素晴らしいかどうかにかかっている。マスコミにとって革新的で面白い広報計画を開発し、これをうまくまとめ上げ、誰もが楽しくなるような形に仕上げるのである
- 映画のマーケティング活動は、戦略的広報活動をどのように行えばよいかの良い参考となる
- 広報活動でタイミングが大切である。あなたの製品について、いつも何か新しい、しかも若干異なる内容の情報を、様々なマスコミから少しずつ得ていくように上手に計画するのである

第4部

販売促進・
その他のマーケティング活動

- 第13章　**流通販促**の秘密
- 第14章　あなたの知らない**消費者プロモーション**
- 第15章　効果的な**スポーツ協賛活動**
- 第16章　価値を創造する**戦略的提携**
- 第17章　一流企業が行う**イベント活動**の秘密
- 第18章　ビジネスになる**ライセンシング**

Part4 **Promotion**

第13章 流通販促の秘密

流通販促活動は山積み料・チラシ特売料・
棚料を払うだけではない

　20年前には、小売店との取引は極めてシンプルであった。たいして特徴もない普通の販促活動と若干の値引きだけで、山積みスペースが与えられ、特売品となることができた。小売店はメーカーの販促活動に好意的で、すぐに見返りが返ってきた。メーカーの営業マンは、売り場の責任者に会いに行って、日曜日の新聞に挟み込むクーポンの見本を見せ、山積みの約束を取り付けて意気揚揚と帰っていったものだった。

　もちろん、そのような活動でメーカーの営業マンと小売店の売り場責任者の関係が悪くなるということはなかった。メーカーの営業マンは小売店の売り場責任者に冗談を言ったり、野球のチケットを進呈したり、たまたま手に入れたCDプレーヤーを提供したりすることで、関係を極めて良好に保った。小売店からは見返りに自社製品を大量に発注してもらい、正面通路側のエンド棚に目立つ山積みをさせてもらった。こういったことはメーカーの営業マンにとって、たいして大変なことではなかった。というのも、野球のチケットやCDプレーヤーは会社の経費で落とすことができたし、売り場の責任者は毎週何らかの新しい売り場展開を行う必要があったからである。このような古き良き関係は、何年にもわたって続いた。

しかし今日では、このようなやり方が通用する小売店は、ほとんどない。小売店との取引のルールが変わったのである。そして、小売店にどのように対処すればよいか、メーカーのマーケティング担当者は頭を悩ますことになったのである。

■ MBA卒の経理担当者による影響

このように状況が大きく変わったのは、MBA卒の経理担当者が小売に入社するようになってからである。大型小売チェーンの本社に就職したMBA卒の経理担当者たちは、メーカーが棚を獲得し、エンド棚の山積みをするために、いかに多額の費用を払っているかに気がついた。当時伝説のように語り継がれた噂では、ロサンゼルスの大型小売店の店長ともなれば、プール付の自宅に住み、24フィートもあるボート、「ジープ・チェロキー」(Jeep Cherokee)、「ポルシェ924」(Porsche 924) を所有し、ハワイに年2回休暇に行き、ロサンゼルス・レイカーズ (Los Angels Lakers) の試合を最前列で観戦するといった生活を送ると言われていた。このような生活を送ることができたのは、メーカーの営業マンから個人的な接待を受けているからであり、その見返りとして、店内でそのメーカーの製品を好きなように売らせていたのである。

MBAを卒業した学生が必ず念仏のように唱える、「企業の目的は、株主の価値を最大化させること」という考えを踏襲し、MBA卒の経理担当者は、店長や売り場責任者に贅沢をさせるために使われていたメーカーの費用を、会社全体のキャッシュフローを増加させるために使うように変更したのである。これは小売経営にとっては有意義なことであったが、この変化のためにこれまでのメーカーの営業マンのやり方はまったく通用しなくなり、小売店の責任者はもはや豪華で優雅な生活を送ることはできなくなった。多くのメーカーは昔のやり方に慣れてしまっていたため、小売店経営が近代化されると、とたんに取引の基盤を失ってしまったのである。

■ ロビンソン＝パットマン法 (The Robinson-Pattman Act)

　議会でロビンソン＝パットマン法が通過したこともまた、商取引の近代化を促進した。ロビンソン＝パットマン法では、メーカーは全ての小売を平等に扱わなければならないことが謳われていた。この法律ができた背景には、当時のメーカー営業が「80/20の法則」と呼ぶやり方に従い、上位20％の大型小売チェーンに販促資金の80％をつぎ込んでいるということがあった。そのため、山積み、様々なコンテスト、魅力的な景品など、事実上すべての販促費用は、上位数社の大型小売チェーンに独占されていた。中小一般の小売に対しては、販促費用は全く使われていなかったのである。中小の小売はこのような環境のもとで大型小売チェーンと競争するのは不当であると訴え、この法律が制定された。

　今日ではロビンソン＝パットマン法により、規模の大小に関わらず、どのような小売も他社と較べて有利な条件をメーカーに要求することはできない。また、メーカーはすべての小売に対して平等に、流通販促や報奨金を提供しなければならない。しかし、依然として小規模の小売が不利であることに変わりはない。なぜなら、「平等」とは「小売が発注する数量のみで決定する」ということだからである。例えば、ある製品をキャンペーン期間に25ケース以上発注すれば、どの小売に対しても消費者プロモーションや山積み料を提供すると決められていても、小規模の小売ではこの発注量に達するのが極めて難しいのである。このような状況は、例えこれがロビンソン＝パットマン法の本来の主旨に基づかないものであるにせよ、この法律に謳われている「平等」を実現してはいる。

■ MDF (Marketing Development Fund)

　一般的に現金ほど魅力的なものはないし、同時に現金ほど魅力的な流通販促もない。MDFと呼ばれるリベートは、小売の発注量に応じて現金が支払われる流通販促のプログラムである。このリベートはブランドごとに計算され、支払われる。例えば、南カリフォルニアのスーパーマーケット・チェーンの

ボンズ社（Von's）が、1ケースあたり0.35ドルのMDFが付く「ハインツ」（Heinz）ケチャップを1万5000ケース売った場合、ボンズ社は5250ドルのMDFを獲得する（1万5000ケース×0.35ドル＝5250ドル）。これに加え、ボンズ社がケースあたり0.5ドルのMDFがついた「ハインツ57」（Heinz 57）ケチャップを4000ケース販売したとすると、さらに2000ドルのMDFを獲得することになる（4000ケース×0.5ドル＝2000ドル）。忘れてはならないのは、MDFは小売の通常の利益とは別に、追加で獲得するものだということである。

　もちろんMDFを獲得するためには条件がある。メーカーによって若干異なる点もあるが、共通しているのは「MDFは対象ブランドのためにその小売チェーン店内で行われる販促活動にのみ使用できる」ということである。例えば、「ハインツ」ケチャップでボンズ社が獲得した5250ドルのMDFは、「ハインツ」ケチャップのクーポン付ダイレクトメール発送、チラシ広告の掲載、特売（値引き）、エンド棚での山積み、またはボンズ社主導で実施される販促活動への参加（例えば「夏のBBQ関連品セール」やサンプリング）など、「ハインツ」ケチャップの販促のためのみに使われることになる。MDFは通常、その支払い元であるメーカーが許可しなければ、他のブランドに使用することはできない。

　それでは、MDFはどの程度頻繁に使用されているのだろうか？　一般的には、小売で行われているほとんど全ての特売（値引き）、エンド棚の山積み、チラシ広告の費用は、メーカーのMDFから支払われている。今では、小売が行う販促活動にメーカーが「ただ乗り」するようなことは、まずありえない。何か店内で販促活動が行なわれているのを見かけたら、その費用はほぼ間違いなくメーカーが負担しているのである。

■ 山積み、値引き、チラシ特売

　なぜメーカーは、チラシや山積みなどの店内販促活動に、これほどの大金を払うのだろうか？　販促金を使わず、普通に製品を売るだけでも十分なのではないだろうか？　メーカーが店内の販促にやっきになるのは、店内販促活動は高い費用に見合うだけの利益を生み出すからである。毎年多くのメー

Part4 Promotion

カーが、山積み、値引き、チラシ特売などの店内販促活動が売上に及ぼす影響に関する調査を行っている。この結果は極めて印象深いものである。何と、山積みやチラシ特売は、通常時の売上を約4〜13倍に増加させる効果がある。

**山積みおよびチラシ特売の売上に対する平均的な効果
（スーパーマーケットの場合）**

通常の販売時	山積み実施時	チラシ特売実施時*	山積みとチラシ特売の併用時*
1倍	4倍	7倍	13倍

*消費者にとって意味があるレベルの値引きを同時に行った場合

■ 店内販促活動

　店内販促活動を理解していただくために、典型的な活動を例にとって考えてみたい。あなたが「フランコ・アメリカン」（Franco-American）缶入りパスタソース（以下に価格を示す）の営業マンだとしよう。

**「フランコ・アメリカン」缶入りパスタソースのケース
（12缶入り）あたりのコストと価格**

製造コスト	卸売価格	小売価格
3.12ドル	6.6ドル	9.48ドル（1缶0.79ドル）

　あなたは、担当の大規模小売チェーンである「セーフウェイ」（Safeway）のバージニア地域向けに、店内販促プログラムを計画することになった。この地域には70の「セーフウェイ」店舗がある。通常「セーフウェイ」で「フランコ・アメリカン」缶入りパスタソースは1缶0.79ドルの価格で、1店舗あたり1週間に10ケース売れている。

　店内販促活動の計画に当たっては、山積みのみ、チラシ特売のみ、そして山積みとチラシ特売の併用といった選択があり、もしチラシ特売を行う場合は通常の1缶あたりの売価0.79ドルを0.59ドルまで下げるものとする。

第13章　流通販促の秘密

　70店舗で販促活動を行うために「セーフウェイ」あなたの会社に対して要求した費用は以下の通りであった。

山積みの実施	7000ドル
チラシ特売の実施	5000ドル
山積みとチラシ特売の両方実施	1万2000ドル
値引き	交渉による

　「セーフウェイ」と協議の結果、チラシに掲載する0.59ドルの特売を実施するために、ケースあたり1ドルを支払うこととなった。もちろん山積み、チラシ特売、値引きにかかる費用は全てMDFから支払われる。
　それでは、メーカーの視点からこの店内販促活動がどれほどの財務的効果があるか分析してみよう。（図表13-1）

図表13-1　「フランコ・アメリカン」缶入りパスタソース
メーカーから見た売上と利益への効果～1週間（「セーフウェイ」70店舗）

	通常の販売時	山積みの実施時	チラシ特売実施時*	山積みとチラシ特売の併用時*
効果	1倍	4倍	7倍	13倍
販売数（ケース）	700	2,800	4,900	9,100
売上高	4,620ドル	18,480ドル	32,340ドル	60,060ドル
製造コスト	-2,184ドル	-8,736ドル	-15,288ドル	-28,392ドル
MDFリベート	0ドル	-7,000ドル	-5,000ドル	-12,000ドル
特売リベート（1ドル/ケース）	0ドル	0ドル	-4,900ドル	-9,100ドル
利益額	2,436ドル	2,744ドル	7,152ドル	10,568ドル
利益率	52.72%	14.84%	22.11%	17.59%

*消費者にとって意味があるレベルの値引きを同時に行った場合

　店内販促活動を何もしなかった場合は、1週間の売上は700ケース（店舗あたり10ケース）であり、販売利益は2436ドルである。この表からわかるように、山積みだけを行うのでは、ブランドの利益額はあまり向上しない。売上は4倍に増えたものの、利益は308ドルしか増えないのである。チラシ特売（7152ドル）や、山積みとチラシ特売の併用（1万568ドル）といっ

Part4 Promotion

た販促を実施すれば、売上高と利益額の両方が劇的に向上する。特に利益額は、チラシ特売の場合で約3倍、併用の場合では何と4倍以上になるのである！

● 競争に勝つための原則 ●

消費者にとって意味があるレベルの値引なしに、山積みを行ってはいけない。通常価格のまま山積みを行っても、山積み実施のために支払った販促費用に見合うだけの売上や利益の増加は見込めない

今度は、小売店の「セーフウェイ」側からこの店内販促活動の効果を見ていこう。（図表13-2）

図表13-2 「フランコ・アメリカン」缶入りパスタソース
　　　　　小売側から見た売上と利益への効果～1週間（「セーフウェイ」70店舗）

	通常の販売時	山積みの実施時	チラシ特売実施時*	山積みとチラシ特売の併用時*
効果	1倍	4倍	7倍	13倍
販売数（ケース）	700	2,800	4,900	9,100
売上高	6,636ドル	26,544ドル	34,692ドル	64,428ドル
販売原価	-4,620ドル	-18,480ドル	-32,340ドル	-60,060ドル
MDFリベート	0ドル	7,000ドル	5,000ドル	12,000ドル
特売リベート（1ドル/ケース）	0ドル	0ドル	4,900ドル	9,100ドル
利益額	2,016ドル	15,064ドル	12,252ドル	25,468ドル
利益率	30.37%	56.75%	35.31%	39.52%

＊消費者にとって意味があるレベルの値引きを同時に行った場合

　この表から一目瞭然であるが、山積みやチラシ特売実施の費用はメーカーから支払われるため、どのような販促を実施しても小売側の利益は守られる。消費者が「セーフウェイ」のことを「フランコ・アメリカン」缶入りパスタソースを安い値段で提供できる良い店だと思ったとしても、実際には特売などの店内販促活動費のほとんどはメーカーがMDFから支払っているのである。
　メーカーが店内販促活動を行うと、誰もが得をする。消費者は安い値段で製品を買うことができ、メーカーも小売も利益が向上するのである。

小売主導の販促活動

　小売間の競争は極めて激しくなってきているため、多くの小売が顧客の囲い込みに必死になっている。近年スーパーマーケットやコンビニエンス・ストアなどの小売企業の広告をよく見かけるようになったのは、このような理由からである。小売はメーカーとの取引の中から、消費者向け販促活動が販売量の増加や、顧客ロイヤルティの向上に大きな効果があると学習した。そのため、ほとんどの大型小売チェーンが毎年数回独自の消費者販促を行い、消費者を店に引きつけようとしている。この独自の販促には、祝祭日の特売、レジで渡すクーポン、店内クーポン、会員カード促進プログラム、箱売り、店内電子ボード、ショッピング・カートの広告などがある。

　小売は、このような独自の消費者販促活動の効果を最大化するため、また運営にかかる費用負担を少しでも軽減するため、メーカーに費用の一部を負担して欲しいと考えている。これらの小売主導の消費者販促活動の中で、何がメーカーにとって効果があり、何が効果がないかを見ていこう。

レジでの割引クーポン発行

　レジでのクーポンは通常、カタリナ・マーケティング社（Catalina Marketing）という会社、または小売から直接消費者に発行される。このクーポンの「売り」は、消費者が今まさに購入した製品の種類によって最適なクーポンが発行され、おつり・レシートと一緒に渡されてしまうという、ターゲットの絞込みと即時性である。

　メーカーは通常このクーポンを競合への反撃のために使用する。例えば、紙おむつのブランド「パンパース」（Pampers）が競合製品の「ハギーズ」（Huggies）を購入した消費者に「パンパース」のクーポンを発行する、という具合である。レジで発行するクーポンは、競合製品のユーザーにのみ発行されるため、一般的なクーポンに比べて一見とても有効に思える。

　しかし残念ながら、このレジでのクーポン発行はメーカーにとって無駄な投資であることが多い。というのも、一度あるカテゴリーの製品を買った消費者は、その製品を使い切るまでは基本的に同じカテゴリーの製品を買いに来ないからである。これが一般的に言われる「購入サイクル」である。

Part4 Promotion

> ● 競争に勝つための原則 ●
>
> レジで渡すレシートにクーポンを印刷するのは、まったくマーケティング費用の無駄である。なにしろ、クーポンを渡すのは買い物を終えた瞬間、つまり次回の買い物に一番遠い最悪のタイミングなのである

　マーケティング担当者として最も重要なことは、担当カテゴリーにおける消費者の購入サイクルを理解した上で、消費者が購入する「直前」に販促活動を行なうことである。タイミング良く販促活動を行なった場合、売上は格段に向上する。レジでのクーポン発行は、消費者が製品を買った直後、つまりは次回の購買から最も遠い最悪のタイミングで次回の購入に対する値引きを提供しているのである。

■ ダイレクトメールによるクーポン発送

　ターゲット消費者にクーポンを発行するためにより効果的な方法は、大規模小売チェーンの会員カードを活用することである。会員カードは販促に非常に有効である。消費者が購入時にこのカードを使ってレジで支払いをするたびに、小売のメイン・コンピュータの中にこの消費者の購入記録が残る。小売店は、消費者が購入した製品カテゴリー、ブランド、サイズ、味、タイミングなどを詳細・正確に知ることができるというわけである。

　この情報の活用により、ターゲット消費者に購入サイクル上の最適なタイミングでクーポンを配布することができるようになる。例えば「タイド」（Tide）衣料用洗剤の場合、一般的な洗剤の大きさは約27日分であるということから、競合の洗剤ブランドを20〜24日前に購入した全ての消費者に「タイド」のクーポンを発送することもできる。クーポンを提供しなくても買ってくれるであろう既存の「タイド」ユーザーにはクーポンを渡すことなく、競合を使用している消費者にのみ、洗剤を次に購入するであろう最適のタイミングでクーポンを配布することもできる。この方が、レジでクーポンを発行するよりはるかに効果的である。

店内クーポン

店内クーポンは通常その製品の棚のすぐ横に設置されている。消費者の注意を引くために、クーポンの横に赤いライトが光っていたりすることもある。このクーポンは特に価格敏感性の強い製品カテゴリーで売上の向上や、競合からの売上奪取に効果的である。

それでは、店内クーポンをあまり見かけることがないのはなぜであろうか？　その理由は効果の大小ではなく、実施にかかる費用が大きいこと、そして費用を社内のどの部署が負担すべきかということに問題があるからである。

クーポンの返金費用は通常、小売ごとにに割り当てられたMDFではなく、メーカー本社のマーケティング部門の費用から支払われる。店内クーポンは売上増大の効果が高いため、メーカーの販売部門と小売の両方とも実施したがるが、本社のマーケティング担当は通常乗り気でない。というのも、店内クーポンを実施することにより、販売部門と小売が管理するMDFは手つかずのままで、マーケティング部門が管理する全国向けのマーケティング予算がなくなってしまうからである。

マーケティング部門が店内クーポンに乗り気でないのは、店内クーポンの約98％が必ず使用されるという理由もある。このクーポンは競合からの乗り換えを狙う消費者だけでなく、値引きをする必要のない既存ユーザーの手にも渡るため、利益が削られてしまうのである。もしあなたのブランドがその製品カテゴリーのトップ・ブランドであったなら、既存ユーザーに店内クーポンを使われてしまう危険は極めて高い。

具体的に説明していこう。米国で全国版新聞の日曜版に一般的なクーポンを印刷した場合、そのクーポンの使用率は2％程度である。したがって、4000万枚のクーポンを印刷しても、使用されるのはそのうちの80万枚だけである。クーポン1枚あたり0.2ドル値引すると、マーケティング部門は全米で16万ドルの費用を使うことになる。

では次に店内クーポンの場合を、再び「フランコ・アメリカン」缶入りパスタソースの例で計算してみよう。マーケティング部門は「セーフウェイ」のバージニア地域70店舗で店内クーポンを行うことにより、「チラシ特売と山積みの併用」と同程度の売上拡大、すなわち1店舗あたり週に130ケースの販売を目標としていたとする。この店内クーポンでも、チラシと同様0.2

ドルの値引きを行う。目標の販売量を達成するためには、セーフウェイ社の各店舗で約1600枚ものクーポンを発行しなければならない（訳注：130ケース＝1560個。1560枚のクーポンが使用されるためには、1560枚÷98％＝1592枚の発行が必要）。バージニア地域の70店舗の合計では、11万2000枚ものクーポンを発行することになる。98％の使用率なので、その費用は約2万2000ドルとなる（訳注：11万2000枚×98％×0.2ドル＝2万1952ドル）。

　この数字を全国での一般的なクーポン発行の費用である16万ドルと比較してみよう。店内クーポンはバージニア地域の70店舗でだけしか発行されないにも関わらず、全国で一般的なクーポンを発行する場合の約8分の1もの費用が必要となる。全米の約5000もの大型スーパーマーケットの全店で店内クーポンを行おうものなら、費用は約157万ドルという天文学的な数字になる（訳注：1600枚×5000店×98％×0.2ドル＝156万8000ドル）。

　実は、この店内クーポンにかかる費用2万2000ドルは、先ほど計算した「山積みとチラシ特売の併用」による費用2万1100ドル（訳注：1万2000ドルのMDFリベート＋9,100ドルの特売リベート）とほとんど同額である。しかし問題は、この費用を社内のどの部門が負担するか、なのである。「山積みとチラシ特売の併用」の場合の費用はMDFから払われるのに対し、店内クーポンの費用は本社のマーケティング部門の費用から支払われる。マーケティング部門が店内クーポンの費用を負担する限り、一部の小売でしか有効でない店内クーポンの実施が決定されることはめったにない。このような理由から、店内クーポンはあまり見かけることがないのである。

● **競争に勝つための原則** ●

店内クーポン(製品の棚に該当製品のクーポンを置く)は、あなたが第3位のブランドか、または製品間の競争が非常に厳しい状況でのみ行なうべきである。クーポンがあなたのブランドの既存ユーザー(つまり値引きする必要がない消費者)よりも、新規ユーザー(クーポンを本当に使って欲しい消費者)に多く使われるのは、そのような状況の場合だけである

■ ショッピング・カート広告と店内広告

　ショッピング・カートがある小売店では、カートに広告を掲載することができる。この方法はタイミング良く消費者にメッセージを伝える方法に見えるが、ほとんどの消費者はショッピング・カートの広告に注意を払わないため、残念ながらあまりうまく機能しない。消費者は店に入るやいなや、棚に並べられている多くの刺激的な製品群に目を奪われてしまうのである。

　その他の店内マーケティング活動に、電子ボードがある。多くのメーカーが自社ブランドの特売に消費者の注意を引くため、チラシ特売とセットでこのプログラムを行うことが多い。この電子ボードは、特販製品が置かれている通路に設置されていれば大変効果的である。フロア・サインと呼ばれる、床に張られたシール広告も同様である。フロア・サインは通常、製品の棚の近くで実施され、非常に効果的なメッセージやチラシでの宣伝内容を伝えることができるのであれば、消費者の購買を促進することも可能である。

> ● 競争に勝つための原則 ●
>
> 店内のショッピング・カートなどへの広告は、チラシ広告や消費者向け販促活動を行っている時にのみ、それらの活動のサポートとして行われるべきである。単にブランドのロゴを露出するだけの店内広告は、第11章で説明した広告・宣伝の「6つの大罪」の「傲慢」にあたる

■ ロビンソン=パットマン法を回避する方法

　ロビンソン=パットマン法により、小売に提供できる販促活動が制限され、小売も利益管理に一層厳しくなっているため、競合と差別化された流通販促を行なうことは極めて難しくなっている。しかし、ロビンソン=パットマン法に触れることなく、競合企業と一線を画した、ユニークで効果的な流通販促活動を行なうことも可能である。少し創造的に頭を働かせて、他メーカーとは違うことを考えればよいのである。

　消費者向けの全国的販促キャンペーンに対しては、小売からのサポートはあまり期待できない。というのも、全国的販促キャンペーンは全ての小売に

Part4 Promotion

等しく提供されるものだからである。小売間の競争は激しくなり、彼らは他の小売店との差別化を求めている。どうすれば通りの反対側にある競合店ではなく、自分の店に消費者を引きつけることができるかに関心があるのである。そのため全国一律の販促キャンペーンは、小売のサポートをあまり受けることができない。小売が望んでいるのは、その小売「独自」の消費者向け販促キャンペーンなのである。

❗ マーケティング・ゴールド・スタンダード

小売別販促キャンペーン

　もしあなたの会社がコカ・コーラ社（Coca-cola）ほどの販促予算がない場合は、どうすればよいのだろうか？　販促で大成功した「アンクル・ジョー」（Uncle Joe's）スパゲッティ・ソースのように、上手な販促を行うことができるだろうか？　答えはイエスである。各小売に対して独自の、小売別販促キャンペーンを提供することによって、ロビンソン＝パットマン法を回避することができる。

　大型小売チェーン、ターゲット社（Target）を担当していたディズニー社（Disney）の営業マンは、小売別販促キャンペーンの天才であった。彼は当時、前年に過去最高売上高を記録したばかりのターゲット社でさらに売上を伸ばすため、消費者の購買を促進するアイデアを考えていた。

　消費者調査から、店舗内のTVモニターで「ディズニー」のビデオを流した場合、たとえ定価で売られていた場合でも、ビデオの売上が著しく向上することが判明した。ビデオを流しているモニターに通りかかった母親は、子供のことを思い出してビデオを衝動買いするのであった。

　この調査から、この営業マンは面白いアイデアを考えついた。「ディズニー」のビデオを流すことのできる、小型モニターとビデオデッキが付いた専用のワゴン棚を作ったのである。彼はディズニー社の製作部にこのワゴン棚の試作品を製作してもらい、ミネアポリスにあるターゲット社の本社まで持って行ってプレゼンテーションを行った。ターゲット社の経営陣はこのアイデアをとっても気に入って採用した。このビデオ付ワゴン棚

は消費者にも大変魅力的なため、このワゴン棚が置いてあるターゲット社のイメージアップにもつながると考えられたのである。ターゲット社はディズニー社からのMDFを使って全店舗にこのビデオ付きワゴン棚を購入し、ディズニー社が売上向上のために独自の店内販促活動を行うことを認めた。現在どのターゲット社の店舗でも、通常出口付近やレジ付近で、「ディズニー」のビデオが流れるこのビデオ付きワゴン棚を見つけることができる。

■ 付帯広告

　小売は、消費者を店に引きつけてくれるような広告が大好きである。小売別販促のひとつとして、地域限定のテレビやラジオのCMを打ち、CMの最後に小売の広告をつけるというものがある。これは一般的に付帯広告と呼ばれる。典型的な30秒テレビCMの場合、20秒をブランドの広告に使い、残りの10秒を小売の広告に使うのである（訳注：日本ではテレビ広告は15秒が主流であるが、米国では30秒が主流である）。60秒のラジオCMの場合には、40秒のブランド広告と20秒の小売広告、または30秒ずつが普通である。この活動にMDFが使われる限り、ロビンソン＝パットマン法には抵触しないのである。

■ オリジナルPOP

　法律の綱をくぐり抜けながら、しかも小売であなたのブランドの店内販促を積極的に展開してもらうための別の方法は、小売が欲しがるような素晴らしいPOPを開発することである。

　この方法でもディズニー社が飛びぬけている。ディズニー社はおなじみのキャラクターを活用し、消費者が何も買わないでは前を通り過ぎることができないような素晴らしい店内陳列機材を開発した。小売はこの機材の購入にMDFを充て、ひいては機材のデザインに合わせて店舗の内装を変更するまでになり、「ライオンキング」（The Lion King）、「アリストキャッツ」（Aristocats）、「ポカホンタス」（Pocahontas）などのキャラクターを店内

のどこにでも露出することができるようになった。これは、ディズニーの「クラシック」シリーズのビデオ発売時に、極めて効果的であった。「スーパーボウル」（Super Bowl、アメリカン・フットボールの全米王者決定戦）の時に「バドワイザー」（Budweiser）が、ハロウィンの時に「クアーズ」（Coors）や「ペプシ」（Pepsi）が同様の戦略を採用している。

■ 専用販売棚

マーケティング担当者が最も恐れることのひとつは、競合に棚を取られてしまうことである。本当の戦争と同様に、いったん戦いに負けてしまったら、そこが自分の領土だと主張するのは難しい。棚を維持する手段として、ブランド専用の販売棚を開発するという手段がある。小売はMDFを使ってこの販売棚を購入するというわけである。このような専用販売棚がいったん設置されると、ほとんどの小売が、あるブランドの専用棚に競合製品を並べて販売することを嫌うため、競合に棚を取られるという心配がたちどころに消えてしまう。というのも、あるブランドの専用棚に競合製品を並べると見栄えが悪くなり、売り場が雑然としているような印象を与えるからである。

マコーミック社（McCormick's Spice）はこの戦略で有名である。どの店に行っても、マコーミック社の調味料でいっぱいの専用棚を発見できる。効果的に棚割りを勝ち取り、競合の侵食の可能性を排除しているのである。

コカ・コーラ社もまた、棚割の重要性を理解している企業である。コカ・コーラ社は独自の冷蔵庫、自販機などを提供することで、販売スペースを牛耳って店頭をコカ・コーラ社の製品だけを並べるようにデザインしてしまうため、「青い悪魔」ペプシを寄せ付けないのである。

■ 第三者が企画した販売促進

多くのブランドが、第三者が企画する販促キャンペーン（「偶然」にも、小売も参加している！）にのっかるという手で、ロビンソン＝パットマン法を回避している。予算をあまり持たない小さなブランドにとっては、この方法は店内販促活動としては最良の方法である。

方法は至って簡単である。販促の企画会社があなたの会社に対して、「大手小売チェーンが販促の主催となり、あなたの会社が協賛会社として参加すれ

ば、その小売チェーンで山積みとチラシ特売を行うことができる」という販促企画案を提案してくる。メーカーも小売も、企画会社と契約を結ぶことになるので、ロビンソン＝パットマン法に触れないのである。

　私はP&G社（Procter & Gamble）で働いている時、第三者が企画する販促活動がいかにうまく機能するかを知った。プロ・バスケットボールのチームであるユタ・ジャズ（Utah Jazz）とボストン・セルティックス（Boston Celtics）が私が当時住んでいたシンシナティに来て、NBAのエキジビション・ゲームを行った。この企画会社はユタ・ジャズと提携し、シンシナティ地域の大手スーパーであるクローガー社（Kroger）をイベントの主催者にした販促を企画した。クローガー社は無料でイベントの主催者となる代わりに、6つのブランドをイベントの協賛とし、この6つの協賛ブランドのチラシ特売と山積みを実施することを認めた。

　各ブランドは企画会社に協賛金を払い、クローガー社はこの6ブランドのために店内に大きな山積みをしただけでなく、新聞紙15段の広告まで行った。各ブランドとクローガー社との間には、一切の金銭的取引がないため、ロビンソン＝パットマン法には触れないのである。

> ● 競争に勝つための原則 ●
> テレビ局やラジオ局は、第三者が企画する販促キャンペーンのパートナーとして最適である。自社ブランド、小売、メディアの三者で販促キャンペーンを展開すれば、非常に強力なものとなるだろう

　私が「企画会社を消費者向けの販促活動には使わない方がよい」と第14章で警告したのを覚えているかもしれない。しかし、消費者向けの販促活動のルールは、流通販促には必ずしもあてはまらない。小売に対しては、消費者に与えるようなユニークで、他と違っていて、特別なものを提供する必要はなく、ただ素直に小売が欲しがるもの（たいていは小売独自の販促キャンペーンに対する金銭的サポート）を提供すればよい。もしあなたが担当するブランドがそれほど大きくなく、小売で店内販促活動ができるような機会がめったにない場合には、第三者が企画する販促活動には必ず参加するべきで

ある。そうすれば、大型小売チェーンの山積みにも潜り込むことができるかもしれない。第三者が企画する販促活動は、販売力が弱く、小売店でチラシ特売や山積みを行うような費用がない小さなブランドにも、大変有効である。小さいブランドにとっては、このような販促キャンペーンが大型小売チェーンで実施できる唯一の販促活動かもしれない。

■ 棚料

　新製品にはMDFが付かないため、小売チェーンの本部はメーカーに棚料を要求する。棚料とは、売上が読めない新製品を試験的に棚に並べるための「保証金」のようなものである。棚料は一般的に極めて高額である。アイテムごとに1万～2万ドルで、小売チェーンごとに料金が決まっている。ほとんどのメーカーがこの棚料を削るために、新製品を地域ごとに展開するなどして、売上実績を作ろうと試行錯誤している。例えば、米国のトップ50の小売チェーンがそれぞれ2万ドルの棚料を請求した場合、メーカーは新製品を棚に並べるためだけに100万ドルを用意しなければならない。これは売れるかどうかわからない新製品に対する投資としては、かなり大きな「賭け」である。

　なぜ小売はそんなに棚料に貪欲なのであろうか？　実は、「楽に金を稼ぎたい」という以上の理由がある。小売にとって最も重要な関心事は、スペースあたりの利益である。新製品を棚に並べるためには、ある製品を棚から外さなければならない。そのため、新製品は販売後すぐに十分な売上を上げ、棚に並ぶ正当性を証明しなければならない。小売が棚料を求めるのは、新製品が失敗した場合でもスペースあたりの利益を確保するためなのである。

　小売にとって新製品導入による損失を防ぐ方法は、棚料以外にはない。小売は何年も前から「期待の新製品」で痛い思いをし続けてきた。過去10年間、メーカーの投入した膨大な数の新製品の成功確率は惨たんたるものであった。1989年から1996年の間、メーカーはスーパーマーケットに14万5203もの新製品を導入した。（図表13-3）もし全ての新製品を小売店が導入していたならば、あなたが好きなブランドは店頭から姿を消していただろう。

　小売が新製品を受け入れる場合、通常のテスト期間は45日である。この45日の間で売上が十分でないとみなされた場合は、棚から外されてしまう。新製品が棚から外された場合でも、棚料はメーカーに返還されない。メーカ

図表13-3　スーパーマーケットでの新製品数（1989－1996年）

カテゴリー	1989	1990	1991	1992	1993	1994	1995	1996	合計
食品	7,019	9,020	8,061	8,159	8,077	10,854	10,816	11,072	73,078
飲料	1,402	1,621	1,805	1,611	2,243	2,597	2,581	3,524	17,384
美容・健康	3,434	3,530	4,035	4,625	5,327	7,161	5,861	8,204	42,177
日用雑貨	557	921	829	786	790	704	829	785	6,201
ペット用品	480	381	443	451	464	377	315	467	3,378
その他	492	406	228	254	462	293	406	444	2,985
合計	13,384	15,879	15,401	15,886	17,363	21,986	20,808	24,496	145,203

出典：マーケティング・インテリジェンス・サービス「プロダクトスキャン」

ーが1度棚から外された製品を再び棚に並べたい場合には、また棚料を支払わなければならない。

　10のうち8つの新製品は失敗に終わるという現状では、棚料は小売が利益を確保する唯一の手段である。棚への導入には大きな費用がかかるため、メーカーは新製品について、「新製品がそれだけの費用を投資する価値があるか？」「十分な利益が確保できるか？」「小売の棚を維持するのに十分な売上を上げ続けられるか？」と、厳しい検討をするようになるのである。

■ 棚料を回避する方法

　高額な棚料を払えないために困っている企業も多いことであろう。しかし、一流企業が実践している「競争に勝つための原則」を知っていれば、この問題を回避することができる。ユニークで独自のマーケティングや販促活動を小売に提供することができれば、棚料を支払わず、新製品コード登録料などを払うだけで済ますことができる場合がある。ロビンソン＝パットマン法を回避するための全てのアイデアが、この場合にも当てはまる。要は、あなたのブランド以外には提供できない「何か」を提供すればよいのである。

　コカ・コーラ社のボトラーが行った1996年オリンピックの「聖火ランナー」キャンペーンは、棚料を免除させた好例である。小売の顧客の何人かを聖火ランナーとして選ぶ代わりに、棚料を免除させたのである。この方法は非常にうまくいった。また、小売の店内の催事用に特別な（ユニークな）景品を提供することで、棚料を回避することができる場合もある。小売は「自

分の店だけに特別な」店内催事が大好きなのである。

> ● 競争に勝つための原則 ●
>
> 競合ブランドに勝つためには、あなたのブランドの店内販促が競合ブランドより多くの日数行われるようにしなくてはならない。勝負は「日数」である。あなたが競合ブランドより長い期間店内販促を行うことができれば、勝つことができる

流通と上手に働く方法を身につけることができれば、マーケティング競争に勝つことができる。小売をうならせるような、大胆なアプローチを取るのである。あなたの企業を、忙しい小売バイヤーが一緒に仕事をしたくなるような、独創性にあふれ、面白くて楽しい組織にするのである。たとえバイヤーが最初のいくつかのアイデアには反応を示さなかったとしても、リスクをとってバイヤーが今まで聞いたことないような計画を続々と提案し続けなくてはならない。何もしなければ、何も得ることはできない。小売への働きかけは、ビジネスにとっては大変効果的なのである。

> ### この章のまとめ
> - 小売との取引のルールは変わった。ロビンソン＝パットマン法の施行により、メーカーはすべての小売に対して平等に流通販促を提供しなければならなくなった
> - ほとんどのメーカーはブランドごとに、販売量に比例したリベートを提供している。このリベートは、MDFと呼ばれ、その小売チェーンでそのブランドに対する販促活動のためのみ使用することができる
> - 山積み、値引き、チラシ特売などの店内販促活動は、メーカーと小売の両方の売上と利益を劇的に向上させる
> - 多くの小売が以下のような種類の小売主導の販促活動を行っている
>   ・レジでのクーポン発行
>   ・ダイレクトメールによるクーポン発送

- ・店内クーポン
- ・ショッピング・カート広告や店内広告
- ●ほとんどの小売がその小売「独自」の販促キャンペーンを望んでいる。全国一律の販促キャンペーンに協力するような小売はほとんどない。小売独自の販促を行うための費用は通常、MDFから充当される
- ●第三者が企画する販促キャンペーンは、ロビンソン＝パットマン法に抵触しない賢い方法である。小さなブランドの多くが、この第三者が企画する販促をうまく活用している
- ●テレビ局とラジオ局は、第三者が企画する販促キャンペーンのパートナーとしては最適である
- ●新製品を導入するためには、メーカーは棚料を支払わなければならない。ひとつの小売チェーンで2万ドルもかかることもある
- ●小売に対してその小売専用の素晴らしい販促を提供した場合、棚料が免除されることもある
- ●たいていの場合、店内販促活動を最も長い日数行うブランドが、成功するブランドである

Part4 Promotion

第14章 あなたの知らない消費者プロモーション

ブランド・パーソナリティと
競争優位を構築し、売上を拡大する

　スーパーマーケット、ドラッグストア、コンビニエンス・ストア、ガソリン・スタンドなどに行くと、目まいがするほど様々な消費者プロモーションを行っている。「クルーズ旅行が当たる」とか、「その場でクーポンがもらえる」とか、「1つ買えばもれなくもう1つプレゼント」といったたぐいのものである。たぶんあなたは、あまりに多くの消費者プロモーションに慣れてしまって、プロモーションに気付くことも少ないのではないだろうか？これはあなただけのことではない。多くのブランドが、消費者の関心を引き、売上を増加させるために消費者プロモーションを行っているにも関わらず、消費者が気が付いているのはごく一部である。本当に素晴らしい消費者プロモーションは、ほとんどないのが実情である。

　大半の消費者プロモーションがうまくいかない最大の理由は、マーケティング担当者が消費者プロモーションを非常に短期的に考えていることである。ほとんどのマーケティング担当者は、消費者プロモーションを短期的に売上を上げるための手法として考えており、長期的な効果については全く考えてもいない。実際、消費者プロモーションはしばしば過小評価されているため、企画・開発・実施は最も若いマーケティング担当者に任されていることが多

い。「クーポンを付けたり、抽選を考えたり、応募はがきをまとめたりといった仕事に、専門知識など要らないではないか？　誰でもできるのではないか？」と考える人が多いのが、消費者プロモーションが若い担当者に任されている理由であり、同時にうまく行かない理由でもある。一方で、十分に検討され上手に実施された消費者プロモーションは、確実に売上を増加させるだけではなく、それ以上の効果がある。よくできた消費者プロモーションは、ブランド・パーソナリティを構築し、競争優位を生み出し、そしてプロモーション期間が終了した後も継続的に売上増加に貢献するのである。

戦略的な消費者プロモーションの開発

　他の全てのマーケティング活動と同様、消費者プロモーションもブランドの戦略的コンセプトに基づいていなければならない。すなわち、消費者プロモーションの開発においても戦略的コンセプトのABC、つまりターゲット消費者（Audience）の把握、ブランドの消費者便益（Benefit）の強調、そして他の製品以上にこのブランドが上記の消費者便益を提供できるという「信じる理由」（Compelling Reasons）の説明、を念頭に置いていなければならない。このABCは、全てのマーケティング・アイデアを開発する際の要である（戦略的コンセプトの詳細については第4章を参照）。

　例えば、25～40歳の女性向けのバス・ソープを考えてみよう。この製品の便益は「忙しいあなたがリラックスできるオアシスを提供すること」であり、信じる理由は「体の隅々まで行き渡る細かい泡立ちとユニークなリラックスできる香り」である。「クーポンを行うべきか、山積みを行うべきか？」と考える前に、あなたがまず考えなければならないのは「この製品の便益である『リラックスできるオアシス』を、どのようにすれば消費者プロモーションで伝えることができるか？」である。そして、次に考えるべきは「この製品を消費者に販売する最適なチャネルは何か？」であり、最後には「『体の隅々まで行き渡る細かい泡立ちとリラックスできる香り』という信じる理由を印象的に伝える方法はないか？」と考えることになる。

　戦略的方向性を絞ったら、次に競合の分析を行う。自社や競合で過去に行われた全ての消費者プロモーションを集めて、成功したプロモーションの共

通点を洗い出すのである。この分析を行うことで、同時に消費者プロモーションにおける落とし穴も見えてくる。

■ 消費者プロモーションの4つの落とし穴

　優れた消費者プロモーションを行なうための方法のひとつは、間違っていることは絶対に行わないことである。以下で述べるような消費者プロモーションの4つの落とし穴に陥ると、プロモーションは大失敗はしないかも知れないが、平凡なものになってしまう。これらの落とし穴は、何としても避けなければならないのである。

■ 1.「以前うまくいった」症候群

　誰にとっても、去年実施したことをやめるのは難しい。実施したことがあるプロモーションはまあ安全で、だいたいの効果・概要がわかっていて、何か新しいことをするために特別なエネルギーを必要としないからである。昨年、ある消費者プロモーションで売上を2%伸ばしたとすると、もし実施すれば今年も1.5〜2%の伸びが期待できるだろう。大成功することはないかもしれないが、大失敗することもないわけである。

　この症候群はあらゆるマーケティング担当者が陥りやすい最悪の落とし穴であり、しかも周囲に伝染する。コカ・コーラ社（Coca-Cola）では、米国の消費者プロモーション・チームがこの症候群に何度も侵された。1994年の夏には「レッド・ホット・サマー」（Red Hot Summer）と名付けられた消費者プロモーションが行われ、1995年には「レッド・ホット・サマー2」（Red Hot Summer 2）、1996年には工夫のかけらもなく「レッド・ホット・オリンピック・サマー」（Red Hot Olympic Summer）となった。それぞれのプロモーションの結果は、ほぼ予想通りであり、大して変わらなかった。一度実施されたら2回目以降は、消費者の大きな関心を得ることはできないのである。

　P&G社（Procter & Gamble）やその他の一般消費財企業のマーケティング担当者も、しばしばこの落とし穴に陥っている。P&G社の消費者プロモーションは極めて予想しやすい。昨年と同じ週の新聞の日曜版にクーポンを

挿入し、1月と7月にパブリッシャーズ・クリーニング・ハウス社（Publisher's Cleaning House、以下PCH社）のダイレクトメールとタイアップしてクーポンを送付する。そして市場を活性化させるために、年1回景品のべた付けかスピードくじを実施するはずである。

　以前はうまくいったことでも、必ずしも繰り返しうまく行くとは限らない。非常に魅力的で、際立って傑出していて、繰り返しても効果が持続するプロモーションは少ない。マクドナルド社（McDonald's）の「モノポリー」（Monopoly）プロモーションは、2年間は成功したが3年目は大失敗した。マクドナルド社の「ビーニー・ベビー」（Beanie Baby）プロモーションも成功したが、2回だけであった。「バドワイザー」（Budweiser）は「バド・ボール」（Bud Bowl）プロモーションを何回も成功しているが、効果は年々薄れている。時には繰り返しても成功する消費者プロモーションもあるかもしれないが、2回目3回目は、1回目ほどの効果はないということを心に留めて置かなくてはならない。

2. 眠くなるほどつまらない賞品

　陥りやすい第2の落とし穴は、「眠くなるほどつまらない賞品」を提供してしまうことである。この状態に陥ると、時代遅れのアイテムや、退屈で消費者が全く興味を示さないような品物を賞品としてしまう。

　クーポンはこの典型である。新聞についてくるクーポンはほとんどの消費者が今や気にもとめないため、クーポンの使用率は常に極めて低い。にもかかわらず、多くの企業は新聞のクーポンをやめようとはしない。また、消費者はすっかり飽きて興味を示してもいないというのに、消費者に抽選での賞品提供をやめることができない企業も多くある。例えば、この20年間に星の数ほどの企業がプロモーションの1等賞品としてマイアミのディズニー・ワールド（The Disney World）への旅行を提供した。そして賞品がありきたりであるだけでなく、このような企画はたいていブランドのコンセプトとも、核となる消費者便益とも合致していない。何百ものブランドが自動車、テレビ、ビデオ、その他の家電を賞品とする消費者プロモーションを行っている。このような賞品は消費者にとってはあくびが出るほど退屈であり、当然このようなプロモーションでは売上も伸びることはない。

■ 3. 何の価値もないおまけ

　消費者プロモーションで最も多くの企業が陥っている落とし穴は、「何の価値もない」おまけの提供である。製品を買うとついてくる、「プレミアム」と呼ばれるおまけのことである。通常「プレミアム」は出来の悪い外国製のプラスチック製品で、もらって喜ぶのはせいぜい7歳までの子供である。マーケティング担当者はこのプレミアムをつけることが大好きである。というのも、普通のプロモーション企画であれば賞品のコストはマーケティング費用として支払わなくてはならないが、このプロモーションの場合には消費者自身が追加料金でこのプレミアムを買うことになるため、それほど多くのマーケティング費用がかからないと思い間違いをしているからである。このプロモーションは計画上ではあまり費用がかからないため、経営陣にも好意的に受け入れられがちである。このプロモーションの典型的なパターンは、「この製品を3つ買って1.99ドル（＋郵便代）を払えば、10ドル相当のこのすばらしい製品があなたに！」といった形で告知されるというものである。

　私がP&G社に入社した頃、「フォルジャーズ」（Folgers）コーヒーのチームは、「何の価値もない」おまけの中でも最悪のものを提供した。マーケティング部に入社したばかりの担当者が「フォルジャーズ」コーヒーのまとめ買いを促進するために、ナプキン・リングを提供するというアイデアを思いついたのである。彼の考えは、「食事にはコーヒーがつきもので、食事にはナプキンが必要だ……」というものだった。彼は何百万人もの女性が新しいナプキン・リングを欲しがっていて、このナプキン・リングをもらうために「フォルジャーズ」コーヒーを6個まとめ買いするはずだと経営陣を納得させた。そして、米国で生産されている全ナプキン・リングの約2倍もの量のナプキン・リングをプレミアムとして発注した。ところが、消費者はこのプレミアムには全く興味を示さなかったため、このプロモーションの終了時には、約100万個のナプキン・リングが在庫として残ってしまったのである。

　不幸にも、私が担当したブランドもこの落とし穴に陥ったことがある。ディズニー社（Disney）時代に、子供向けの「ディズニーと歌おう」（Sing-Along Song）ビデオシリーズの売上を促進するため、私のチームは「ミッキーマウス」（Mickey Mouse）と「リトル・マーメイド」（The Little Mermaid）がデザインされた、かわいいプラスチック製の小さなマイクを2

種類開発した。我々はビデオとこのマイクをセットにして、ビデオ単品の値段（12.99ドル）に2ドル上乗せして14.99ドルの小売価格で販売しようと考えた。経営陣は我々が期待した通りこのかわいいマイクが非常に気に入ったため、我々の主張を退けて小売価格を17.99ドルに上げた。結果、消費者はこのプレミアムには全く心を動かされなかった。どんなにかわいいマイクであろうと、消費者は安いプラスチック製のマイクに5ドルの価値があるとは考えなかったのである。現在でも、およそ150万個のマイクがディズニー社の倉庫のどこかに放置されているはずである。

　このマイクの例がばかげていると考えないでいただきたい。同じような間違いは頻繁に起こっている。大手企業の倉庫を見れば、何百万ドル相当のくだらないおまけや、うまくいかなかった消費者プロモーションの賞品が埃をかぶって眠っているはずである。誰も以前うまく行かなかったプロモーションの賞品をまた使おうとは思わないし、誰も2度同じ過ちを犯したくはない。こういった賞品は忘れられ、倉庫にひっそり眠っていたほうがよいのである。悪いことは「見ざる、聞かざる、言わざる」なのである。

■ 4. 当たる確率が高すぎる懸賞

　カジノを考えれば、消費者プロモーションの最後の落とし穴が見えてくる。「抽選の当選確率を上げれば、消費者は喜ぶ」と考えているのであれば、あなたは既に「当たる確率が高すぎる懸賞」の落とし穴に陥っている。

　清涼飲料水の業界にはこの症状が蔓延している。あなたも「12回に1回は当たる！」とか「6回に1回は当たる！」と謳われた消費者プロモーションを店頭で見かけたことがあるに違いない。

　このようなプロモーションがうまくいかないのは、当たる確率が高いために、消費者は「いつも当たるはず」と思ってしまうからである。よって当たらなかった時には「なぜ当たらないんだ！」と不満を募らせることになる。そして当たった時にすら、はじめから「当たるだろう」と考えていたために、喜びが大きくないのである。

Part4 Promotion

● 競争に勝つための原則 ●

消費者プロモーションを計画する時は、以下の4つの落とし穴はなんとしても避けなくてはならない。
① 「以前うまくいった」症候群
② 眠くなるくらいつまらない賞品
③ 何の価値もないおまけ
④ 当たる確率が高すぎる懸賞

■■ 効果的な消費者プロモーションの要素

　これまでは消費者プロモーションの落とし穴を見てきたが、これからは成功しているプロモーションに共通している要素を見ていくことにしたい。
　PCH社の「プライズ・パトロール・プレゼント」（Prize Patrol Giveaway）キャンペーンは、プロモーションの成功に必要な要素を全て含んでいる。このキャンペーンは「自宅の前からテレビで中継され、何千万ドルの賞金が当たる」という際立ってユニークな賞品を提供しているため、ダイレクトメールを受け取った消費者は、つい手にとってしまう。このプロモーションは全く陳腐化せず、いつも消費者の興味をかきたてる。世界中の誰であろうと、「近所の人の前でテレビに出て、3100万ドルもの大金を手にすることができれば、どんなに素晴らしいだろう」と思うはずである。私は「スーパーボウル」（Super Bowl、アメリカン・フットボールの全米王者決定戦。この日にプロモーションのテレビ中継が行われる）が開催される日曜日には、この賞金を渡すデイブ・セイヤー（Dave Sayer）とプライズ・パトロール・キャンペーンの車が通らないかと、しばしば自宅前の道路に目をやってしまう。あなたも同じ経験があるのではないだろうか！
　このプロモーションはなぜ私を窓の前に立たせ、郵便受けに釘付けにするのだろうか？　このプロモーションが持つ要素を分析すれば、成功するためのヒントを得ることができるはずである。第1に、そして最も重要なことであるが、「プライズ・パトロール」には自分も当選するかもしれないと思えることである。賞金の額には抗し難い魅力があり、司会者は信用できそうで、

実際に当選者がいることは疑う余地がない。そして、受け取るごとにだんだん自分の好みに合ってくるダイレクトメールを何回も受け取るに連れて、「今回こそは自分が当選するかも」と思うようになるのである。

このプロモーションにはまた、ついつい消費者をその気にさせる「勢い」がある。消費者はまず「応募を受け付けた」という手紙をPCHから受け取る（製品の購入と同時に自動的に応募される）。そして数ヶ月に渡って、数回手紙を受け取る。この数回のダイレクトメールで、ついまた何かを購入したくなるのである。もちろん、法律上は何も購入しなくてもこのプロモーションに応募できる。しかし、何も購入していない場合には真っ白な封筒に申し込み用紙を同封して郵送しなければならないのに対して、何か購入した場合には「抽選番号同封」と書かれたカラフルなステッカーが貼られた封筒を使うことができる。「もしかしたら当選するかもしれない」と期待して応募する人にとっては、何の変哲もない真っ白な封筒で応募するのは、確実に受け付けられたかどうか不安でたまらないため、つい何か購入してしまうのである。

抽選日が近づくと、当選発表の日程がテレビCMで放送される。そして最終候補者に選ばれた何人かの消費者は、特別な手紙を受け取る。その手紙の中には、自宅の前から当選の模様をテレビ放送する許諾書、当選日に自宅にいない場合に訪ねるべき住所を書き込む書類、そして賞金をどのように支払って欲しいかを選択するための書類が同封されている。いよいよ当選を公表することの受諾書にサインをしたら、おそらく「何百万ドルも当たるかもしれないのだから、少しくらいの買い物は大したことないな」などと思って、また何かを買ってしまうのである。またこの特別な手紙には、デイブ・セイヤーとプライズ・パトロールのチームが3100万ドルの小切手のコピーを持っている写真が同封されていて、そこにはこの最終候補者自身の名前が書かれているのである。この最終候補者向けの手紙のパッケージは、まさに天才のアイデアに違いない。これらの書類を記入し終わった後には、自分の家にデイブ・セイヤーが来るだろうと誰もが思うのである。

このプロモーションはたった1人しか当選しないにも関わらず、極めて成功している。その理由は、PCH社が消費者プロモーションで「競争に勝つための原則」を知っているからである。

> ● 競争に勝つための原則 ●
>
> 成功する消費者プロモーションは、以下の3つの要素を兼ね備えている。
> ① 他の誰も提供したことがない、または提供していない魅力的でユニークな賞品を提供していること
> ② 当たる可能性があると信じることができること
> ③ 簡単に参加できること

　成功の3つの要素を含んだ効果的な消費者プロモーションを開発するために、何百万ドルも使う必要はない。「ミラー」(Miller)ビールは1998年に、売上を飛躍的に上げた素晴らしいプロモーションを実施した。それは非常にユニークで記憶に残る、香り付きのスクラッチ・プロモーションであった。香りは、香水やコロンなど普通のものではなく、肉の匂いや（賞品は牛半頭ぶんの牛肉！）、日焼けオイルの匂い（賞品はスポーツ・イラストレイテッド誌（*Sports Illustrated*）が主催する次回の水着撮影会への参加旅行！）だったりしたのである。

　この消費者プロモーションは、18〜34歳までの男性を見事にとらえ、「ミラー」ビールの核となる便益である「予想外の面白さ（TV コマーシャルで長年伝え続けているもの）」をサポートする、素晴らしいものであった。また、極めてユニークで、際立っており、これまでの他社のプロモーションとは一線を画すものでもあった。そしてまた、誰にでも理解しやすく、製品を購入した時には誰もが変わった香りを試すことができたため、誰にも「当たるかもしれない」という期待を抱かせたのである。

■ 消費者プロモーションによるブランド・パーソナリティーの確立

　ほとんどの一般消費財には、残念ながら確固としたブランド・パーソナリティーがない。しかし、ブランド・パーソナリティーを確立したブランドは、消費者プロモーションを通して非常に強力な競争優位を構築できる。

　ブランド・パーソナリティーとは何であろうか？　人が誰でも独自のパー

ソナリティー(個性)を持っているのと同様に、ブランドも独自のパーソナリティーを持つことは可能である。「バドワイザー」ビールは、有名なTV広告のカエルとイグアナを通してブランド・パーソナリティーを構築している。マクドナルド社は「ロナルド・マクドナルド」(Ronald McDonald)というピエロと「ハンバーグラー」(HamBurgler)というギャングを使って、子供にもわかるユニークで楽しいパーソナリティーを確立している。ブランド・パーソナリティーは製品のパッケージからも影響される。激しい色使いのパッケージは「ワイルドでクレージー」なブランドであると伝え、黒いパッケージは「格好良くて少し高級」なブランドであると伝えている。カテゴリーNo.1のブランドの多くが、ブランド戦略の一部としてブランド・パーソナリティーの構築を実践している。ナイキ社（Nike）は「本気のアスリート（スポーツ競技者）」というパーソナリティーを持ち、「アスリートになりたいと思うだけで実行しない人たちや、スポーツをテレビ観戦しかしない人たちのためのブランドではない」と明確に伝えている。

　人間同士の関係と同様に、消費者から親しみを得るためには、製品は魅力的なパーソナリティーでなければならない。「このブランドのパーソナリティーは、自分と似ている」と感じることで、消費者は自分のブランド選択に自信を持つのである。

　オスカー・マイヤー社（Oscar Mayer）は、プロモーション用の創造性豊かな「オスカー・マイヤー・ウィンナー型自動車」（Oscar Mayer Wienermobile）を使って、素晴らしいブランド・パーソナリティーを確立している。人々は店の前に停まっている大型のウィンナー型自動車に思わず目をとられ、つい笑顔がこぼれてしまう。また、店の前で行われている「ウィンナー・ホイッスルを鳴らして、次のTVコマーシャルに出演するオスカー・マイヤー・キッズを見つけるためのコンテスト」というイベントを通して、このブランドは「楽しい、子供の大好物」というブランド・パーソナリティーを確立している。子供たちは、一度聞いたら忘れられないテーマ・ソングをコンテストの間ずっと口ずさむことで、家に帰ってもこのブランドのパーソナリティーを忘れないのである。

Part4 Promotion

もし僕がオスカー・マイヤーのウィンナーだったら、
実はこれが僕の夢
だってもし僕がオスカー・マイヤーのウィンナーだったら、
きっとみんなに好かれるもん！

　オスカー・マイヤー社のウィンナー型自動車を見て、自分の子供がそのテーマ・ソングをステージ上で歌うのを聞いた後に、オスカー・マイヤー社以外のソーセージを買う母親がいるはずがない。競合のソーセージ・ブランドは、その店舗での販売はあきらめる他はないのである。

　グッドイヤー社（Goodyear）は、「グッド・イヤー飛行船」を使ってブランド・パーソナリティーを確立した。ただ空を飛ぶだけのものでブランド・パーソナリティーを確立できたのは、飛行船を大きなイベントと関連付けたからである。つまり、大きなイベントがある時には必ずこの飛行船がやってくる、というようにしたのである。これにより、「この飛行船が登場するのは特別なイベント」であり、そのイベントの参加者である消費者もまた特別だと感じるわけである。今では、この飛行船は米国のシンボルとして取り上げられるほど有名になった。グッドイヤー社は、「この飛行船が街にいる間に新しいタイヤを購入して、飛行船に乗ろう！」というプロモーションで売上を伸ばした。どんな人でも、この有名な飛行船に乗ってみたいと思うものである。俳優のジャック・ニコルソン（Jack Nicholson）と一緒にロサンゼルス・レイカーズ（Los Angels Lakers）のバスケットボールの試合を最前列で見るのと同じ位の興奮を与える、素晴らしいプロモーションである。

■ 他人のパーソナリティーを借りる

　高校生の頃には、どの学校ににもフットボール部のキャプテンだとか、すごく美人だとかいう理由で、誰からも人気のあった生徒がいたものである。そしてそのキャプテンといつも一緒にいる仲間だとか、その美人の彼氏だとかということで有名な生徒は、いつも相方と同じように周りから見られ、扱われていた。

もしあなたのブランドが、独自にブランド・パーソナリティーを確立するのが難しければ、この高校生と同じ戦略をとればよい。何かと関連付けることによって、理想のパーソナリティーを獲得してしまうのである。
　「ドクターペッパー」（Dr. Pepper）の例を考えてみよう。清涼飲料のカテゴリーでは莫大な広告投資を行っているブランドと競争しなければならないため、「ドクターペッパー」は18～35歳までの消費者に合ったユニークで魅力的なブランド・パーソナリティーを自分だけで確立することは非常に困難であった。そこで、独自にイメージを確立するかわりに、「メルローズ・プレース」（Melrose Place）、「ビバリーヒルズ高校生白書」（Beverly Hills 90210）、「パーティー・オブ・ファイブ」（Party of Five）などの若々しくて現代的なイメージのテレビ番組と強力にタイアップした。このようなテレビ番組のイメージを積極的に活用するため、「番組に出演している俳優のプライベート・パーティーへの参加」や、「番組に端役で登場できる特典つきのハリウッド旅行」があたるといったユニークなキャンペーンを展開したのである。視聴者の多くはこれらの番組を毎週欠かさず熱狂的に見ていたため、このプロモーションは極めて効果的だった。
　「スプライト」（Sprite）もこの戦略を使った。NBAと関連付けることにより、「大胆で物怖じしない」というパーソナリティーを確立したのである。1996年の夏、「スプライト」は国外の消費者に対して、米国の「ドリームチーム」（Dream Team）と一緒に過ごす特典つきの米国旅行をプレゼントするという、国際的な消費者キャンペーンを行った。「ドリームチーム」とは、グラント・ヒル（Grant Hill）、ハキーム・オラジュワン（Hakeem Olajuwon）、スコッティー・ピッペン（Scotty Pippen）、カール・マローン（Karl Malone）、ジョン・ストックトン（John Stockton）、ゲリー・ペイトン（Gary Payton）、シャキール・オニール（Shaquille O'Neal）、デビッド・ロビンソン（David Robinson）、チャールズ・バークレー（Charles Barkley）、レジー・ミラー（Reggie Miller）、ミッチ・リッチモンド（Mitch Richmond）、そしてパトリック・ユーイング（Patrick Ewing）といったNBAの最高の選手たちで構成された、バスケットボール全米代表チームのことである。このキャンペーンの賞品には、米国往復のチケットの他に、「ドリームチーム」のヘッドコーチであるレニー・ウィルキン

ズ（Lenny Wilkens）との朝食会、秘密練習への参加、全ての選手との写真撮影会、そして各選手の直筆のサインが含まれていた。チャールズ・バークレーは、子供たちと練習試合まで行ってくれた。そして旅行のハイライトは、最前列での「ドリームチーム」の試合観戦であった。このキャンペーンは、数カ国でスプライトの売上を大幅に増加させただけでなく、スプライトのブランド・パーソナリティーの確立にも大きな貢献をした。

継続促進プロモーション

　継続促進プロモーションとは、消費者に複数回の継続購入を促すプロモーションである。このプロモーションは難しいが非常に効果的であり、困難であっても実施する価値がある。

　継続促進プロモーションで最も有名なのは、航空会社のフリークエント・フライヤー・プログラムである。このプログラム以前には、航空会社は価格競争以外には競争手段がなかったため、消費者は自分が行きたい区間で最も安い航空会社を選んでいた。しかしフリークエント・フライヤー・プログラムの登場により、航空会社は自社に忠実な消費者を獲得したのである。消費者は旅行時の様々な活動（クレジットカードの使用、ガソリンの購入、ホテルの宿泊、等）を通して、マイルを集め始めた。「集中してひとつの航空会社のマイルをためれば、無料の航空チケットに交換できるのでは」と思う程度の、絶妙な換算率を設定したのである。このプロモーションにより、大手の航空会社は多少なりとも価格競争を避けることができ、自社に「忠実な」顧客を獲得することができた。

　タコ・ベル社（Taco Bell）やマクドナルド社などのファースト・フード・チェーンでも、継続促進プロモーションはしばしば行われる。何かの賞品を獲得するためには、何かを購入するともらえるカードを何枚か集めなければならないという仕組みである。このプロモーションは極めて効果的である。典型的なファースト・フード利用者は週に数回外食するが、継続促進プロモーションを実施することにより、いろいろなレストランで食事をするかわりに、ひとつのレストランで食事をするようになるからである。

　実際、消費者の利用頻度が高い製品・サービス、あるいは競合と比較され

る頻度の高い製品・サービスでは、この継続促進プロモーションは極めて効果的である。ラジオ局もこのプロモーションをしばしば活用する。リスナーに同じチャネルを聞き続けさせるために、朝の番組の中で「午後の番組でこの結果を発表します」と放送するのが典型例である。銀行ですらこのプロモーションを行うところが出てきた。例えば、金利の高い信用金庫や最近の新しい金融会社に顧客を取られないようにするため、金融に関する全ての取引をひとつの銀行で済ますことができるパーソナル・バンキング・サービスである。このサービスが銀行に効果がある理由は、ローンや年金を開設した顧客は、その後もずっと同じ銀行を使い続ける傾向があるからである。

独占的な消費者プロモーション

　競争優位を築くための別の方法は、消費者が欲しがるものを独占的に提供することである。コカ・コーラ社は1996年夏のアトランタ・オリンピックの時、オリンピックのチケット応募用紙を配布するプロモーションで大成功した。この応募用紙がチケット獲得の唯一の方法であり、この応募用紙を手に入れるためには、消費者は近くの店までコカ・コーラ社の製品を買いに行かなければならなかった。消費者調査によれば、米国人の22％がアトランタ・オリンピックをぜひ見に行きたいと考えていた。ポートランドやシアトルなど、アトランタから遠い地域でもこの興味の高さは変わらなかった。

　この応募用紙の配布は1995年の5月1日から開始された。そして驚いたことに、この応募用紙を獲得するために朝の4時から店の前に並ぶ消費者まで現れた。米国南部のフェニックスから東部のボストン、西部のサンフランシスコまで全米の全ての店で消費者がコカ・コーラ社の棚に殺到したのである。ほとんどの店は納税締切日の税務署と同じぐらいの人で溢れ、24時間の間に150万通もの応募用紙がなくなってしまったのであった。

　このキャンペーンが成功すると考えていたのは、マーケティング部の中でも希望的な観測を持っていた一部の人間だけであった。しかし予想に反し、この月にコカ・コーラ社のマーケット・シェアは9％も上昇した。シェアが2％上昇するだけでも大騒ぎになるほど競争の激しい清涼飲料の市場では、この数字は極めて素晴らしいものであった。どの店でも、コカ・コーラ社の

Part4 Promotion

大きな山積みが行われた。ペプシ社（Pepsi）は対抗策として、この時期恒例の夏のプロモーションを開始したにも関わらず、ほとんどの店舗で期待した売上を上げることはできなかった。

ペプシ社の名誉のために付け加えると、ペプシ社は翌年には「プロモーションを成功させる3つの要素」（魅力的でユニークな賞品、当選できそうな可能性、参加のしやすさ）を持った素晴らしい夏のプロモーションを行い、コカ・コーラ社への逆襲に成功した。これはキャップの下のくじに当たれば賞品がもらえるというプロモーションであり、1等は何と「有名スポーツ選手と自宅で一緒に遊ぶ」というものであった。このプロモーションのTVコマーシャルは、バスケットボールのスター選手のシャキール・オニール（通称シャック）、NASCARレーシング・ドライバーのジェフ・ゴードン（Jeff Gordon）、NFLフットボール選手のディオン・サンダース（Deion Sanders）が、12歳の男の子と自宅の寝室で大騒ぎをしていると、突然この男の子のお母さんが部屋に入ってきて、「スーパースターを家に呼んじゃだめだって、何度言ったらわかるの！」と叫ぶと、シャックが「OK。じゃあ、僕の家に行こう」といってみんなで出て行く、というものであった。このプロモーションは子供たちを夢中にさせ、夏の間売上増加に大きな貢献をした。このプロモーションへの応募用の点数を集めるため、ペプシ社の製品の継続購入が増加したのである。

■■ 詰めの一手が足りない
消費者プロモーション

「プロモーションを成功させるための3つの要素」をマーケティング担当者が知らないために、せっかくのプロモーションが「良い」というレベル止まりで、「最高」のプロモーションとなっていない時ほど、見ていてがっかりすることはない。

AT&T社のプロモーションが良い例である。AT&T社は毎年NBAのプレーオフ（最終戦）のハーフタイム（訳注：試合の前半・後半の間にある休憩時間）に、「AT&Tの200万ドルのシュート・アウト」（AT&T $2 Million Dollar Shootout）と呼ばれているプロモーションを行っている。これは、

選ばれた一人の当選者が3ポイント・シュートを行い、決まれば200万ドルがもらえるというものである。このプロモーションへの応募は、TV コマーシャルで流されている番号に電話するだけと、極めて簡単である。

このプロモーションは、例の「3つの要素」のうちの2つは押さえている（誰も提供していない魅力的な賞品、応募が簡単）。しかし、誰にも当選する可能性があり、「もしかして自分が選ばれるかもしれない」と消費者を信じさせることができていない。よって、プロモーションは「良い」プロモーションではあるが、「最高」のプロモーションには至っていないのである。

どのように改善すれば、このプロモーションを「最高」にすることができるのだろうか？　様々なアイデアが思いつくが、この章の前半で紹介したPCH 社のプロモーションから、いくつかのアイデアを借用してみよう（アイデアを盗むことは OK だと、覚えているだろうか！）。まず、電話でプロモーションに応募した人全員に、次のようなものが同封された手紙を送ってみてはどうだろうか？

- バスケットボールのシュートに関する公式ルール
- NBA 最終戦の日程（と「シュート・アウト」が予定される日程）
- 当選すればイベントに関するビデオが送られてくるという通知と、ビデオ・デッキを持っていない場合の対処法
- NBAオールスターゲームの3ポイント・シュートのチャンピオンから学ぶ、3ポイント・シュートのコツ
- NBAのスター選手の顔写真つきコーリング・カード。消費者がこのカードを使うたびに再度このプロモーションに登録される

そして、このコーリング・カードを5回以上使用した消費者全員に、当選を予想させるように次のようなものが同封されている第2の手紙を発送する。

- 当選時に利用したい航空会社、時間、ホテルを書き込用紙
- 当選時には、広報と広告に映像を使用することを認める承諾書

Part4 Promotion

- 賞金振込み用の銀行口座の登録書
- 賞金を得た場合の入金方法（口座への入金、小切手など）
- 長距離電話にAT&Tを使えば使うほど、当選の確率が高くなるというお知らせ

　最後に、当選者の発表方法を大きく改善する。現在は、AT&T社が抽選を行い、電話で直接当選者に連絡をしているだけのため、最終当選者がNBA最終戦のコート上に出てくるまで、一般の人には誰が当選したか知る手段がない。抽選自体でもっと誰もが期待を膨らませるように、抽選の模様を伝えていく方法に変更するべきである。例えば、抽選後1週間は誰が当選したかは連絡せず、NBAプレーオフの7日間にわたるTV中継の中で、スポット広告を使って少しずつ誰がこのプロモーションに当選したかを発表していく、というのはどうであろうか？

　初日は米国全土の地図が登場し、当選者が住んでいる地域がハイライトされる。次の日にはその地域のうち、当選者が住む州を含む3つの州だけがハイライトされる。3日目には、当選者が住んでいる州を発表する。4日目には、その州の中で当選者が住んでいる町を含む10の街を発表し、翌日3つの街に、そして6日目には当選者が住む街に絞りこむ。最終日にはその街でイベントを行なって当選者を発表し、その模様をプレーオフのハーフタイムショーの間に流すCMで放送する。このイベントにはもちろん、その街に住んでいる応募者全員をゲストとして招待する。以上のようにすれば、消費者は「もしかして自分も選ばれるかもしれない」と思い、また自分が当選しなかった場合でも「当選者を知っているかも知れない」と思うことで、NBAプレーオフが行われる1週間の間ずっとプロモーションに興味をもつというわけである。

　これで、AT&T社のプロモーションも単に「良い」レベルから、「最高」のレベルに変わることができるであろう。ところで、AT&T社の誰かがこの本を読んでここに書かれている案を実行したいと思っても、本には著作権がある。但し、私は悪い人間ではないので安心していただきたい。小切手を送っていただければ、すぐにでも交渉しよう！

マーケティング・ゴールド・スタンダード

オクトパス・プランニング・マトリックス（The Octopus Planning Matrix）

　あなたが全てを正しく行ったと仮定しよう。戦略に焦点を当て、競争環境を調査し、成功の3つの要素を含んだ素晴らしいプロモーションのアイデアを思いついたとする。

　しかし、ここで満足してはいけない。素晴らしいプロモーションのアイデアを思いついたら、大成功させるために、プロモーションによる影響範囲を最大にし、効果を極大化するためのあらゆる手を尽くさねばならない。プロモーションの効果を確実に最大化させる最適の手段は、「オクトパス・プランニング・マトリックス」によってプロモーションの潜在的可能性を分析することである。

　このマトリックスは、紙に描いていくとオクトパス（蛸）の形に似ていることからこのような名前が付いている。このマトリックスは、まず核となるプロモーション・アイデアをマトリックスの一番上、蛸の「あたま」の部分に記入する。そして、そのアイデアをあらゆるマーケティング計画で活用してプロモーションの効果を最大化するために、流通チャネルや消費者など、それぞれのターゲットごとにアイデアに基づいたプロモーション計画を作成し、蛸の「足」の部分に書き込んでいくというものである。

　オクトパス・プランニング・マトリックスを理解していただくためには、実際に使って消費者プロモーションを企画してみるのが一番わかりやすい。ここでは、マスターフーズ社（Master Foods）の「M&M」チョコレートの消費者プロモーションを企画してみる。まず、全ての基礎となるブランドの戦略的コンセプトを、以下の通り策定した。

> 5～24歳の消費者にとって、M&Mチョコレートは、毎日を明るく彩ってくれる、甘くておいしいお菓子である。
> この理由は、様々な色のキャンディーでコーティングされたM&Mのミルクチョコレートは（プレーンもピーナッツ入りも）、食べる時に楽しく、遊び心があるため、元気になるからである。

Part4 Promotion

　ブランドが消費者に伝えたい便益は、「M&M」が「毎日を明るく彩ってくれる」ということであり、まさにこれこそが、このブランドの全てのプロモーションがサポートしなければならない核となる戦略である。「毎日を明るく彩ってくれる」という便益を支える理由は、「楽しさ」と「遊び心」である。

　次は、成功の3つの要素を含むプロモーションのアイデアの開発である。もちろん、売上を増加させるものでなければならない。ここでは、「M&M」のパッケージを使用した基本的なプロモーションをイースター（復活祭）休暇の時期に行うと仮定しよう。というのも、この時期は例年、小売がキャンディーやチョコレートの売上を強化するために、山積みを行う時期だからである。

　実際の状況では、マーケティング担当者はまずブレーン・ストーミングを行ない、数社のプロモーション企画会社間でコンペを行い、面白いアイデアを開発するというプロセスを踏むであろう。しかし我々はこの部分を飛ばして、実際の企画に話を進めていく。

　今回のプロモーションは「M&M　色のいたずら」と名付けられ、企画の骨子は次のようなものである。イースター・バニー（Easter Bunny、復活祭に登場する、誰もが知っているうさぎ）のいとこであるいたずら好きなうさぎが「M&M」の工場に侵入し、闇にまみれて5種類の新しい色を機械に混ぜてしまい、この間違った色のついた100万個の「M&M」が製品の中に混ざってしまった。「M&M」ブランドはこのいたずらを行なったうさぎを法廷で負かすため、証拠を集めている。このうさぎはいたずらをした証拠に、チョコレートの上に足跡を残していった。そして、足跡がついているこの5種類の色全てを見つけ、「M&Mチョコレート探偵部」に送ってきた消費者に、100万ドルを提供するというのが今回のプロモーションである。

　成功の3つの要素が全て含まれていることに気がついていただいたであろうか。このプロモーションは、楽しく、独自性に富んでおり、「M&M」だけが実施できるものである。そして全ての消費者が、自分も賞金を獲得できるかもしれないと思うことができ（全てのパッケージには「足跡」が印刷されている）、プロモーションへの参加はいたって簡単である（賞品

を買うだけで良い)。さらに、今までにない新色を提供することで、ブランドの便益を支えている「楽しさ」と「遊び心」という2つの理由を強化することができる。また、「いたずら好きなうさぎ」は小売での山積みに使用しやすい、わかりやすいキャラクターである。

「いたずら好きなうさぎ」をこのプロモーションの核となるコンセプトとして設定し、オクトパス・プランニング・マトリックスを使って、このプロモーションを拡張させる準備ができた。(図表14-1)

図表14-1　オクトパス・プランニング・マトリックスの例

```
                    ┌─────────────────────────────┐
                    │ 「M&M　色のいたずら」キャンペーン │
                    └─────────────────────────────┘
          ┌──────────────┬──────────────┬──────────────┐
      ┌───┴───┐      ┌───┴───┐      ┌───┴───┐      ┌───┴───┐
      │  製品  │      │ 流通販促 │      │  広告  │      │  広報  │
      └───┬───┘      └───┬───┘      └───┬───┘      └───┬───┘
     ┌────┴────┐         │       ┌──────┴──┐           │
  ┌──┴──┐  ┌──┴──┐   ┌──┴──┐   ┌──┴──┐         ┌──┴──┐
  │新色の│  │プロモ-│   │山積み│   │TV、ラジオ│         │プレス・│
  │チョコ│  │ションを│   │     │   │活字媒体 │         │リリース│
  │レート│  │伝える新│   │     │   │        │         │        │
  │     │  │しいパッ│   │     │   │        │         │        │
  │     │  │ケージ  │   │     │   │        │         │        │
  └─────┘  └─────┘   └──┬──┘   └──┬──┘         └──┬──┘
                         │         │               │
                    ┌────┴────┐ ┌──┴──┐       ┌────┴────┐
                    │プロモー │ │インタ│       │ラジオ局 │
                    │ション告知│ │ーネッ│       │向け     │
                    │ポスター │ │トホーム│       │広報イベ │
                    │開発     │ │ページ │       │ント     │
                    └─────────┘ └──┬──┘       └────┬────┘
                                    │                │
                              ┌────┴────┐    ┌──────┴──────┐
                              │テレビ番 │    │「いたずらうさ│
                              │組との   │    │ぎ」がセント │
                              │タイアップ│    │ラル・パーク │
                              │         │    │に登場する   │
                              │         │    │イベント企画 │
                              └─────────┘    └─────────────┘
```

プランニング・マトリックス中のそれぞれの箱には、プロモーションの個別の実施計画概要を記入する。例えば、「製品」の箱の下には「プロモーションを伝える新しいパッケージの開発(と足跡の印刷)」、そして「プロモーション用のパッケージの中に新色のチョコレートを混ぜて製品化する」、という2つが記入される。「広報」という箱の中には「プレス・リリース」や「ラジオ局向けの広報イベント」に加えて、「キャンペーンに注意を引きつけるイベントの企画」(例えば、店に「いたずらうさぎ」を送り込んだり、このうさぎが逃げるのを目撃させたり、このうさぎを見つけ

た人に賞品を与える）などを記入する。あるいは郵便局と提携して、悪名高いFBIの指名手配ポスターの横にこの「いたずらうさぎ」のポスターを、各地の郵便局に貼ってもらうというアイデアはどうだろう！

　このプロモーションの全ての要素が、ブランドの戦略的コンセプトをサポートしていることに気が付いていただいたであろうか？　新しいチョコレートの色は、このブランドの便益である「毎日を明るく彩る」をサポートしている。しかも、このプロモーション・アイデアは楽しく、力強く、かつ創造的に小売で展開することができる。このようにすれば、あなたも優れた消費者プロモーションを開発できるのである。

● 競争に勝つための原則 ●

優れたマーケティングを行っている企業は、消費者プロモーションをただの店頭イベント以上に発展させる。消費者プロモーションを利用して、ラジオ番組とのタイアップを組んだり、PRイベントを行ったり、自社の従業員の士気を煽ったり、小売チャネルとの新しい事業機会を模索したりするのである

■ プロモーション企画会社の活用方法

　多くの大手企業では、プロモーション・アイデアの開発をプロモーション企画会社に依頼しているが、これは大きな間違いである。ほとんどのプロモーション企画会社は、単にアイデアの並べ替えをしているに過ぎない。見た目をきれいに整えて、様々な会社で使いまわしているのである。このような企業が持ってくるアイデアは、そのままでは決して採用してはいけないない。これは成功する3つの要素のひとつめ、「ユニークで魅力的なアイデアであること」に反している。ダイアナ王妃が決して既製服を買わなかったように、あなたも既製のアイデアを買ってはいけない。そうでなければ、他社と全く同じアイデアのプロモーションを行うことになりかねない。よって、プロモ

ーション企画会社にはアイデアの開発は決して依頼しないことである。

　私はプロモーション企画会社は全く価値がないと言っているわけではない。彼らに価値を最大限に発揮してもらうためには、まずブレーン・ストーミングに参加してもらい、良いアイデアが生まれたら、その実施をサポートしてもらうのがよい。このような会社が最も価値を発揮できる所は、プロモーションの「実施」の部分である。

■ 大成功を夢見る

　消費者プロモーションについて、ひとつだけ最も重要なことを選べと言われたら、間違いなく「人と同じことを避けろ！」と答えるであろう。前例のないことに挑戦し、ユニークで特別で自分のブランドだけができるプロモーション・アイデアを創造し、世間に無数にあるプロモーションの中から一歩抜け出て、初めて消費者を捉えることができるのである。

　もし売上を1～2％上げるだけを望んでいるのなら、プロモーションに時間やエネルギーを使うより、ただ値引きをする方がよい。売上を1％か2％しか上げないようなアイデアを考えることに時間を使うには、人生はあまりにも短すぎる。もしあなたが本当に素晴らしいプロモーションを実施すれば、売上の10％以上の増加も可能である。ドン・キホーテのように、不可能かもしれない夢を追い求めて前進すれば、いずれ驚くばかりの結果に結びつくのである！

この章のまとめ
- 消費者プロモーションは、しばしばその効果に値するだけの時間と注意が払われていない。しかしうまく実施することができれば、売上を飛躍的に伸ばすことができる
- 消費者プロモーションは、ブランドの戦略に基づいて、何らかの形でブランドの戦略的コンセプトをサポートしていなければならない
- 消費者プロモーションには、多くの人が陥る4つの落とし穴がある
　①「以前うまくいった」症候群：同じプロモーションを何度も繰り返す

- ②眠くなるほどつまらない賞品：何度も使用された退屈な賞品
- ③何の価値もないおまけ：くだらないおまけ
- ④当たる確率が高すぎる懸賞：当たるのが当たり前すぎて、どうでもよい懸賞
- ●優れた消費者プロモーションには必ず次の3つの要素が含まれている
  - ①ユニークで他の企業が提供しておらず、誰もが欲しがる賞品を提供している
  - ②誰もが自分が当選する確率（あるいは公平な確率）があると、信じることができる
  - ③参加が簡単である
- ●プロモーションはブランドのパーソナリティーを構築するのに効果的な方法である（オスカー・マイヤー社の事例参照）
- ●パーソナリティーを構築する方法のひとつは、目指すパーソナリティーを既に持っているものから、そのパーソナリティーを借用してしまうことである
- ●継続を促すプロモーションは、購入頻度の高い製品カテゴリーでは非常に効果がある
- ●消費者が熱狂的に欲しがるような、独占的なプロモーションを行うことが究極に目指すべき姿である
- ●オクトパス・プランニング・マトリックスは、統合化されたプロモーションを企画するために効果的なツールである
- ●プロモーション企画会社の既存のアイデアを採用してはならない。このような会社には、アイデアではなく実施を助けてもらうべきである

第15章 効果的なスポーツ協賛活動

一流のスポーツ競技への協賛は高価である。
支払った金額に見合うだけの
効果を得るためには？

私はP&G社で働いていた時に、「ハワイアン・パンチ」（Hawaiian Punch）というジュースのブランドが協賛していたNHRA（National Hot Rod Association）の「ファニー・カー」（Funny Car）のレーシング・チームの投資価値を評価したことがあった。スポンサー料として当時「ハワイアン・パンチ」ブランドは毎年このレーシング・チームに150万ドルもの協賛金を支払っていたため、これが価値ある投資だと再検証することになったのである。私が検証すべきポイントは以下の2つだけであった。①ブランドのターゲット消費者の視点から、この協賛は効果があるのか？つまり、この協賛により「ハワイアン・パンチ」飲用者のブランド好意度や消費量が増加したのか？②流通の視点から、この協賛は効果があったのか？つまり、マーケティングや営業の担当者が協賛と連動した広告や販促を行うなどして、この協賛を流通に向けて効果的に活用し、協賛金の収支が十分に合うだけの売上増加を達成したのか？

私は直感的に、母親と2～12歳の子供をターゲットとする子供向けのジュース・ブランドが、いわゆる「ドラッグ・レース」（drag racing、自動車のスピード競争）のチームに協賛するのは不適当でないかと感じた。しかしこ

考えてみよう

Part4 Promotion

の仮説は直感だけではなく、定量的に検証しなければならないと考えていた。そこでまずこのレースのマーケティング担当者に会い、このレーシング・チームへの協賛の背景や理由を聞くことにした。驚いたことに、この担当者はこの件について、何かにとりつかれたかのように熱心であった。

　彼はまずレース場に設営される小売の招待客向けのテントと、毎年このイベントにやって来る最も重要な小売のマネージャーについて話し始めた。そしてこのレースのファンに関する調査資料を持ち出し、「ハワイアン・パンチ」がこのレーシング・チームのスポンサーとしていかに認知されているかを説明した。各地のレース会場で「ハワイアン・パンチ」のロゴが露出している現場の写真や、小売店で製品が魅力的に並んでいる写真が何枚も貼ってあるアルバムも見せてもくれた。また、小売の店先に停めた「ハワイアン・パンチ」レーシングカーのエンジンを覗き込み、レース用に派手な塗装を施したこの車を眺める多くの人たちが写っている写真を机いっぱいに並べて見せてもくれた。

　打ち合わせの前までは、私はこの協賛活動には懐疑的であった。ドラッグ・レースのチームに協賛することが、母親により多くの「ハワイアン・パンチ」を買ってもらうことにどのように結びつくのか全くわからなかったのである。しかしこの活動を自慢げに話す担当者と話している間に、「もしかすると自分が個人的にドラッグ・レースが好きではないから、分析に先入観が入っていたのかもしれない」と考えるようになった。

　私はこの打ち合わせで協賛を好意的に感じ始め、気楽な気持ちで実際の「ファニー・カー」レースを見学しに行くことにした。NHRAレースを開催するいくつかの都市への飛行機チケットを手配し、「ハワイアン・パンチ・ファニー・カー」とのロゴが入った帽子にカッコよく折り目をつけ、レースを楽しむ準備を始めた。しかし最初の開催地でいくつかの小売店舗を調べて回ってみると、全く期待はずれで、レース場の外では販促イベントは何も行われていなかった。1～2の小売店では、確かに地元の営業担当者によってレースの写真を活用した素晴らしい「ハワイアン・パンチ」の山積みが行われていた。しかし、このようなケースは例外であり、その他の小売店舗ではNHRAのイベントがこの街に来ているということも、「ハワイアン・パンチ」が特別な協賛活動を行っているということも全く展示されていなかった。私

はこの協賛活動の担当者の「信じられないほど素晴らしい結果である」という話に疑問を持ち始めた。さらなる調査が必要なのは明白であった。

　私はオフィスに戻り、過去2年間このレースが開催された地域における月ごとの売上推移を調べてみた。レースが開催された月には、その開催地では必ず20〜50％「ハワイアン・パンチ」の売上が増加していた。これ自体は素晴らしいことであり、この活動がうまく機能している証拠であったが、残念ながらこのレースが終了後の翌月の数字は全く違う事実を物語っていた。どの市場でも売上が大幅に落ち込み、全く売れなくなっていたのである。私はさらに、営業担当者たちの過去の販売報告書を調べてみた。営業担当者たちは、レース開催月の売上の増加はNHRAのイベントの効果であり、レース後の売上激減は競合企業の激しい攻勢、組合のストライキ、天候不順、工場に大量のカエルが発生したなど、あらゆる理由を報告していた。

　「カエルの大量発生」とは、どうも話が怪しい。私がシャーロック・ホームズのように調査を重ねて発見したのは、営業担当者たちはレースが行われる月に、経理上でイベント効果を見せるため、小売店に製品を押し込んでいたという事実であった。イベント後は小売店には売れていない「ハワイアン・パンチ」の過剰在庫が残っていたため、4〜6週間小売店は「ハワイアン・パンチ」を買う必要はなかったのである。これがレース後の1カ月間は売上がまったく上がらなかった本当の理由であった。

　分析を続けると、この協賛活動は「ハワイアン・パンチ」をわずか数ケース売り増す程度しか効果がない、つまり150万ドルの協賛金はほとんど無駄であると判明した。最初に疑いを持ったように、ドラッグ・レースへの協賛は母親により多くの「ハワイアン・パンチ」を買わせる動機付けにはならなかったのである。

　担当者が私に対してこの協賛がうまくいっていると思わせたかったのは、彼自身がNHRAレースの熱烈なファンという理由であった。このレースへの協賛も、彼の個人的な興味に基づいて始まったものであり、彼はブランドの予算を使って「一流のレーシング・チームのオーナーになる」という個人的な夢を実現させていたのであった。

■ ようこそ夢の国に

　残念ながら「ハワイアン・パンチ」の担当者がNHRAレーシング・チームへの協賛に固執した例は、決して珍しい例ではない。実際、「個人的な夢を実現するため」というのが、たぶんスポーツ協賛を行なう最大の理由である。スポーツ・チームは、スポンサーを引きつけるためには「子供の頃の夢」という餌が効果的であるとよく理解しているため、協賛の案内書はまるで夢の国からのメッセージのように、「あなたの夢と理想を実現します」と謳っている。多くのスポーツ・チームが「夢の実現」を餌に企業の担当者から何百万ドルもの協賛金を何とかして引き出そうとし、協賛によって個人的な夢が実現できる担当者は喜んで協賛金を支払う、という仕組みなのである。

　例えば、NASCAR（米国改造自動車協議連盟）の協賛案内には消費者イメージや観戦者の構成だけが書かれているわけではない。協賛企業に与えられる特別な権利（例えばレーシングカーのドライビング・スクールに入学できる、レース前に実際のコースを走りタイムを計測してもらえる、等）もしっかりと書かれている。NBAのチームの場合には、大手のスポンサーに対してはスター選手とコート内での写真撮影、コーチとのプライベート・ランチ、そして試合を観戦しながらスタジアム内の個室でVIPディナー、などの特典が提供される。NFLのチームの場合には、関係者パスの発行、スペシャル・ボックス・シートの提供、秘密練習への参加、そして特別駐車場の手配が特典の中に含まれている。さらにトップクラスのスポンサーは、毎年1月ホノルルで行われるプロ・ボウルに招待される。どのようなスポーツ・チームでも、スポンサーに対してはこのような極めて魅力的な特別なサービスが提供されるのである。

　会社の予算を使ってのメジャーなスポーツ・チームへの協賛は、平凡なビジネスマンにとっては簡単に大金持ち気分を味わえる手段であり、また協賛金を決定する権限のあるビジネスマンにとっては一流スポーツ・チームのオーナーになる気分を味わえる手段なのである。

協賛すべきか、せざるべきか？

　コカ・コーラ社（Coca-Cola）でまことしやかに流れていた伝説的な噂のひとつに、ある上級副社長が「コカ・コーラ社は何に協賛すべきで、何に協賛すべきでないか？」を聞かれた際に、「我々には非常に簡単なルールがある。もしそれが売上増加に貢献するなら、スポンサーになれ。もしそれが売上に貢献しないのなら、真っ赤に塗って『コカ・コーラ』のロゴを付けてしまえ！」というものがあった。

　数年前までは、この方向性（何でもかんでも協賛する）がまさにコカ・コーラ社のスポーツ協賛戦略であった。しかし現在では、「コカ・コーラ」や「バドワイザー」（Budweiser）などのスポーツ協賛に非常に積極的なブランドでも、見境なく協賛するようなことはなくなり、売上を効果的に伸ばして消費者のブランド好意度を向上させようと、スポーツ協賛活動の効果的な活用方法を随時検討している。

　多くの企業が、スポーツ・チームのスポンサーになるために何百万ドルもの費用を毎年投資しているにも関わらず、ほとんどの場合にはただの浪費で終わっている。その理由は多くの場合、スポーツ協賛の可否を誤った考えに基づいて判断しているからである。以下で、スポーツ協賛を決定する理由としてよく挙げられる、5つの典型的な誤解を検討する。

誤解1：「試合の観客数が多いので、試合会場に広告を出せば多数の人に到達できるはず」

　もし試合会場内で広告を行うことが協賛を行っている主な理由であれば、その協賛は直ちにやめた方がよい。試合会場にいるファンの数は、売上を上げるために影響を与えなければいけない消費者の数よりはるかに少ないからである。もし仮にあるチームが試合会場への来場者数は年間100万人だと主張したとしても、その大多数は通年チケットで試合会場に何度も足を運ぶファンなのである。

　ある有名なプロ・スポーツのチームの例では、通年チケットを持っているファンは本拠地で行われる試合の80%を見に来ていたため、年間の来場者数はのべ100万人であったが、その多くは通年チケットのファンであり、実際

には25万人が来場していたに過ぎなかった。一般にどのスポーツでも、年間の来場者数を3で割った数字が実際の来場者数であると考えればよい。この数字こそ、試合会場での広告効率を検討する際に使用すべき数字である。この数字を基に計算すれば、試合会場での広告は他メディアの広告と比べ、実際にはそれほど安いものではないことが判明するであろう。

試合会場に広告を出すべきでないと考えるもうひとつの理由は、会場内の広告ではブランドが本当に伝えたいメッセージの伝達が難しいということである。一般的に試合会場内の広告とは、ブランド名が入る程度のビルボード（看板）だけである。消費者はブランドのロゴなどには気付きもしないし、ロゴがあるからといって特に気にも留めない。これは広告としてはとても非効率であり、第11章の広告・宣伝「6つの大罪」の「傲慢」にあたる。

■ 誤解2：「消費者は地元を応援する企業が好きなはずだ！だから地元のチームを応援する」

この理由を本当に信じている企業があるとしたら、驚きである。このような単純な理由は、ローガン、ユタなどの田舎の小さな大学都市で、「ユタ・ステート・アジーズ」（Utah State Aggies）といった本当にローカルなチームのスポンサーをするとか、地元の高校のスコアボードに協賛するといった場合だけに当てはまることである。一流の有名スポーツ・チームへの協賛の場合には、消費者は企業がビジネスとしてこのチームに協賛しているとわかっているものであり、その地域を助けるために協賛しているとは考えない。その上、チームメンバーの構成（決して地元メンバーで構成されているわけではない）やトレードといった活動から判断しても、チーム自体に地元意識がない場合も少なくない。

■ 誤解3：「我々はビジネスの『勝者』だから、優勝するようなチームに協賛すれば消費者は関連性を感じてくれるはずだ！」

残念だが、このような連想をしている消費者には出会ったことがない。今まで「○○チームは優勝した。△△銀行は○○チームのトップ・スポンサーだから、△△銀行は業界ナンバーワンの銀行だ」などと話している消費者を見たことがあるだろうか？　このような関連性を唯一信じているのは、スポ

ンサーであるこの銀行のマネージャーだけである。実際には、彼らはスポンサー向けの特別席から会場に掲げられた企業ブランドのロゴを見て、自己満足しているだけに過ぎない。

■誤解4：「このチームの選手は結果を出すために大変な努力をしている。我々の会社も消費者に貢献するために一生懸命努力を重ねている。だから、我々に似たこのチームには、我々が協賛するのが最高の組み合わせだ！」

残念ながら、「一生懸命努力している」ことを会社の売りにしようと思っても、レンタカーのエイビス社（Avis）が既に「We Try Harder（我々は一生懸命がんばります）」という標語を登録してしまっている。またそもそも、「一生懸命働く」のはどこかの企業に固有のことではなく、誰もが一生懸命がんばっているのである。従って、ブランドのコンセプトの「消費者便益」か「信じる理由」の中に「努力する」などの言葉が入っていない限り、この考え方で効果を出すのは難しい。

■誤解5：「消費者のライフスタイルを分析した結果、自社製品を愛用する消費者はこのスポーツをしたり、観戦することに関心が高いとわかった。我々に最も重要な存在である消費者が関心を持つものに対して、ぜひ我々も協賛したい」

ライフスタイル相関分析（ブランド利用者とスポーツとの相関を分析し、ターゲット顧客の関心の高いスポーツを発見する方法）は、スポーツ協賛の可否を検討する上で非常に良い基礎資料ではあるが、これだけに基づいて協賛を決定してはならない。私が今までに見たことのあるライフスタイル調査のレポートでは、トイレットペーパーから香水まであらゆる種類の製品の利用者が、NFL、NBA、カレッジ・アメリカン・フットボール（NCAA）とカレッジ・バスケットボールに興味があると書かれている。これは、米国社会の一般的なスポーツに関する興味を反映しているだけであり、ひとつのブランドの購入者だけに当てはまる固有のことではない。

18～54歳の女性が最も興味あるスポーツがフィギュア・スケート、器械体操、NFL、カレッジ・アメリカン・フットボール、そしてNBAとWNBA

図表15-1　協賛すべきか、せざるべきか？

スポーツ協賛活動5つ誤解
1　試合会場への広告
2　地元チームへの協賛
3　優勝チームとの同化
4　努力者との同化
5　ライフスタイル分析のみの判断

であることは、ライフスタイルのデータを見なくても明白である。18～54歳の男性の場合には、NFL、NBA、カレッジ・アメリカン・フットボールとカレッジ・バスケットボール、NHL（プロ・アイス・ホッケー）、大リーグ、ボクシング、そしてPGA（ゴルフ）と相関が高い。しかし、このようなスポーツへの協賛を決定する前に、協賛によってブランドのコンセプトをどのようにサポートできるのかの検討を十分に行うべきである。

　若いマーケティング担当者がライフスタイルのデータを分析してある種の相関性を見つけ、興奮して説明しているのを見ることが何度もあった。「数字とデータは真実の一部分しか伝えていない」ということを、いつも心の片隅に留めておいていただきたい。

■ ブランドとの関連性と適合性

　あるスポーツ・チームに協賛するいくつかの良い理由がある場合でも、合理的に協賛の可否を決定するためには、スポーツに対する夢や憧れは横に置き、協賛対象のチームを単なる広告メディア、あるいは単なるプロモーション手段ととらえなければならない。あなたの夢を壊して申し訳ないが、これがスポーツ・マーケティングというものである。確かにスポンサーにはいくつかの特権はあるが、スポーツチームは所詮単なるメディアであり、プロモーション手段なのである。

第15章　効果的なスポーツ協賛活動

● 競争に勝つための原則 ●

スポーツへの協賛を行うべきかどうかの判断には、以下の3つの点を検討すればよい

① 担当ブランドのターゲット消費者の大多数がそのスポーツに興味を持っているか？　協賛することによりこれらの消費者に到達できるか？

② そのスポーツと担当ブランドの戦略的コンセプトには、明確な関連性があるか？　協賛することにより、ブランド・コンセプトに書かれている消費者便益を強化または活性化できないのであれば、協賛は全く意味がない。後付の理由で協賛を正当化しないように、まずブランドの戦略的コンセプトと展開の方向性を決定してから、協賛の検討を行うべきである

③ 協賛は、メディアやプロモーションの手段として考えた場合、十分に効果的で費用に見合うだけの価値があるか？

　ブランドのコンセプトとスポーツとの間に、適切で意味のある関連性を構築できないことが、多くのブランドで協賛失敗の原因となっている。スポーツへの協賛活動が効果的なのは、ブランドとの間に明確かつ消費者が理解できる関連性を構築できた時だけである。

　「ジョン・ディア」（John Deere）芝刈り機を例にとって、このことを考えてみたい。このブランドのコンセプトは次のようなものであるとする。

ジョン・ディア芝刈り機のコンセプト

24～54歳の男性にとって、ジョン・ディア社の製品で芝を刈ることは、隣人から羨ましがられることである。

　というのも、「ジョン・ディア」芝刈り機は特許を取得した「マイクロブレード・カッティング・システム」を採用しているからである。このシステムにより、芝を一度だけではなく三度も鋭く刈り取ることができる。この特許のシステムにより、隣人から羨ましがられるような素晴らしい芝刈りを行なうことができるのである。

Part4 Promotion

　スポーツ協賛活動のみならず、全てのマーケティング計画はブランドの戦略的コンセプトに基づいていなければならないことは以前にも述べた。よって、協賛の可能性があるスポーツとして、屋外の芝の上で行うスポーツ（野球、アメリカン・フットボール、サッカー）に絞って検討することにする。
　また、芝刈り機販売のピーク・シーズンは春と夏なので、上記の候補スポーツのうち、この時期（春〜夏）に試合が行われる大リーグの野球チームへの協賛を検討することにする。野球チームに対する協賛活動戦略のコンセプトは、次のようなものになるであろう。

ジョン・ディア芝刈り機の協賛活動コンセプト

　男性の大リーグ野球ファンのために、大リーグのチームは、「ジョン・ディアの芝刈り機」だけを使用する。その理由は、5万人のファンは球場に応援に来る時、ジョン・ディア社が必ず球場の芝を最高の状態にしてくれると信じているからである。
　なぜなら、「ジョン・ディア」芝刈り機は特許を取得した「マイクロブレード・カッティング・システム」を採用しているからである。このシステムにより、芝を1度だけではなく3度も鋭く刈り取ることができる。この特許を取得したシステムにより、グランドに出て行く野球選手が誇りを持てるような完璧な芝の状態にすることができる。

　この野球チームへの協賛戦略は、ブランドの核となる戦略をサポートするように構築されている。そして、ブランドと野球（ただし、野球の試合ではなく、野球を行う球場の芝）が、適切で意味のあるように関連付けられている。この戦略は消費者の琴線に触れることができるであろう。というのも、野球場の芝はいつも美しくまっすぐに刈り取られているため、球場に来たファンたちも自分の家の芝が野球場のように綺麗に整っていることを望んでいるに違いないからである。このような関連性の構築が、素晴らしい協賛活動のための土台である。

第15章 効果的なスポーツ協賛活動

　もうしばらく「ジョン・ディア」芝刈り機のマーケティング担当者として、協賛活動について考えてみよう。元旦に行われるカレッジ・アメリカン・フットボールの試合である「フィエスタ・ボール」（Fiesta Bowl）の運営委員から、「冠スポンサーにならないか」との問い合わせがあったとする。つまり、この試合を「ジョン・ディア・フィエスタ・ボール」と呼び、多くのテレビ局で放送するというのである。この場合は、協賛すべきであろうか？　この先を読む前に、協賛すべきか否か、そしてその理由を考えていただきたい。

　おそらく正解はすぐおわかりになったと思うが、考えるまでもなく、この協賛は行うべきではない。その理由は第1に、あなたは「ジョン・ディア」芝刈り機のマネージャーであり、ジョン・ディア社の社長ではない。よってあなたの仕事は、芝刈り機の販売促進であり、社名の認知度向上ではない。第2に、試合はアリゾナ州フェニックスにある芝の競技場で行われるが、試合日は1月1日であり、芝刈り機やジョン・ディア社の製品の販売ピークである春〜夏ではない。もちろんジョン・ディア社の製品をクリスマスのプレゼントとして購入する人も、何人かはいるかもしれない。しかしジョン・ディア社の売上のほとんどは春〜夏に計上されているのである。もしマーケティング競争に勝ちたいのであれば、消費者がその製品を購入する時期にマーケティング活動を集中するべきであり、購入しない時期に活動を行うべきではない。例えば、7月にクリスマス用の飾り付けを売っても、あまり効果的がないのと同じである。

■■ 思っている以上に費用がかかる！

　適正で意味がある戦略的土台（関連性）が構築できたら、次に行うべきことはマーケティング計画の策定である。つまり、消費者に影響を与えて売上を増加させるために、どのように協賛したスポーツを活用するかという計画を策定するのである。
　マーケティング計画の目的は、次のようなものでなくてはならない。

①消費者のブランド好意度を高める
②マーケティングと営業が、この協賛活動と連動した広告やプロモーシ

ョンなどの流通と消費者に対する効果的な活動を行い、投資した協賛金が十分に回収できるだけ売上を増加させる

多くの企業では、スポンサー権を獲得するために支払う協賛金がプロモーション費用のほとんどを占めているが、これは大きな誤りである。

● 競争に勝つための原則 ●

スポーツへの協賛を消費者や売上に大きな影響を与えるように「衝撃的」にしたいのでれば、広告宣伝や流通販促、消費者プロモーションの費用として協賛金の8〜10倍の費用を見積っておかなければならない

この原則が、協賛金を無駄にすることを避ける鍵である。多くの企業が協賛金の他には予算を取っていないため、手に入れた権利を効果的に活用できておらず、せいぜい協賛活動に関連したつまらないプロモーションしか行っていない。売上増加のチャンスを、みすみす逃しているのである。

市場での効果を考える

スポーツ協賛活動で投資額に見合うだけの効果を得るためには、競技場の中という狭い範囲だけではなく、市場にいる全ての消費者を視野に入れて考えなければならない。競技場の中であなたの製品が販売されているのでない限り、競技場の中で何ができるかを30秒以上考えるのは時間の無駄である。競技場の中でできることは単なる広告、しかも非常に効果の限定された広告に過ぎない。あなたが時間を使って考えなければならないのは、このスポンサーシップを使った効果的なパッケージの開発、大規模な店内山積み、強力な消費者プロモーションや流通販促の開発である。これらの活動によって、投資額の元を取ることができるのである。

第15章　効果的なスポーツ協賛活動

> ● 競争に勝つための原則 ●
> 協賛を決定する「前」に、マーケティング計画を策定しなくてはならない。そうすれば、あなたが協賛によって行ないたい全ての計画に対する権利を、契約に盛り込むことができるからである

　いったんスポンサー契約にサインしてしまったら、あなたは面白くない状況に陥ることになる。契約チームは既にあなたから契約金を手にしているため、気持ちが他のスポンサーの獲得に移ってしまうからである。契約する「前」にあなたの計画を実行するための権利を確定しておかない限り、スポンサーシップを使って何か面白くて新しい活動をするのは難しい。私はコカ・コーラ社で働いている時に、米国バスケットボール協会との契約で困った経験がある。1996年のオリンピック開催時に、「スプライト」(Sprite) ブランドがバスケットボール米国代表のスポンサーとなったが、このスポンサーにおける権利は非常に限定されていて厳しいものであった。私は「スプライト」の消費者が米国代表チームの「ドリーム・チーム」(Dream Team) と親しくなることができるという「ドリーム・チームと一緒に」キャンペーンを企画した。このキャンペーンは、数カ国で共通の消費者プロモーションを行い、当選者は米国に招待されて、チームの「名誉アシスタント・コーチ」としてドリーム・チームの特別練習に出席し、選手と写真を撮り、サインをもらい、コートサイド席から試合を観戦できるというものであった。

　私がNBAとバスケットボール協会にこのキャンペーンを説明したところ、彼らの答えは「とんでもない」というものであった。我々は既にスポンサー契約にサインしてしまっており、彼らが首を縦にふる理由は全くなかった。彼らにとっては、既に手に入れた金のために、多くの面倒な追加の仕事を受けるようなものであったのである。

　私はこのプロモーションを何とか実施するため、バスケットボール協会とNBAではなく、「ドリーム・チーム」のヘッドコーチであるレニー・ウィルキンズ (Lenny Wilkens) と、彼が「ドリーム・チーム」のコーチに正式に指名される前に個人的な契約を結んだ。この契約では、ヘッド・コーチである彼を消費者プロモーションに使用する権利が含まれていた。これはコーチ

Part4 Promotion

であるレニー・ウィルキンズと個人的に結んだ契約であり、彼がヘッド・コーチに指名される以前に交わされたものであったため、バスケットボール協会は私を止めることができなかった。というのも、彼がバスケットボール協会と結んだ契約には、「個人的契約に関しては、バスケットボール協会の契約とは別途に有効とする」という条項が含まれていたからである。この契約により、プロモーションのタイトルは「コーチと一緒に」と変更されたが、それ以外は企画していた通りに実行することができた。このプロモーションは世界的に大成功を収めた。メキシコ、オーストラリア、ドイツ、そして日本などの当選者が招待された地域では、このプロモーション期間中「スプライト」の売上は二桁増を記録した。

● 競争に勝つための原則 ●

「でき合い」の協賛契約の内容をそのまま受け入れてはいけない。担当ブランドの売上を伸ばすためのアイデアを確実に実行できるような契約内容にしなくてはならない

マーケティング・ゴールド・スタンダード

包括的なマーケティング計画を策定する

　包括的なスポーツ・マーケティングがどのような素晴らしい結果をもたらすかを理解していただくため、1996年の夏のオリンピックをサポートしたコカ・コーラ社の事例を説明したい。このマーケティング活動は全世界で総額4億5000万ドルもの費用がかけられた、史上最大のマーケティング・キャンペーンであった。オリンピックのスポンサーとしての協賛金は4000万ドルであったので、この協賛金の11倍もの金額がマーケティング活動に使われたのである。

　マーケティング投資がこれだけ多額だと、売上の増加で収支を合わせるのは困難に見えるが、このキャンペーンは実際に投資額に見合うだけの素晴らしい効果をあげた。オリンピック・キャンペーンが行われた8カ月の

間、「コカ・コーラ」の売上は世界中で9％増加し、営業利益は22％増加し、コカ・コーラ社の株価は36％も上昇したのである。では、なぜこのような素晴らしい結果を生むことができたのであろうか？

　第1のポイントは、コカ・コーラ社がオリンピックと「コカ・コーラ」の間に消費者が理解できるようなしっかりとした戦略的関連性を構築したことであった。キャンペーンは「全てのオリンピック・ファンのために」（For the Fans）と名付けられ、オリンピックを見に来る全てのファンは「コカ・コーラ」を飲むことで、爽やかな気分になり、応援に力が入ることを伝えたのである。また、（選手ではなく）ファンに焦点を当てたことで、「コカ・コーラ」とオリンピックの間に、「応援することは、のどが渇く」という極めて適切で意味ある関連性を構築することができた。冷たく爽やかな「コカ・コーラ」を飲めば喉の調子が良くなって、自国の選手や地元のスター選手を一生懸命応援できるというわけである。

　この関連は、「コカ・コーラ」ブランドのコンセプトにうまく適合していた。競技場であろうと自宅であろうと、オリンピックを観戦する人はいつでもどこでも、「コカ・コーラ」を飲むことで「スカッと爽やか」になるのである。このキャンペーンの広告とプロモーションは全て、選手ではなく、試合を見たり選手を応援してオリンピックを楽しむファンに焦点を当てて企画・開発された。

　全てのマーケティング計画は、オリンピック・ファンに焦点を当てたキャンペーンのコア・コンセプトである「『コカ・コーラ』は全世界の消費者に、毎日オリンピックの新たな感動体験を伝える」ことに基づくものとされた。我々は全ての競技が終了して聖火が消えた時、消費者がソファーでテレビを消して、「オリンピックはすごく楽しかった。それに『コカ・コーラ』は本当に良くやってくれた」と考えて欲しいと望んでいた。別に消費者にそのように言ってもらうことではなく、「コカ・コーラ」に良い印象を持ってもらうことが狙いであった。

　「全てのオリンピック・ファンのために」というコア・コンセプトを基に、我々は試合会場や自宅で消費者の気持ちを捉えるような、力強くて革新的な様々なプロモーション展開した。

Part4 Promotion

> ● 競争に勝つための原則 ●
>
> プロモーションのマーケティング計画には、キャンペーン全体を通して使うことができる優れた「コア・コンセプト」が必須である。ただし、実施に際して地方や各小売のためにプロモーションの調整・修正ができるように、「コア・コンセプト」はある程度の融通が利くようでなくてはならない

コカ・コーラ社のオリンピック・マーケティング・グループが考えた素晴らしいアイデアのいくつかを以下に紹介したい。

- オリンピック観戦キャンペーン:全米で3500万枚の公式オリンピック・チケット応募用紙を、コカ・コーラ社製品の棚から配布。これにより、全米のオリンピック・ファンが平等に試合のチケットを入手し、試合を見に行くチャンスを得ることができた。また同時に、12本入りパックで「家族みんなでのオリンピック旅行」が当たるプロモーションも実施された。
- オリンピック聖火ランナーは誰だ？（"Who Would You Choose To Carry The Olympic Flame?"）:1996年のオリンピックの聖火ランナーに、誰が選ばれるかを当てるというキャンペーンを実施。
- コカ・コーラ聖火リレー（The 1996 Olympic Torch Relay）:84日にわたる聖火リレーを全米各地で行い、「コカ・コーラ」のボトラー各社が、リレーが通過する1500以上の市町村で地域に根付いたマーケティング活動を行った。2500人の「コカ・コーラ」消費者が、オリンピック競技場に聖火を運ぶ聖火ランナーになった。このプロモーションは、米国の他に65カ国で実施された。
- コカ・コーラ・オリンピック・シティ（Coca-Cola Olympic City）:アトランタの中心部に2900万ドルをかけて最新技術の粋を集めたオリンピック・テーマパーク、「コカ・コーラ・オリンピック・シティ」を建設。このテーマパークのアトラクションでは、来場者はオリンピックのゴールド・メダリストの気分を体感できた。例えば、ジャッキー・ジョ

イナー・カーシー（Jackie Joyner-Kersee、陸上）、グラント・ヒル（Grant Hill、バスケットボール）など、オリンピックのスーパースターとバーチャルな競争をすることができたのである。また、カール・ルイス（Carl Lewis）の走り幅跳びの世界記録など、様々なスポーツのオリンピック記録に挑戦することで、一流選手の驚くべき離れ業を体感することもできた。100日間の開催期間に、65万人もの消費者がこのオリンピック・シティを訪れた。

- コカ・コーラ・ラジオ（Coca-Cola Radio）：「コカ・コーラ・オリンピック・シティ」から、75カ国のラジオ局を経由して、世界中にオリンピック競技が生放送された。世界中から有名なラジオのDJが選抜され、オリンピックを生で観戦する感動を、世界各国のリスナーに伝えた。
- コカ・コーラ・オリンピック・チャンピオン（Coca-Cola Olympic Champions）：500人以上の現役およびかつてのオリンピック選手たちが登場するイベント。このイベントにはナディア・コマネチ（Nadia Comaneci、体操）、バート・コナー（Bart Conner、体操）、パブロ・モラルス（Pablo Morales、水泳）、セルゲイ・ブブカ（Sergei Bubka、棒高跳び）などたくさんの有名人が出演し、世界中のオリンピック・ファンが、著名な選手と会って親しく話す機会を持つことができた。

第2のポイントは、このようなキャンペーンの「全体像」を各地域に最適になるように展開したことであった。世界各国のマーケティングと販売の担当者が、地域特有の関心に合わせて独自の地域別（時には小売別）の消費者プロモーションを開発した。コカ・コーラ社のオリンピック・キャンペーンは、世界132カ国で実施されたが、全く同じキャンペーンはひとつとしてなかった。各国のマーケティングと販売の責任者たちが、それぞれの国のオリンピック・ファンの興味に最適な形になるようにキャンペーンを修正・展開したのであった。

各国のマーケティング・販売責任者は、キャンペーンの「全体像」の中から各国で何を実施して何を実施しないかを選択できた。そして、各地域のファンの興味と特徴を考慮して、ファンがコカ・コーラ社のキャンペーンに最大限の魅力を感じて楽しめるよう、キャンペーンに修正が加えられ

た。例えば、ブラジルではサッカーとバレーボールがキャンペーンの中心とされたが、タイではボクシング、オーストラリアでは水泳とバスケットボールが中心とされた。

　世界中で100以上の地域固有のプロモーションが展開されたにも関わらず、「全てのオリンピック・ファンのために」というテーマが世界で統一して使用された。また広告・宣伝に使用されるグラフィック・デザインも、全世界共通で使用された。一方で、キャンペーンの細部は地域で修正できる柔軟な構造であったため、世界的に統一したキャンペーンを行いながら、それぞれの国で最適なプロモーションを実施することができた。このキャンペーンは、もちろん大成功に終わったのである。

● 競争に勝つための原則 ●

グローバルに考え、ローカルに行動する。自社のブランドのために最大の価値を得るような協賛権を獲得するためには、グローバルな視点でどのように権利を活用するかと、各地域でどのように活用するかの両方を検討することが必要である

スポーツ協賛の大失敗事例

　スポーツ協賛活動に関しては、大失敗した悲惨で痛ましい事例を語らずには終わることはできない。

　スポーツ協賛広告で最悪なのは、AT&T社である。AT&T社はNBAのスコアラー用の机に漫画キャラクターの足を描くという広告を出している。あまりにばかげているし、効果はもちろんない。漫画キャラクターの足を見たからといって、いったい誰がAT&T社を使って長距離電話をかけようと思うのであろうか？

　来場者促進プロモーションの失敗に関しては、大リーグのシカゴ・ホワイト・ソックス（Chicago White Sox）の悪名高い「ディスコ・レコードぶち壊しナイト」（Disco Demolition Night）の例が挙げられる。このイベン

トは、ダブルヘッダー（訳注：同チームが、1日に同じ球場で2回試合をすること）の試合の間に実施されたもので、野球場に築かれた1970年代のディスコ・ソングのレコードの山を爆発させてしまうというものであった。面白いアイデアではあったが、爆発で細かいプラスチックの破片が球場内に飛び散ってしまったため、第2試合が実施できなくなってしまったのである。

大規模だがばかばかしい例は、NBAのバスケット・ボール・アリーナに自社の名前をつけている航空会社である。シカゴの「ユナイテッド・センター」(United Center)、ニュー・ジャージーの「コンチネンタル・エアライン・アリーナ」(Continental Airlines Arena)、ワシントンDCの「USエアー・アリーナ」(US Air Arena)、フェニックスの「アメリカン・ウエスト・アリーナ」(American West Arena)、そしてソルト・レーク・シティの「デルタ・センター」(Delta Center)である。航空会社がバスケット・ボール・アリーナに自社の名前を付けているのには、合理性など何もない。航空会社がアリーナに自社の名前をつけることが効果的なマーケティングだと考えているようだから、航空運賃が高いのである。

スポーツ施設での「落書き」の例としては、NHLホッケーとワールドカップ・サッカーが挙げられる。NHLではアイスリンクの外壁、ワールドカップではサッカー・グランドの全面を広告で囲っている。あまりに多数の目障りな広告のため、スポーツ自体が安っぽく見えてしまう。また、広告の数があまりにも多いため、観客に何か広告効果を期待することは難しい。見るだけで頭が痛くなりそうである。

そしてなんと言っても特筆すべきなのは、オリンピックのスポンサーになるために4000万ドルもの協賛金を払ったのにも関わらず、私の知る限りオリンピックをほとんど何も活用しなかった会社である。この会社はNBAアリーナのコート脇に企業ロゴを露出するという、広告・宣伝「6つの大罪」の「傲慢」の罪も犯している。この企業とは、ジョン・ハンコック保険（John Hancock Insurance）である。

■ 地元に根ざしたスポーツ協賛

プロモーションを企画する際に、製品・ブランドを協賛するスポーツとの

間に効果的な関連性を構築できれば、スポーツ協賛活動ほどユニークで刺激的に消費者を楽しませながら、しかも非常に効果的に製品購入を促進させる手段はない。この章ではメジャーなスポーツに焦点を当てたが、実際には地元のリトルリーグから高校や大学のアメリカン・フットボール・チームまで、メジャーなスポーツでなくても、戦略に合う妥当な関連性を構築できさえすれば、スポーツ協賛を効果的に活用することが可能である。実際、インディアナ州の小さな町で地元の高校野球チームをスポンサーしないのはあまりにもったいないこともあるし、テキサス州の高校のアメリカン・フットボール・チームのスポンサーも同様である。

地元のスポーツの方が、メジャーなスポーツより効果的に消費者に到達することがしばしばある。これは消費者の関心レベルが、地元のスポーツの方がメジャー・スポーツより高い場合である。まずは消費者が関心のあるスポーツを見出し、製品の売上を向上させるためにどのようにスポーツを活用するかを考えなければならないのである。

この章のまとめ

- スポーツ協賛活動は、スポンサーを協賛チームの準オーナーだと感じさせる非常に「誘惑的な」活動であり、スポンサーには多くの特典が与えられる
- 多くのスポーツ協賛が間違った理由に基づいて行われている。スポーツ協賛活動には5つの典型的な誤解がある
  1. 試合の観客数が多いので、試合会場に広告を出せば多数の人に到達できるはず
  2. 消費者は地元を応援する企業が好きなはずだ！　だから地元のチームを応援する
  3. 我々はビジネスの「勝者」だから、優勝するようなチームに協賛すれば消費者は関連性を感じてくれるはずだ！
  4. このチームの選手は結果を出すために大変な努力をしている。我々の会社も消費者に貢献するために一生懸命努力を重ねている。我々に似たこのチームには、我々が協賛するのが最高の組み合わせだ！

5. 消費者のライフスタイルを分析した結果、自社製品を愛用する消費者はこのスポーツをしたり、観戦することに関心が高いとわかった。我々に最も重要な存在である消費者が関心を持つものに対して、ぜひ我々も協賛したい
- 様々な消費者プロモーション同様、スポーツ協賛活動も核となるブランドのコンセプトに基づいて策定しなくてはならない
- スポーツ協賛は、単なるメディアや販促手段のひとつと考える
- スポーツ協賛では、投資した協賛金が回収できる以上の売上増加を目指すべきである
- 優れたマーケティングを実施している企業では、スポーツ協賛関連プロモーションの費用として協賛金の8～10倍の予算が計上されている
- 協賛を決定する「前」に、マーケティング計画を策定する。そうすれば、あなたが協賛によって行いたい全ての計画に対する権利を、契約に盛り込むことができる
- 地方では高校や大学などの地元に根付いたスポーツへの協賛が、メジャーなスポーツより効果的な投資となることもある

Part4 Promotion

第16章 価値を創造する戦略的提携

戦略的提携を効果的に活用する秘訣

　戦略的提携はスポーツ協賛活動と似ている。スポーツ協賛活動と同様、戦略的提携は認知の高い慈善団体や非営利組織、または映画、コンサート、テレビ番組など、人気のエンターテイメントと自社ブランドを結びつけるマーケティング活動である。上手に提携を結ぶことができれば、ブランドは競合製品と差別化された独自のコンセプトを獲得できるため、様々なブランドがマーケティングの手段として戦略的提携を活用している。

　戦略的提携は通常2種類に分類できる。ひとつは「**理想追求型**」と呼ばれ、「スペシャル・オリンピック」（Special Olympic、知的障害者のスポーツ大会）、熱帯雨林保全基金、ホームレス基金、各種の病気への基金など、慈善活動や非営利組織との結びつきを伴う提携である。もうひとつは「**エンターテイメント型**」と呼ばれ、人気の高いエンターテイメントからイメージやキャラクターを借用する提携である。この場合の提携の対象は、劇場公開される大型映画や、ローリング・ストーンズ（The Rolling Stones）やエルトン・ジョン（Elton John）などの一流ミュージシャンのコンサート・ツアー、そしてミス・アメリカ・コンテストやアカデミー賞授賞式など視聴率の高いテレビ番組や特別イベントなどである。

■「理想追求型」提携によるマーケティング

　「理想追求型」での主な提携相手は慈善団体や非営利組織である。通常は提携によって様々なプロモーションやPRを行うことが可能であり、また行うべきであるのだが（第14章の「オクトパス・プランニング・マトリックス」参照）、この「理想追求型」のキャンペーンでは、通常店頭で「この製品を購入いただければ、ひとつにつき何セント、誰々に寄付されます」というポスターが貼られているだけである。

　消費者の視点では、このプロモーションは非常に魅力的である。というのも、消費者は既に自分の買い物リストにあった製品（もしかしてブランドは変更しなくてはならないかもしれないが）を買うだけで、単なる消費者から社会貢献する立派な人へと変身することができるのである。このような製品を買うことで、消費者は「寄付を行う」と訴える製品の姿勢と、その製品を選んだ自分自身に満足する、というわけである。

　では今度は、マーケティング担当者の視点に立ってみよう。ブランドが多くの慈善団体や非営利組織と提携するのはなぜであろうか？「良き企業市民となり、重要な組織に寄付をするため」という答えでは、半分しか正解ではない。もちろん、「良き市民になる」というのは大切な理由であり、「弱きを助ける正義漢」というコンセプトは（貪欲な企業というイメージを持つ競合ブランドに比べて）明らかにプラスである。しかし、「良い行為だから」とか「良い評判を得る」だけでは、提携を行う主な理由にはなりえない。マーケティング担当者は、あらゆる提携を「売上を刺激し、利益を増加させるかどうか」、つまりその慈善活動や基金への消費者の関心が製品を購入させる効果があるほど高いかどうか、で判断しなくてはならない。

　通常、非営利組織や慈善団体への寄付額は、提携により増加する利益額より少ない。そのため、もし提携により売上が増加するのであれば、増加した利益の一部を慈善団体に寄付して、「良き紳士」として振舞うことができる。典型的な「Win-Win」（両者が得をする）の状況である。このような理由から、「理想追求型」のキャンペーンは、リスクが少なく得るものが大きいという、珍しいマーケティング戦術である。

　それでは仮想のブランドを使って、典型的な「理想追求型」販促キャンペ

ーンが財政的にどのようにすれば損益分岐点に達するのか計算してみよう。「ブランドX」は通常1週間に100個の売上があると仮定する。

「ブランドX」が鯨保全基金に1個あたり0.1ドル寄付する販促キャンペーンを実施する場合の試算

小売価格	3.49ドル
製品コスト	2.19ドル
1個あたりの利益	1.31ドル

損益分岐点の計算	売上	寄付額	利益
通常週(寄付を行わない)	100	0.00ドル	131.00ドル
寄付キャンペーンを行う	108	10.80ドル	130.68ドル

　ブランドXが損益分岐点に達するためには、売上をわずかに8%増加させればよいだけである。もし売上が8%以上増加すれば、寄付がない場合よりも利益が増えるのである。例えば、「理想追求型」販促キャンペーンによって売上が15%増加すると仮定した場合、寄付額となる11.5ドル(0.1ドルx115個)を差し引いてもブランドの利益は139.15ドルとなり、通常の寄付を行わない週より6.2%も利益が増加するのである。
　たとえ消費者がこのキャンペーンに影響されず、売上が全く伸びなかったとしても、このキャンペーンのリスクは小さい。というのも、最悪のシナリオとは何も起こらないこと、つまり売上が変わらない状態であり、この場合1週間の利益が10ドル(わずか9%)減少するだけである。もちろん最悪のシナリオの場合であっても「良き市民」として認知されるメリットは残っているため、これだけでも10ドル分の価値はある。
　さらに重要なことに、慈善団体への寄付行為は、多くの小売に対して「後光効果(ハロー・エフェクト)」という特別な効果がある。上手に「理想追求型」の提携を行えば、小売が店頭での山積みやチラシ広告、その他の店内マーケティング活動に対する費用を無料あるいは減額してくれる場合もある。時には、このような店内販促費用の減少額が、寄付額以上の場合もある。これらの店内マーケティング活動が、どれだけ費用削減と売上増加に効果があ

るかは、既にご承知のことと思う（第13章参照）。

　P&G社（Procter & Gamble）の全てのブランドは毎年、パブリッシャーズ・クリーニング・ハウス社（Publisher's Cleaning House、以下PCH社）と共同で「理想追求型」のマーケティング活動を行っている。毎年2回、様々なP&G社の製品クーポンが詰まったPCH社のダイレクト・メールが家庭に送付される。「タイド」（Tide）衣料用洗剤、「バウンティ」（Bounty）ペーパータオル、「シュアー」（Sure）制汗剤、「フォルジャーズ」（Folgers）コーヒー、「ハワイアン・パンチ」（Hawaiian Punch）フルーツ・ジュース、「ミスター・クリーン」（Mr. Clean）家庭用洗剤といった製品のクーポンである。このダイレクト・メールは、クリスマスと元旦の間に届くよう12月下旬に発送され、中には「クーポンを使うと『スペシャル・オリンピック』を支援することになります」というメッセージが添えられている。しかし恐らく、あなたは寄付の詳細説明の部分に「P&G社の寄付額には上限がある」と書かれていることに気が付いていないであろう。実はクーポンが大量に使用され、寄付額の上限を超えた場合には、上限を超えた金額は全てP&G社の元に残り、慈善団体へは寄付されないのである。

　P&G社の販売部隊はこの「スペシャル・オリンピック」への寄付活動と大々的なクーポン送付を武器に、小売に対して店内の山積みやチラシ広告などの費用を割引くよう交渉を行っている。そしてP&G社は「スペシャル・オリンピック」のロゴや映像を使った素晴らしい販促物を小売に提供している。その結果、P&G社は実質的に毎年1月の最初の3週間、小売における店内マーケティング活動が保証されているのである。この活動は小売の販促スケジュールの中でも非常に強力に埋め込まれているため、競合はこの時期には両手上げてP&G社のキャンペーンが終わるのを待つしかなく、自分たちのマーケティング活動はこのキャンペーンとぶつからない時期にずらすのである。この慈善キャンペーンはP&G社における世界のキャンペーンの中でも、最も利益性の高いキャンペーンのひとつとなっている。

　あなたは「なるほど！　単に貪欲な企業が、良き紳士のふりをしているに過ぎないのか！」と思うかもしれない。だが、必ずしもそうでもなく、慈善団体側もこのようなキャンペーンに対しては、実際に何万ドルもの寄付金とフリー・パブリシティ（無料でメディアの露出を獲得すること）を獲得でき

るため、非常に好意的である。ほとんどの慈善団体は、このような企業との提携なしでは活動を維持できないのが実情である。

マーケティング・ゴールド・スタンダード

ブランド戦略としての「理想追求型」マーケティング

　　アイスクリームの「ベン&ジェリー」(Ben & Jerry's) や有名な俳優ポール・ニューマン (Paul Newman) が経営するサラダ・ドレッシングなどの「ニューマンズ・オウン」(Newman's Own) といったブランドは、「理想追求型」の活動を単に販促プロモーションとして行っているのではなく、ブランドの戦略的コンセプトの一部として活用している。こういったブランドは慈善活動に貢献することで、「貪欲で利益ばかりを追求する冷徹な大企業」というイメージではなく、「恵まれない人々を常にいたわり、稼いだ利益を使って助けてあげる良き市民」というイメージの形成に成功している。実際にいくつかの企業はまさにその通りであり、例えば「ニューマンズ・オウン」の場合には、何と純利益の100％が慈善活動に寄付されているのである！

　　映画「ウォール街」(Wall Street) でマーチン・シーン (Martin Sheen) が演じた貪欲なビジネスマンであるゴードン・ゲッコウ (Gordon Gekko) の登場以降、ビジネスで「貪欲は正義だ」とは叫ばれなくなった。多くの企業が地域への貢献と慈善活動や恵まれない人々へ利益を還元するようにと、消費者団体や株主から圧力を受けている。「利益追求型」のマーケティングを活用してブランドのコンセプト戦略を構築することは、戦略的に競合と差別化し、消費者に対してあなたの会社は「長期にわたって恵まれない人々を助けることに確固たる決意をしている」とアピールできる、素晴らしい方法なのである。

　　米国北東部のアメリカン・フットボールチーム、バッファロー・ビルズ (Buffalo Bills) のマーケティング部は、名クォーターバックのダグ・フルーティ (Doug Flutie) の名前を冠した「フルーティ・フレークス」(Flutie Flakes) という朝食用のシリアルの開発を支援した。この「フルーティ・

フレークス」の全利益は、ダグの息子も患っていた自閉症と闘う活動に寄付されている。たった4カ月間のうちに、この「フルーティ・フレークス」は100万個も売れたのである。

「ベン＆ジェリー」や「ニューマンズ・オウン」といったブランドが素晴らしい成功を収めているのに、他の企業がこの戦略を真似しないのは驚くべきことである。「理想追求型」のマーケティングをブランド戦略に活用する企業が少ない中で、P&G社以外で「理想追求型」のマーケティングをビジネスに活用しているのはアメリカン・エクスプレス社（American Express）である。毎年実施されている「貧困と闘おう」というキャンペーンは、クリスマス休暇の時期に「アメリカン・エクスプレス」カードを使用すると、1ドルの使用あたり1セントの寄付が行われるというものである。アメリカン・エクスプレス社は毎年このキャンペーンを行っているため、いわゆる「後光効果」でアメリカン・エクスプレス社に良いイメージが醸成され、消費者は1年を通して「アメリカン・エクスプレス」カードを使用するようになるのである。

● 競争に勝つための原則 ●

消費者の良心に訴えかける「理想追求型」のマーケティング・キャンペーンを行う場合には、毎年同様のキャンペーンを長期的に継続する必要がある

通常、同じキャンペーンを繰り返し行うのは良くないことであるが、「理想追求型」は例外であり、かえって繰り返した方が効果的である。消費者があなたのブランドと慈善活動の間に明確な関係を見出すようになるためには、中長期に渡って同様のキャンペーンを続ける必要がある。もしあなたが1回きりの「理想追求型」キャンペーンを打とうと考えているのであれば、ブランド・イメージの向上や、ブランドと慈善活動との連想など、「理想追求型」のマーケティング・キャンペーンが持つ長期的な利点を逃すことになる

Part4 Promotion

マーケティング・ゴールド・スタンダード

NBAの「理想追求型」マーケティング

　NBAのコミッショナーであるデビッド・スターン（David Stern）は数年前にNBAのイメージを変更するためには、スポーツのヒーローがいかに効果的であるかを実践して見せた。実際、彼は「理想追求型」のマーケティングをNBAの中心に据えたのである。

　NBAのスター選手であったラリー・バード（Larry Bird）やマジック・ジョンソン（Magic Johnson）が登場する以前の1970年代中ごろのNBAは、存亡の危険に瀕していた。選手の逮捕事件がしょっちゅうマスコミの話題となっており、また選手の間で麻薬がはびこっているという噂が絶えなかった。NBAが価値あるスポーツと考えられていなかったため、テレビの試合中継ほとんどなく、NBAの最終戦ですらCBSで夜の11:30から録画放送されていたに過ぎなかった。

　ちょうどこの時代、ラリー・バードとマジック・ジョンソンがNBAに入り、ラリー・オブライアン（Larry O'Brien）に代わってデビッド・スターンが新コミッショナーとなった。スターンは新しく生まれ変わったNBAの要として、マジック・ジョンソン率いるロサンゼルス・レイカーズ（Los Angels Lakers）の華麗なプレーと、まじめで一生懸命なラリー・バード率いるボストン・セルティックス（Boston Celtics）を2本の柱に据え、すぐに試合のテレビ生中継を復活させた。そしてスターンは試合中継時に、NBAのスター・プレーヤーが、薬物中毒、幼児虐待、読み書き、学校、その他家族と若者に関連する重要な社会的メッセージを話すCMを放映した。毎シーズン、スター選手が社会的貢献活動をする映像が控えめで親密な映像で放映され、「NBAと選手たちは、時間と資金を意義ある活動のために提供している」というイメージが着実に積み重ねられて行った。

　数年後、「暴れん坊」のデニス・ロッドマン（Dennis Rodman）がまだいたにも関わらず、NBA選手のイメージは「生意気なごろつきの集団」から「地域を助ける心温かく優しい社会活動家」へと変わって行った。この活動は現在も継続しており、NBAの試合中継では今でもこのような公共性の高いCMを見ることができる。最近のCMでは、小学校の図書館で

「シャックと豆の木」を読むシャキール・オニール（Shaquille O'Neal、通称シャック）、幼児虐待を非難するカール・マローン（Karl Malone）、一人で成長していくのがいかに難しいかと友人・家族・先生の助けがいかに大切かを子供たちに語るA・C・グリーン（A. C. Green）が登場している。

　これらの活動が成功した大きな理由は、このキャンペーンが一過性のものではなかったことである。NBAはこのキャンペーンを継続して行うと決定し、積極的に地域貢献のプログラムに参加するよう選手に協力を求めた。彼らはどこかの慈善活動と提携するのではなく、「学校へ行こう」プログラムという独自の活動を展開した。このプログラムは、毎年夏に行われるNBAオールスター・ゲームの開催地域に住んでいる子供たちを対象に、トップ・ミュージシャンとNBAのスター選手が参加する「学校へ行こう」という名の特別イベントを開催するというものである。このイベントに招待されるのは、学校で皆勤賞をとった子供たちというわけである。この活動の結果は素晴らしいものであった。このイベントが子供たちの心を掴んだため、その地域の98％の子供たちが皆勤賞を取るようになり、毎年2万人以上の子供たちがこのイベントに招待されるまでになったのである。

■ 独自の慈善活動組織の設立

　「セインフェルド」（Seinfeld）という昔の人気番組で、俳優ジェイソン・アレキサンダー（Jason Alexander）がジョージ・コスタンザ（George Costanza）という役を演じていた。このジョージが会社からクリスマス・カードを受け取ると、そこには「年末のボーナスを支給する代わりに、あなたの名義でホームレス施設に寄付を行った」と書かれていた。ジョージは当てにしていたボーナスがもらえなかったため青くなったが、代わりにいいアイデアを思いついた。友人や同僚に、「今年はクリスマス・プレゼントの代わりに、『ザ・ワールド・ファンド』という施設に寄付を行いました」と書いたクリスマスカードを送ったのである。「ザ・ワールド・ファンド」という施設は彼が勝手に作った架空の施設で、彼は寄付などせずに自分の資金を使わなかっただけであったため、この嘘はばれ、彼は恥をかくこととなった。

Part4 Promotion

　このエピソードにも、幾分かの真実が含まれている。このジョージのように、既存の慈善団体や非営利組織と提携せずに、本当に独自の慈善活動組織を設立する企業があるのである。このような場合には、現在その地域に欠けているか不十分な慈善活動を補完するプログラムを行うのが普通である。マクドナルド社（McDonald's）の「ロナルド・マクドナルド児童慈善プログラム」（Ronald McDonald Children's Charities）がその例である。この素晴らしいプログラムは、特別な療養施設が必要な子供とその家族を助けることを目的として開始された。マクドナルド社は、病院の隣に子供の家族が宿泊できるロナルド・マクドナルド・ハウス（Ronald McDonald House）を建設し、家族に代わって医療費の一部を負担している。また、この重要なニーズを満たすために、マクドナルド社は非常に強力で素晴らしい慈善活動プログラムも同時に開始した。

　その一方で、マーケティングのためだけに非営利団体を設立する企業もある。P&G社の「シトラス・ヒル」（Citrus Hill）カルシウム強化オレンジ・ジュースを担当するマーケティング・チームは、女性にカルシウム強化オレンジ・ジュースの購入を促進させるために、医療組織を設立し運営していた。この組織の「お墨付き」を示す公認マークが、「シトラス・ヒル」カルシウム強化オレンジ・ジュースの外箱に、自慢げに印刷されていた。

　リングリング・ブラザース・アンド・バーナム＆ベイリー・サーカス（Ringling Bros. And Barnum & Bailey Circus）は、フロリダ州にある象の保護をするための非営利団体を支援しているという心温まる事実を公表している。しかし実際には、この組織は独立した非営利団体ではなく、リングリング・ブラザースが所有している組織である。この組織は米国で最も多数のアジア象を飼育しているのだが、非営利目的で飼育しているわけではなく、サーカス用の象の教育と、歳をとってサーカスから「引退した」象の飼育を行っているのである。

　提携する非営利組織をうまく選択するための原則は、もちろん存在する。以下の競争に勝つための原則で紹介したい。

> ● 競争に勝つための原則 ●
>
> 慈善活動や非営利組織との提携は、「イメージが全て」である。重要なのは、あなたの会社・ブランドがそれらの慈善活動や非営利組織を支援している理由ではなく、それらの慈善活動・非営利組織と強く結び付いていると信じてしまうような映像である。よって、あなたは人々の心が強力に動かされ、ひき付けられるような映像を使用しなくてはならない

　第三世界の飢餓に直面している子供たちの映像を使用している広告を思い出してみていただきたい。このような広告が寄付を募るのに有効なのは、「貧困な子供たち」の映像が快適な中産階級の家庭に不安を与えるものだからである。「ジェリー・ルイス募金テレビ」（Jerry Lewis Telethon）が、毎年何百万ドルもの募金を集めることができるのは、筋萎縮性の病気により手足の動きが不自由な子供たちの映像を流しているからである。この番組では「病気による悲惨さ」と「回復への希望」の両面を放送し、視聴者に「何とか（私が）助けることができないか？」、と考えさせるような仕組みになっている。そして多くの視聴者が電話を取り、寄付を約束するというわけである。

■ 小売店での店内プロモーション

　「理想追求型」のプロモーションの場合、小売店に山積みやチラシ広告などの費用を減額してもらうだけでなく、目につくような形で店内販促活動を実施してもらうことも可能である。「スペシャル・オリンピック」を効果的に使った販促活動に、「アイコン」プログラムと呼ばれるものがある。小売のレジで「スペシャル・オリンピック・メダル」を販売し、そのメダルを買った消費者は「スペシャル・オリンピック」に1ドル寄付することになる、というプログラムである。消費者はそのメダルに自分の名前を書き、小売の店内に設けられた「栄誉の殿堂」に自分が寄付した事実を示すこのメダルをぶら下げる、という仕組みである。これは大型店から小規模店まで、またスーパー・マーケットから果物店まで応用できる、素晴らしいプログラムである。

図表16-1 「理想追求型」のマーケティング

「理想追求型」の様々なパターン
提携による「理想追求型」 ・P&G社——スペシャル・オリンピック ・アメリカン・エクスプレス社——「貧困と闘おう」キャンペーン 独自の慈善活動による「理想追求型」 ・NBA——「学校に行こう」プログラム ・マクドナルド社——児童慈善プログラム ブランドの戦略的コンセプトとしての「理想追求型」 ・「ベン&ジェリー」 ・「ニューマンズ・オウン」

ハリウッド・マーケティング

　それでは、今度は「エンターテイメント」型マーケティングについて考えて行きたい。ロサンゼルスには毎日、ハリウッド・ドリームを抱いて田舎から出てくるたくさんの若者がいる。彼らは誰もが映画俳優になることを夢見ており、普通の秘書として働いていたサンドラ・ブロック（Sandra Bullock）が、映画「スピード」（Speed）で主演女優に抜擢されたのがきっかけで大女優になった、という類の様々なサクセス・ストーリーを知っている。彼らは、ハリウッドで成功するためには何かほんの少しの「きっかけ」が必要であり、その「きっかけ」さえあれば大物スターとなるのはさほど難しくないと知っているのである。

　マーケティング担当者の多くは、このような若手俳優と同じような夢を抱いている。というのは、彼らも自分の製品を競合と差別化するためには、大志を抱いてハリウッドに出向かなければならないと信じているからである。自分のブランドを大ヒットさせるためには、ほんの少しの「きっかけ」があればよいと知っている。たった1回の幸運な製品露出でもあれば、自分のブランドも「リーシーズ・ピーシーズ」（Reese's Pieces）のように大成功すると信じているのである。

■ 製品露出：「リーシーズ・ピーシーズ」の伝説的な成功

　映画「ET」は、それまでの映画の記録を塗り替えてしまっただけでなく、マーケティングにおける製品露出のルールも変えてしまった。既に記憶が薄れているかもしれないので簡単に説明すると、スティーブン・スピルバーグ (Steven Spielberg) が生みだした愛らしいエイリアンには、かわいくて魅力的な特徴がいくつかあり、そのうちのひとつが地球で手に入れた「リーシーズ・ピーシーズ」キャンディが大好物であるというものであった。この愛すべきエイリアンの特徴が、あっという間に子供たちに伝染したのである。映画が大ヒットするや否や、このピーナッツ・バターのキャンディーを、子供たちがこぞって買い始めた。小売店では在庫がなくなり、店頭に出せばすぐに売り切れるという状態となった。ある日突然製品への関心が高まったことにリース社の経営陣も驚き、より多くのキャンディーを生産できるように生産計画を修正したのであった。この映画への登場で、「リーシーズ・ピーシーズ」は一躍有名になった。エイリアンが映画の中でこの製品を食べる以前は無名のキャンディーのひとつに過ぎなかった「リーシーズ・ピーシーズ」は、一夜にして超有名ブランドとなったのである。「リーシーズ・ピーシーズ」は今日でも、この10年以上前の映画タイアップのおかげで売れ続けている。

■ 「製品露出」という賭け

　残念ながら、映画を使ってこのように成功するのは簡単ではない。俳優を志望する若者の99％がレストランのウェイターで終わるように、メーカーが行う製品露出のほとんどが何の宣伝効果もなく終わっていく。しかしこのような事実を知っていても、映画の中で製品を露出してもらうために多額の費用を支払うメーカーが後を絶たない。マーケティング担当者は皆、「自分が行う製品露出だけは第2の『リーシーズ・ピーシーズ』になるかもしれない。そうなれば、自分は『伝説のマーケティング担当者』として永遠に語り継がれる」と信じているのである。

　映画やテレビ番組での製品露出は、実は極めて大きな賭けである。成功するためには、2回の賭けに連続で勝利しなければならない。第1の、そして最も難しい賭けは、その映画が公開時に大成功するか、テレビ番組が高い視聴率を獲得するか、という賭けである。高い前評判や人気俳優が大勢出演して

いるにも関わらず、失敗する映画や番組は多い。映画や番組の成功を確実に言い当てる方法はない。ハリウッドの有名俳優の出演などは、雑誌や販促物で若干見栄えがよいという程度のことに過ぎず、映画・番組の成功とは関係ないのである。

　製品露出に関する第2の賭けは、自分のブランドが最終的にどれぐらい映画や番組に登場し、どのような場面で使用されるか、という賭けである。映画会社は企画に際し、スポンサーの製品が誰にどのように使用されるかの説明を行なう。映画会社の宣伝担当者はもしかして、映画のクライマックスで主演俳優が「コカ・コーラ」(Coca-Cola)のボトルを格好よく持ち、「ああ！　ガラス瓶から飲むコカ・コーラは、なんて美味しいんだ！」とドラマチックに語りかけると、説明するかもしれない。

　しかし、映画を製作するのは宣伝担当者ではない。映画は常に、映画監督が自分でよいと思ったシーンを撮るのである。よって、あなたが事前に説明を受けていたシーンが、必ずしも映画の中で撮影されるわけではなく、また撮影されたとしても使用されるとは限らないのである。たとえ説明を受けた通りの映像が使用されたとしても、多くの場合そのシーンはあっという間に流れてしまい、消費者に意味がある影響を与えることは難しい。

　私がP&G社で「ハワイアン・パンチ」を担当していた時、ダン・エイクロイド(Dan Ackroyd)主演のコメディに製品露出をしないかという話が舞い込んできた。当初映画会社は製品露出料として1万ドルを要求してきたが、交渉の結果、俳優とスタッフのために「ハワイアン・パンチ」を50ケース提供するだけということで話がまとまった。私は、自分が提供しただけの見返りは十分に得ることができた。確かに映画での製品露出はあったが、それはダン・エイクロイドが製品を持って「ハワイアン・パンチでも飲まないか？」と言うシーンだけであった。この映画はわずか3週間で公開が打ち切られ、今ではたまにケーブルテレビで見ることがあるくらいである。私は製品露出のために特別な費用を払わなかったこと、そして（事前に大きな期待を煽らなかったため）期待はずれの結果について経営陣に釈明する必要がなかったことに大変満足した。

■ 劇場公開時の提携

　このように高いリスクを考慮した場合、映画での製品露出を中心にして消費者プロモーションを企画するのは危険極まりない。しかしながら、ファースト・フード・チェーンなど多くのブランドが、映画と提携して劇場公開時に大々的な消費者プロモーションを行っている。マクドナルド社は、ディズニーの「ヘラクレス」（Hercules）や「ムーラン」（Mulan）といったアニメ映画と提携した大型プロモーションを行なったり、特大サイズのマック・フライ・ポテトを購入すると映画「アルマゲドン」（Armageddon）の劇場ペアチケットが当たるというキャンペーンを行ったりしている。タコベル社（Taco Bell）も、「ゴジラ」（Godzilla）、「バットマンとロビン」（Batman & Robin）など様々な映画との提携を行ってきた。バーガー・キング社（Burger King）とシェル石油社（Shell Oil）は、「アナスタシア」（Anastasia）というフォックス社（Fox Studio）のアニメ映画の公開時に、大々的な消費者プロモーションを行った。

　菓子メーカーも、映画と提携して劇場公開時に消費者プロモーションを行うことが多い。ネスレ社は、映画のキャラクターを付けた期間限定の特製チョコレートを発売したり、ディズニー社と提携して映画「ヘラクレス」の主人公にちなんだ「ヘラクレス・サイズ」の特大チョコレートを発売して大ヒットしたりした。

　映画との提携は効果的ではあるが、非常に多額の費用が必要である。映画会社はメーカーとの提携を、「（自分の金がかからない）映画の宣伝」と考えているため、メーカーとの提携契約では必ず「プロモーションの広告に、数百万ドルの費用を使う」ことを要求してくる。残念ながら多くの企業では、映画会社が要求する広告費用はマーケティング予算を超えてしまっている。

■ ビデオ発売時の提携

　もしあなたが映画との提携で成功したいのであれば、最も確実な方法はビデオ発売時まで待つことである。映画が家庭用のビデオになる時には、意思決定に必要な情報（劇場公開時の売上、視聴者の構成比、販売予測、ライセンス製品の売上、等）は全て揃っている。もちろん劇場公開時ほど華やかではないが、ビデオ発売時に提携する方がはるかにリスクが少なく、より確実

な予測が可能で、しかもさらに重要なことに費用が安い。ビデオ発売時の提携では、どれだけの費用で何を得ることができるかが極めてはっきりしているのである。

　ディズニー社（Disney）の「クラシック」アニメーション・シリーズの、典型的なビデオ発売時の販促提携先を見てみよう。「ポカホンタス」（Pocahontas）ビデオの場合、ネスレ社の製品を購入すると5ドルの割引、そしてディズニー社のビデオをもう2本購入するとさらに5ドルが割引された。ビデオの購入者はマテル社から無料のミニ・ポスターが提供され、同時にディズニー・リゾート社（Disney Resort）がディズニー・ワールド（Walt Disney World）への家族旅行が当たるキャンペーンを展開した。ビデオを購入した消費者は、このような特典を全て享受できたのである。

■■ コンサート・ツアーへの協賛

　あらゆる一流のミュージシャンが、コンサート・ツアーへの協賛を募集している。ツアー協賛の内容は、各会場の無料招待券、ポスターや看板の掲示、チケットへのブランド名の記載、コンサート中でのブランド名の露出といったものである。また、スポンサーは通常ミュージシャン自身と彼らの音楽を自社広告に利用する権利が認められる（訳注：日本では一般的に、コンサートの協賛には広告での音楽使用ならびにミュージシャンの出演は含まれていない）。一流のミュージシャンとの提携は、競合ブランドと差別化し、ミュージシャンの強い個性を借用し、音楽の感動を活用する素晴らしい方法である。コンサート・ツアー協賛の成功の鍵はスポーツ協賛と同様、コンサート会場外でのマーケティング活動、すなわち全国的な広告と消費者プロモーションに焦点を当てることである。

　ビザ社（VISA）は数年前エルトン・ジョンの全米ツアーと協賛して、素晴らしいプロモーションを展開した。クレジットカードの使用を高めるため、カードの利用明細書やテレビ・雑誌広告で大規模なキャンペーンを展開したのである。「バドワイザー」（Budweiser）は、ローリング・ストーンズが全米ツアーを行う際には常に協賛を行っている。「バドワイザー」はローリング・ストーンズを使って多くの広告を製作したが、中にはバンドのトレー

ド・マークである「ベロ（舌）」を使用してバンドの全米ツアーとは全く関係ない広告を製作したこともあった。「バドワイザー」は様々なメディアを通して、このバンドが持つ自由奔放でパワフルなイメージを、「バドワイザー」のブランド・パーソナリティに関連付けようとしている。

　ミュージシャンとの提携するメリットのひとつは、ミュージシャンのファン層を特定できるため、効果的なプロモーションの企画ができることである。例えば、炭酸飲料の「マウンテンデュー」（Mountain Dew）のように若々しく先端的なイメージを持つブランドは、シカゴ（Chicago）のような70年代のロックバンドに協賛すべきではないが、ベビーブーマー世代をターゲットとする「ドッカーズ」（Dockers）ジーンズには、シカゴは協賛相手としては最適である。通常ミュージシャンはある特定世代に強い訴求力があるため、協賛によってその世代に対してブランドのメッセージを伝えたり、消費者プロモーションを行ったりすることが可能となる。

　ミュージシャンとの契約で、差別化手段として最も効果的で意味があるのは、そのミュージシャンの楽曲の広告への使用である。素晴らしい音楽は、他の手段では得ることのできない強力な感情的つながりを構築する。ケニー・ロギンス（Kenny Loggins）の楽曲を使用したジョンソン＆ジョンソン社（Johnson & Johnson）のベビーオイルの広告は、思い出しただけで思わず泣いてしまう。あるいはレイ・チャールズ（Ray Charles）が「君は正しいものを手にしているんだよ、ベイビー！　アッハー！」と歌う「ペプシ」（Pepsi）の広告を思い出していただきたい。

　コンサート・ツアーの協賛には、プラスとマイナスの両面がある。プラスの面は、ツアーは通常何カ月もにわたって行われるため、その間にブランドとのつながりを強めてより多くの購買を促進するため、キャンペーンの活動内容を随時改善できることである。一方マイナス面とは、ツアーは数カ月に渡って組まれるが、公演は常にひとつの都市だけ（いくつもの都市で同時に公演を行うわけにはいかない）ということである。よって、キャンペーンはひとつの全国キャンペーンというより地域キャンペーンの集合体であり、効果的に実施するためには人も費用もかさむのである。

　コンサート・ツアーのもうひとつの問題点は、あなたのマーケティング活動の大半を目にするのは、チケットを購入してコンサートを見にくる消費者

だけだということである。たとえ2万人の観客を集めるコンサートであったとしても、その街の全人口と比べれば（特にロサンゼルスやニューヨークなどの大都市では）僅かなものでしかない。

> ● 競争に勝つための原則 ●
>
> もしあなたのブランドに強烈な個性が足りないのであれば、ミュージシャンとその楽曲から拝借してしまえばよい。誰もが知っている旋律や歌詞と共にあなたのブランドが現れたら、人々はあなたのブランドも人気があると信じてしまうものである

テレビ番組への協賛

　メジャーなテレビ番組への協賛は、「エンターテイメント型」のマーケティングでは最良の方法である。良い番組は多くの視聴者を継続的に捉えているため、大きな努力なしに家庭の消費者に到達できる。

　テレビ番組への協賛で最も難しい点は、番組の制作会社だけでなく、プロモーションで使用したいタレントとも契約しなければならないため、多額の費用がかかることである。もちろん、ハリウッドのタレントとの契約料は決して安いものではないが、通常テレビ番組への協賛は高価な契約料に見合うだけの価値がある。というのも、消費者に対して確実にブランドからのメッセージを伝えることができるからである。

　「ダイエット コカ・コーラ」（Diet Coca-Cola）と「ドクターペッパー」（Dr. Pepper）は、テレビ番組との協賛を最も上手に活用したブランドである。「ダイエット コカ・コーラ」はNBCの人気番組「フレンズ」（Friends）に協賛し、1996年に「番組を見れば、答えがわかる」というプロモーションを行った。このプロモーションは、「フレンズ」を見れば当選のヒントがわかる、というものであった。「ドクターペッパー」はフォックス社のテレビ番組「メルローズ・プレース」（Melrose Place）と「ビバリーヒルズ高校生白書」（Beverly Hills 90210）に協賛した。また「ドリトス」（Doritos）は、「スーパーボウル」（Super Bowl）の素晴らしいハーフタイムショーを

開発し、ハーフタイムに飽きていた視聴者を再び引きつけることに成功した。消費者はテレビを使ったプロモーションが大好きなのである！

> ● 競争に勝つための原則 ●
> テレビ番組への協賛を最大限に有効に活用したいのであれば、「番組を見れば、答えがわかる」といったようなゲームを、あなたの製品のパッケージ上で行って売上を促進すべきである

　ミス・アメリカ、アカデミー賞授賞式といった特別なイベントのテレビ番組もまた、協賛には最適の番組である。特に女性をターゲットとする化粧品や生理用品のブランドは、このようなメジャーなビューティ・コンテストへの協賛に、非常に積極的である。

中小企業のための効果的な提携

　中小企業でも、効果的な戦略的提携はもちろん可能である。たくさんのベンチャー企業が、費用をかけずに賢く戦略的提携を行っている。

　例えば、多くのスポーツ・バーでは客を引きつけるために壁にテレビを設置し、スポーツの試合を放映している。このような店はマーケティングの手段として、NCAA、NBA、NHL、NFL、NASCARなどの試合を店で放映しているが、そのための契約料を払っているわけではない。また、毎週月曜日に放送している「アリー・myラブ」（Ally McBeal）など、視聴率の高い番組を上映するためにテレビを設置しているレストランもある。

　映画やイベントのポスターを購入し、店内で活用するという方法もある。ポスターをうまく活用すれば「アトランタ・ブレーブス公認」の自転車ショップのように見せることも可能である。1度球場の売店に行きさえすれば、必要なものは全て手に入れることができてしまう。

　開催が予定されているコンサート・ツアーを活用するためには、例えば前売りチケットを数枚購入し、店内でチケットが当たるキャンペーンを行えばよい。消費者にこのキャンペーンを告知するために効果的な店内広告でもす

れば、沢山の費用を支払ったスポンサー企業と同様の効果をあげることも可能である。

慈善団体と提携して「理想追求型」のキャンペーンを実施することも、もちろん可能である。慈善団体は寄付を求めているため、どのような手段であれ、彼らに寄付する活動であれば、慈善団体は歓迎する。彼らの名前やロゴをマーケティング活動に使用することには、費用はほとんどかからないのである。

今までにないアイデアを考える

戦略的提携を企画する際は、消費者が夢中になり、思わず参加したくなるような魅力的で興味をそそられる消費者プロモーションを開発しなくてはならない。もちろん、あなたの製品を購入するようになるのが理想である。ぜひ、常識にとらわれずに、消費者の心を揺さぶるような素晴らしい消費者プロモーション案をひねり出してみていただきたい。

この章のまとめ

- 「理想追求型」のマーケティングは、競合と差別化するための優れた手段である
- 消費者は、温かい心を持ち、慈善団体に寄付する企業を好む
- 「理想追求型」のマーケティングは、企業と慈善団体双方に利益をもたらす。失敗するリスクは少なく、売上が伸びる可能性は極めて高い
- 「理想追求型」のマーケティングをブランドの核となるコンセプトに据えているブランド(「ベン&ジェリー」、「ニューマンズ・オウン」、「フルーティ・フレークス」)の多くが、既に実際に成功している
- 「理想追求型」のマーケティングにより非営利組織との提携を長期的に継続することは、自社に対する好意的なイメージを形成するのに効果的である(NBAの例)
- 独自の慈善団体を上手に設立する企業もある(ロン・マクドナルド児童慈善プログラムなど)
- マーケティング活動を映画やテレビ番組の中での製品露出を中心に計

画するのは、非常にリスクが高い
- 「エンターテイメント型」のマーケティングでは、人気のあるエンターテイメントが持っている資産を借用できる
- 映画、テレビ番組、コンサート・ツアーは、最も一般的な「エンターテイメント型」のマーケティング協賛相手である
- 「理想追求型」のマーケティングと「エンターテイメント型」のマーケティングは、中小企業の消費者プロモーションのためにも素晴らしい方法である

Part4 **Promotion**

第17章 一流企業が行う イベント活動の秘密

雑多な企業広告の洪水の中で
目立つための戦術

　フェスティバル、展覧会、博覧会など、何百万人もが見物に訪れる全国各地のイベント会場では、多くの企業が競うように自社製品の広告を行っている。スポンサー企業はびっしりとブースを設置し、なんとか消費者の注目を集めようと、企業ロゴの描かれた旗を立てたり、無料サンプルを提供したり、ゲームを行ったりしている。その中でも、常にイベントで消費者の注目を集めている企業がある。コカ・コーラ社（Coca-Cola）である。イベント会場でコカ・コーラ社が一際目立っているのは偶然などではなく、長い年月をかけてさまざまな経験を積み重ねてきた努力の結果である。

■ 企画立案以前の活動

　イベント広告で成功するかどうかについては、イベントの計画が立案される以前から既に勝負は開始されている。あなたは「アインシュタインの理論ではないんだから、計画するより前に遡ることなんかできない！」と考えるかもしれないが、あなたが考えている「計画立案」とコカ・コーラ社が使っている「計画立案」とは、同じ言葉でも全くの別物なのである。

コカ・コーラ社の計画立案プロセスは、イベントが開始される遙か以前から開始されている。例えばコカ・コーラ社の担当者は、ソルトレーク・シティが2002年の冬季オリンピックの会場に決定した1996年春より前に、自社の屋外広告を設置する場所を検討するため、この街を既に訪れていた。コカ・コーラ社はオリンピックが開催される6年も前から、高速道路、空港周辺、競技場、主要なホテルなど、広告を設置するための一等地を既に押さえていたのである。コカ・コーラ社のマーケティング担当者は、2002年冬季オリンピックのソルトレイク・シティー組織委員会と、競技場で最も目立つ場所へのコカ・コーラ社の広告の設置、競技場内の売店でのコカ・コーラ社の製品の販売、街の主要な場所への可能な限り多くの企業ロゴの描かれた旗の設置について、オリンピックが開催される4年も前の1998年には協議を開始している。

この事前計画の重要性でオリンピックの右に出るものはないが、「スーパー・ボウル」（Super Bowl）、カレッジ・バスケットボールの最終戦、アカデミー賞授賞式、各地の有名フェスティバルなどの大規模イベントでも、事前の綿密な計画は同様に重要である。このようなイベント計画の立案は、通常その年のイベントが終了すると同時に開始され、12ヵ月をひとつの周期として運営される。その年のイベントの成功と失敗をまとめた簡単なレポートを元に、翌年（次回）の計画に関してブレーン・ストーミングをすることから計画の立案は開始され、約2ヵ月でイベントに関する詳細な企画書が作成される。そして、イベントの組織委員（責任者）がこの企画書に沿ってスポンサー企業と新しいマーケティング計画を作成し、イベントを実施するため作業が本格的に開始されるのである。

■ 組織体制

コカ・コーラ社には、大規模なイベントのために「イベント広告と企業ロゴの露出」に関する専門部署がある。この部署の役割は、大規模イベントについて、イベントの専門家に戦略的な全体像と詳細な活動計画の両方を担当させることである。この部署の担当者は、イベントのマーケティング計画を策定し、イベントが開催される地域のボトラー社と様々な協議を行い、イベ

Part4 Promotion

ントの実施のために適宜アルバイトやイベント企画会社を雇ったりする。

アトランタのコカ・コーラ社にイベント専属の部署があるのと同様、各地のボトラー社にもそれぞれイベント専門の担当者がいる。彼らは毎年その地域で行われる小さなイベントから、全国的に有名なフェスティバルまで、年間100以上のイベントに参加している。

コカ・コーラ社のイベントへの取り組みは真剣そのものである。大規模なイベントでは、消費者がコカ・コーラ社の製品以外の飲料を飲むことがあってはならないと考えている。大規模なフェスティバルを見たりスポーツを観戦したりして喉が渇いた全ての消費者は、自動的にコカ・コーラ社製品を手にすることを望んでいるのである。コカ・コーラ社のイベント戦略は、「『コカ・コーラ』を欲しいと思った時、常に手の届くところにあるようにする」というブランドの流通戦略の、具体的な実践に他ならない。

コカ・コーラ社がイベント活動をどれほど真剣に考えているかについて、次のような逸話がある。コカ・コーラ社のある会議に、ボトラー社の販売員からアトランタのコカ・コーラ社の副社長にまで出世した役員が出席したことがあった。この会議の目的は今後の大規模イベントの協賛に関する検討と調整で、関係する様々な企業の担当者が計200人以上も参加していた。この会議を開始しようとした時、ある出席者がペプシのロゴがついたカップを持って会場に入ってきた。このコカ・コーラ社の役員は顔を真っ赤にして怒り狂い、この出席者に直ちに退場するように命令し、このカップをどこかに置いてきて参加者全員の前で非礼を詫びるまでは会議への出席は認めないと言い渡したのである。このように、コカ・コーラ社はたとえ社内の会議であっても、イベントを独占することを極めて真剣に考えているのである。

■■ 計画立案

コカ・コーラ社には、イベントを独占するための鍵となる、5つの計画立案ステップがある。コカ・コーラ社の活動は、必ずしも「フェア・プレー」ではなく、自社の目的を達成するために様々な戦術を駆使している。しかし誤解しないでいただきたいが、コカ・コーラ社は決して裏取引をしたり、法律に違反したり、道徳に反する行為を行っているわけではない。イベントの

スポンサーに許されるあらゆる活動で常に1番になるため、そして数あるスポンサーの中で常に特別待遇で扱われるために、表には見えない詳細な部分まで徹底して管理・運営しているのである。結果として、コカ・コーラ社はどのようなイベントでも常に最も目立つスポンサーであり、広告を設置する場所を最優先で決定できるのである。

第1のステップは、そのイベントでコカ・コーラ社が飲料を販売できるようなあらゆる場所を見つけ出し、獲保することである。まず何より重要なのは、競技場内の既存の売店である。次には、独自の売店を設置してイベント開催中に製品を売り歩くことができるような、新たな販売場所である。さらに、このイベントで飲食を扱う全ての販売者に対して、コカ・コーラ社の製品と「コカ・コーラ」のロゴ付のカップが確実に供給されるようにする。ロゴ付のカップは単なる広告ではなく、実際に消費を促進することができる。熱さと疲れを感じている消費者が「コカ・コーラ」のロゴ付カップを持っている人を見れば、自分も氷の入った飲み物を飲みたいと思うからである。そして最後に、製品の販売場所を最大化するため、自動販売機を追加で設置できる場所を探すのである。

販売場所の獲得が終了したら、第2のステップである「イベントでの露出」に移る。コカ・コーラ社の広告は、消費者がイベント会場のどこにいても必ず目にするように露出される。もしイベントがテレビ中継される場合は、必ず画面の背景に写るような場所に広告が配置される。そして製品を販売する全ての関係者に対して、販売場所で使用するための「コカ・コーラ」のロゴの描かれた看板と旗を無料で提供する。「コカ・コーラ」の露出を高めるため、試合会場だけでなく、競技場周辺の道路や駐車場に対しても、「コカ・コーラ」の看板とロゴ付の旗が提供されるのである。

私は本書の中で、一般的にイベントにおける広告はビジネスにあまり貢献しないと説明してきた。もちろん大きな企業ロゴを露出するだけでは、消費者に何の影響も与えることはできない。しかしコカ・コーラ社のイベント広告は、例外的に賢い方法である。コカ・コーラ社のイベント広告は常に製品が発売されている場所、すなわち直接消費者の購買に結びつく場所か、イベントの中心にしか設置されていない。広告の露出は常に「コカ・コーラ」を飲む爽快さと楽しさに関連する場所だけに限定され、競技場のはずれなどに

Part4 Promotion

思いつきで広告が出ることは絶対にないのである。

　この「イベントでの露出」は、第3のステップである「ブランド活性化」つながる。「ブランド活性化」とは、ブランドを戦略的コンセプトに沿うように、イベントの中で消費者に認識してもらうことである。「コカ・コーラ」のブランド戦略には、「爽快感」と「手に届く」という2つの重要な要素が含まれている。ブランド活性化の活動は全て、このどちらか、あるいは両方の要素沿う形で計画されている。

　「ブランド活性化」の実施方法は、極めて広範である。例えば、テーマ・パークでコカ・コーラ社が提供している「クール・ゾーン」(Cool Zone)と呼ばれる、暑い日に頭上のパイプから冷たい霧が噴き出して消費者を涼しくさせる施設を見たことがあるかもしれない。消費者はオアシスのようなこの施設に入り、体を冷まし、氷の入った冷たい「コカ・コーラ」を近くの自動販売機から購入することで、全身で「爽快感」を得ることができる。「いつでも、どこでも、『コカ・コーラ』は手に入る」というイメージを強化するため、毎年マイアミで行われるカエ・オーチョ・フェスティバル（Calle Ocho Festival）のような有名イベントでも、コカ・コーラ社は会場の中心に大きな舞台を設置してラテン系の一流タレントを配したイベントを開催し、常に観客の注目を集めている。このように、どのような活動である場合も、「ブランド活性化」の活動は常に「爽快感」と「手に届く」というコカ・コーラ社の2つの戦略的要素に沿う形で展開されているのである。

　第4のステップは、全ての中で最も「おべっか」を言わなくてはならない部分、「接待」である。小売のバイヤー、ボトラーの社員、販売店の責任者、レストランの責任者など、現場でコカ・コーラ社の製品販売に影響を与えそうな全ての人を招待して歓待することも、コカ・コーラ社の巧妙なイベント活動の一部である。このようなVIP待遇の顧客は、飛行機のチケット、空港からホテルまでの送迎、ホテル、食事、エンターテイメント、イベントのチケットなど、必要な物は全てコカ・コーラ社持ちで招待旅行を提供する。顧客が飛行機から降りて、次に帰るために飛行機に乗るまでの間、「快適」をモットーにサービスを尽くすのである。サービスの中には、空港からホテルの部屋まで直接荷物を運ぶことから、食事が無料で提供されるホテルのVIPラウンジへの入場許可、連れの奥方向けの特別イベント、特製のお土産などが

含まれている。イベント中には、この顧客たちはエアコンが効き、食事と飲み物が無料で提供されるコカ・コーラ社の特別ラウンジに招待される。あるイギリス人男性がこの豪勢なVIP待遇の招待旅行を評して、「王様や君主でさえ、このような接待は受けたことがないだろう」と感想を述べたほどである。

　顧客には「コカ・コーラ社は歓待の費用を惜しんでいない」という印象を与えるが、実際にはあらゆる費用の支出は明確な根拠に基づいている。接待活動は、消費者だけでなく流通関係者のコカ・コーラ社に対するブランド・イメージの強化になるため、全てのイベント活動の中で最も重要な活動のひとつである。コカ・コーラ社と楽しく働いている小売業者は、コカ・コーラ社の製品を自社の店舗やレストランでより多く扱ってくれる。これは理屈ではなく、証明済みの事実である。長期的に見れば、ホテル代、特製ラウンジ代、お土産代といった出費は、同一の流通業者のでペプシ社（Pepsi）との二者択一の入札競争を繰り広げる中では、わずかな出費に過ぎないのである。

　計画ステップの最後は「競合の排除」である。コカ・コーラ社が冷酷無比だという批判を受けるのは、この活動が徹底的であるからである。マーケティング計画策定時に、一部のマーケティング担当者が「青い悪魔」の「ペプシ」役になり、イベントに潜入してコカ・コーラ社を混乱させるようなペプシ社のマーケティング戦略を立案する。そしてこの仮想ペプシ社の計画に対して、競合の活動を排除する対ゲリラ戦略を立案するのである。競合が突いてくるかもしれない全ての弱点に対して対策を立てるために、イベントが始まる以前からこのような競合シナリオをマーケティング計画の中に盛り込んでいるのである。

　イベント開催中は、イベント会場内や周辺を巡回する特別SWAT部隊が編成され、「青い悪魔」ペプシやその他の清涼飲料が会場に侵入してイベントを台なしにしないように監視している。このSWAT部隊が何らかの競合製品の脅威を発見した場合、たとえ販売者の買い物カゴの中にたったひとつの競合製品があっただけでも、ただちにイベントの関係者に連絡を入れ、この製品を排除するように指示を出すのである。競合製品だけではなく、競合企業の広告も同様である。競合企業の広告がイベント関連の何かに掲載されていた場合、直ちに排除される。広告が既に展開されている場合には、その広告が掲載されている資産の所有者に競合の広告を取りやめるように交渉に行き、

それなりの報償を支払うことを伝える。もしあらゆる交渉に失敗した場合には、「コカ・コーラ」の巨大トラックがこの広告の前の道路に駐車することになる。そして、競合の広告は全く効果がなくなるのである。

● 競争に勝つための原則 ●

イベント・マーケティングを成功させるためには、あなたの企業規模の大小にかかわらず、以下の5つの点に細心の注意を払わなくてはならない
①消費者がどこでどのようにして製品を購入したり、無料サンプルを手に入れたりできるか（流通場所の獲保）
②イベントの中で、どうすれば独占的な広告露出を獲得できるか（もちろん、多いほうがよい）
③イベントの中で戦略的コンセプトに沿う形で参加者にブランドを認識させ、ブランドを「活性化」させるにはどうすればよいか
④イベントの招待客を最高に楽しませるには、どうすればよいか
⑤競合がイベント中に行ってくる可能性のある活動に対し、どのように察知・予測して対策を打っておくか

図表17-1　イベントを独占するための5つのステップ

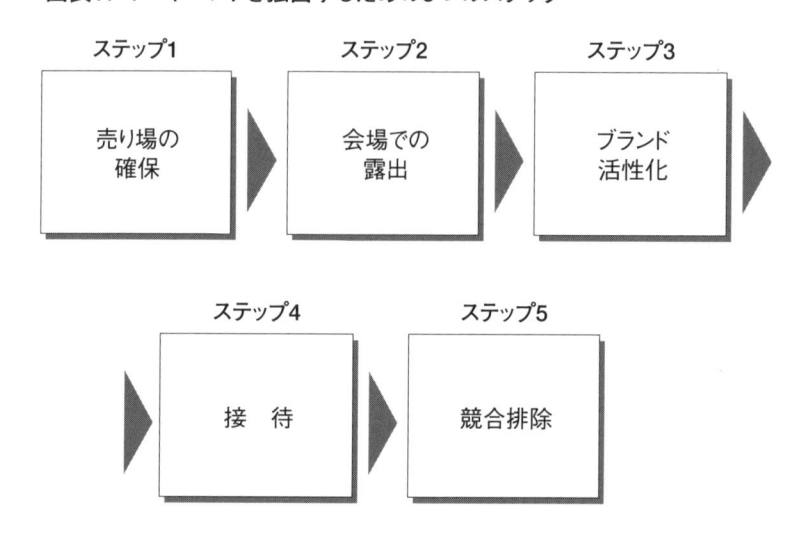

ステップ1：売り場の確保
→ ステップ2：会場での露出
→ ステップ3：ブランド活性化
→ ステップ4：接待
→ ステップ5：競合排除

企業広告の洪水の中で目立つ秘訣

コカ・コーラ社は何十年もの歴史の中で、イベントで観客を引きつけるための安くて効果的な手法・方法を開発してきた。これらの手法は「ビッグ・バン理論」(The Big Ban Theory)と呼ばれ、4つの要素で構成されている。

イベント広告の「ビッグ・バン理論」

①**大きさ**：イベントでは大きさがものをいう。より広いスペースをとれば、それだけ観客に注目を得やすい。高さも重要である。イベントではできるだけ高さのある施設を作り、空高く広告を掲載しなくてはならない

②**大胆さ**：誰もしたことがないような、常識外れの何かをしなくてはならない。P.T.バーナム（訳注：サーカスを確立した米国の興行師）のチャレンジ精神を見習うのである！

③**新しさ**：これまで誰も見たことないものを考え出さなくてはならない

④**面白さ**：観客を笑わせなくてはならない。予想もしなかった楽しさを提供できれば、観客はあなたのブランドを覚えてくれる

ビッグ・バン理論は、別に大きなテントを立ててサーカスを行えということではなく、ものの考え方である。観客はイベントでは歩き回っているため、接触できるのはほんのわずかな時間しかない。見世物小屋の客引きが、巧みな会話としぐさで観客を小屋に引き入れ、1フィート四方の小さな箱の中に体を折り曲げて入っている娘を見せるのと同様に、観客の関心を引き、立ち止まらせ、しばらくそこに滞在させなければならないのである。

コカ・コーラ社は1996年のオリンピック聖火リレーのイベントに、このビッグ・バン戦略を巧みに採用した。聖火リレーというイベントは、間違いなく「大きい」ものであった。聖火は全米の1500もの町を84日かけて通過し、聖火ランナーは「聖火が到着したぞ！」と知らせるかのようにサイレン

を鳴らしている白バイに先導されて、ゆっくりと市内を回ったのである。

　もちろんこのイベントは、どう控えめにみても「大胆」であった。コカ・コーラ社以外に、各地の都市で計1万人以上の消費者と地域の有力者を聖火ランナーにすることができる企業があったであろうか？

　オリンピックの聖火リレーは、もちろん「新しい」体験であった。おそらくほとんどの観客にとって初めてで、また2度とは体験することができない経験であった。

　そして、沿道で聖火が運ばれていくのを観ていた5000万人の観客に対しても、忘れることのできない印象が残るように様々な演出が行われた。聖火が来る前に、コカ・コーラ社の社員が沿道の観客と一緒に声援の練習を行ったり、小さな米国国旗や「私はオリンピックの聖火を見た！」と書かれたステッカーを配ったりしたのである。聖火が到着する頃には、観客はざわめき、興奮し、愛国心に火がついていた。ビッグ・バン理論の「面白さ」も踏襲していたのである。

■■ 小さな企業がイベントで成功する方法

　コカ・コーラ社がこのイベントに数百万ドルの費用を投資しているからといって、小さな企業はイベント活動に参加できないということではない。多くの場合、創造性さえあれば、予算がなくとも何とかなるのである。「ハワイアン・パンチ」（Hawaiian Punch）は、1992年のマイアミのカエ・オーチョ・フェスティバルで、わずかな費用と想像力だけで素晴らしい成功を収めることができた。カエ・オーチョ・フェスティバルとは、マイアミの全長5マイルの直線が続く目抜き通りで2日間行われる、世界中のどのようなフェスティバルとも似ていないキューバ人の祭りである。ありとあらゆる売店がこの通りの両脇に建ち並び、様々な企業やブランドが提供するイベントのステージが数ブロックごとに設置される。「コカ・コーラ」と「バドワイザー」（Budweiser）を載せたトラックは300ヤードごとに停車しており、あらゆる場所で販売されている。100万人以上の観客がこのフェスティバルを楽しむためにこの通りに集まっているため、どこを見ても人、人、人である。

　「ハワイアン・パンチ」のマーケティング担当者は、「コカ・コーラ」や

第17章　一流企業が行うイベント活動の秘密

「バドワイザー」などの莫大な予算の企業に対抗しては、このイベントで注目を集めるのは難しいと判断し、このカエ・オーチョの活動はターゲットを子供に絞りこむことにした。道路わきの中規模なテントで冷たい「ハワイアン・パンチ」を子供に無料で提供し、一緒に6フィートのひも付きのヘリウムで膨らませた大きな風船を渡したのである。この風船は「ハワイアン・パンチ」の赤色で、ブランド・ロゴとブランドのキャラクターである「パンチィー」（Punchy）が描かれていた。この風船は子供に大好評であっただけでなく、ブランドのトレード・カラーである赤色や「若くて楽しい」というイメージ強化するためにも非常に効果的であった。風船を渡しはじめてから2時間後には、100万人の観客の中に浮いている「ハワイアン・パンチ」の風船が行ったり来たりしているのを眺めることができた。ヘリウム入りの風船を提供したのは「ハワイアン・パンチ」だけであり、その効果は絶大であった。誰もがこの風船を目にし、また全ての子供はこの風船を欲しがった。「ハワイアン・パンチ」は、ヘリウムガスのタンク数本分と赤い風船の費用だけで、「コカ・コーラ」に勝るとも劣らない効果をあげることができたのである。

■ 独自イベントの開発

　小売は消費者を自社の店舗に引き寄せるため、独自のイベントを開催することが多い。駐車場でのセールの開催、フェスティバルの実施、安価な飲食露店というのが良くあるパターンである。消費者向けに独自のイベントを開発するメーカーもある。第14章で、オスカー・マイヤー社（Oscar Mayer）が「オスカー・マイヤー・ウィンナー型自動車」（Oscar Mayer Wienermobile）を活用している事例を紹介した。このイベントにより、「子供が大好きなオスカー・マイヤーのウィンナー」というブランドのコンセプトを、消費者の家庭にまで浸透させることに成功していた。また、映画会社は新しい映画の公開時には定期的にイベントを開催するし、NASCAR（米国改造自動車協議連盟）レーシング・チームのスポンサー企業もレーシング・カーを使って魅力的な店頭イベントを開催している。このような多くの成功事例から、独自のイベントを企画してみるのも価値があると考える読者も多いかもしれない。

Part4 **Promotion**

　残念ながら、答えは「ノー」である。独自のイベントの企画には、膨大な時間と費用がかかる。ウィンナー型自動車のように本当に優れたアイデアを思いつくか、非常に巧妙な戦略が立案できない限り、独自のイベントを開発するために時間・費用・労力をかけたことを後悔することになるであろう。

　私がこのように言うのは、ウィンナー型自動車のアイデアをヒントに「ハワイアン・パンチ」独自のイベントを企画し、25万ドルをも浪費した苦い経験があるからである。私は、「ハワイアン・パンチ・サーフマスター」(Hawaiian Punch Surfmaster)という、荷台部分にサーフィンができる機械を設置したトラックを開発し、以下のような企画を考えた。まず子供がサーフボードの上に乗り、ライフ・ジャケットをつけてサーフィンが始まる。サーフィン音楽が流れ、サーフボードが右左に揺れる。バランスを取るために、参加者はサーフィンの格好をしなければならない。参加者が足を滑らしたりバランスを崩した時には、参加者が落ちないようにライフ・ジャケットが支えて、膨大な量の水がトラックから流れ落ちて参加者はずぶぬれになり、1960年代の「波から落っこちた」(Wipe Out)というタイトルの音楽が流れる。楽しく、誰もが自分でやってみることができるアトラクションで、ブランド戦略に沿うものでもあった。

　当初はこの「サーフマスター」で、1日2カ所、3時間ずつのイベントを行う計画であった。「サーフマスター」のイベントを実施するためには、小売店は「ハワイアン・パンチ」を山積みしてくれるだけでよかった。我々は機械を製作し、新しいトラックを購入して「ハワイアン・パンチ・サーフマスター」とロゴを入れ、トラックの運転とイベントの司会のためにサーファーもどきの2人の大学生を雇い、準備完了と思っていた。ところが我々は、すぐにこのイベントにはとんでもない欠点があると気が付いた。

　まず、この「サーフマスター」が安全であることを証明するために、厳重な安全性のテストを行わねばならなかった。イベントのために採用した2人の大学生にも、薬物テストを受けさせねばならなかったのである。それから、保険担当の部署は、万が一の事故に備えて、会社として保険に入るかどうかを決定しなくてはならなかった。また、このイベントを告知するための販促資材も独自に開発しなければならず、そして最後に、イベントを行う小売店を確保しなければならなかった。残念ながら、我々は「波から落っこちて」し

まった。「サーフマスターは素晴らしいアイデアだ！」という「ハワイアン・パンチ」の販売担当者の言葉を信じていたにも関わらず、誰も小売店の責任者に「ハワイアン・パンチ・サーフマスター」をどう思うか確認していなかったのである。我々は小売店にこの企画を説明して回ったが、誰もこの企画に乗ってこなかった。小売店責任者は、自分の店の駐車場でこのようなイベントが行われることを望まなかったのである。我々は南カリフォルニアの300の小売店にこの企画を説明したが、企画の実施に合意したのはわずか6店のみであった。仕方がなく、小学校や中学校で昼休み時間にイベントを行うことも試みたが、学校関係者が警察に通報し、われわれは締め出されてしまった。結局、企画を開始してから3カ月後には、「サーフマスター」はお蔵入りとなったのである。

● 競争に勝つための原則 ●

自社で独自のイベントやキャラバン隊を行う時には、以下の2点を忘れてはいけない
①イベントを行う場所を、イベントの内容完成よりずっと以前から確保しておく
②消費者がイベントに参加したいと思わせるような内容にする。全ての人があなたのイベントを見て、「素晴らしい、ぜひやってみたい」と考えるなどとは、夢にも考えてはいけない

地元のテレビ・ラジオ局とのイベント活動

　参加に最適なイベントは、カレッジ・アメリカンフットボールやプロ・アメリカンフットボールのチームが主催する秋の屋外パーティーのように、一定数以上の参加者が来ることがあらかじめわかっているイベントである。また、地元のテレビ局やラジオ局の主催するイベントも、非常に効果的である。このようなメディア会社は、新たな協賛が比較的容易な地域密着型のイベントを複数、継続的に開催しているものである。
　テレビ局やラジオ局が主催するイベントの良い点は、このような企業が自

らメディアで告知を行うため、消費者の認知が非常に高まることである。このようなメディアは地元では絶対に失敗したくないため、多くの観客が来るようにイベントを宣伝し続けるのである。

● 競争に勝つための原則 ●

独立記念日の花火やクリスマスのイルミネーションなどは、消費者が魅力を感じること間違いなしのイベントである。誰でも素晴らしい花火を見たいものであるし、クリスマスのイルミネーションは冬の街の「お楽しみ」のひとつである。これらのイベントは、成功する確率が非常に高いのである

■ ブランドとの関連性が最も重要

イベントの広告を検討する際に考えなくてはならない最も重要な点は、あなたのブランド・製品とイベントとの間にを独自で明確な関連性を、ブランドの戦略的コンセプトに沿い、製品の売上を増加させるような形で見出すことができるかどうかである。難しいのは、創造力豊かに素晴らしいアイデアを考え出し、消費者を楽しませることである。スタートレック（Star Trek）のカーク船長（Captain Kirk）と宇宙船エンタープライズ号（Starship Enterprise）の乗組員のように、「今まで誰も行ったことのない世界に行く」ことが重要なのである！

この章のまとめ

- ●効果的なイベント活動は、計画立案以前の活動から開始されている
- ●効果的なイベント計画には、次の5つのステップが含まれている
    1. 製品販売に最適な場所を見つける
    2. 広告では独占的な露出を獲得する（多いほうがよい）
    3. 戦略的コンセプトに沿った形で、ブランドを活性化させる消費者プロモーションを開発する

4. 得意先のために、特別な招待プランを計画する
  5. 競合の活動を予測し、対処の方法を考える
●企業広告の洪水の中で目立つ方法は、以下の要素で構成されるビッグ・バン理論を使用することである
  ・**大きさ**：イベントの中で最も大きい、又は高さのあるものを作り、広告をできるだけ高いところに出す
  ・**大胆さ**：度肝を抜くような楽しいものを提供する
  ・**新しさ**：誰もこれまで見たことないものを考え出す
  ・**面白さ**：誰もが予期しない楽しみを提供し、観客を笑わす
●独自イベントの開発には十分注意すべきである。多くの企業が2度と使われることのない、また使う場所を見つけることができない、大きな独自イベント用のトレーラーを持っているものである
●地元のテレビ局やラジオ局はイベント活動の良きパートナーである。イベントの認知を高めるために彼らを効果的に活用するべきである

Part4 **Promotion**

第18章 ビジネスになるライセンシング

Tシャツやマグ・カップに
ライセンス供与する以上の利益をあげる

　誰かがあなたに毎月を送金してくれるため、あなたの仕事は郵便受けに届く小切手をとりに行くだけという生活ができれば、こんなに素晴らしいことはない。しかし残念ながら、囚人服を着て長期間刑務所に入ることを覚悟しない限り、マフィアを組織したり、非合法の「ねずみ講」に手を出すわけにはいかない。あなたに残された方法は、ライセンシングである。

　ライセンシングは、維持が比較的容易な儲かる仕事であり、しかも合法である。もしあなたが、他社が使用料を払ってでも使用したいような強力な商標を保有していれば、ほんの少しの労力だけで定期的に収入を得ることができる。なんと素晴らしいビジネスなのであろう！

　たぶん実際には、他社が欲しがるような商標を保有している企業は少なく、逆に「誰かの商標をライセンス供与されることで、うまいビジネスができないだろうか？」と考えている企業の方が多いはずである。これはもちろん可能であるが、多くのマーケティング担当者は、ライセンシングが一般的なマーケティング活動の範囲外にあるため、ライセンシングを「よくわからない、怖いもの」として避けてしまっている。ライセンシングに関する豊富な経験を持ち、「こつ」や基本原則を理解しているマーケティング担当者は少ない。

多くの企業にとってライセンシングは未知な分野であるため、しばしば良い事業機会、ひいては利益を逸しているのである。

■■ ライセンシングのメリット

　他社からライセンス供与を受けることには2つのメリットがある。ブランド・イメージの拡張と、ブランド認知の即時的向上である。

　「普通」の製品でも、ライセンシングによって価値の向上が可能である。ひとつ例をあげて説明してみよう。私のオフィスには、クリエイティブ・マルチメディア社（Creative Multimedia）が製作した、ハリウッド映画・ビデオに関する完全ガイドとも呼ぶべきCD-ROMがある。これは、過去65年間に製作された2万3000本のハリウッド映画のレビュー、ビデオ・クリップ、貴重な写真などが収められている、情報豊富な素晴らしいCD-ROMである。さあ、ここで問題である。消費者がこのCD-ROMにより高い価値を感じて「本格的」だと感じるタイトルは、①「クリエイティブ・マルチメディア社の映画・ビデオ完全ガイド」と②「ブロックバスター社の映画・ビデオ完全ガイド」（Blockbuster、米国で最も有名なレンタル・ビデオのチェーン）のどちらであろうか？　あなたはきっと、後者を選んだに違いない。ブロックバスター社の名前は消費者の心の中でビデオに強く結びついているため、クリエイティブ・マルチメディア社がブロックバスター社からライセンスを受けてタイトルをつければ、このCD-ROMの価値を向上させることができる。まさにこれが、ライセンシングの力なのである。

考えてみよう

> ● 競争に勝つための原則 ●
>
> **あなたの会社が製品の製造設備と流通網を持っているのであれば、ライセンシングを活用できる可能性がある。あなたの会社が現在製造している製品の中で、他社のブランドや商標を付けるだけで価値が上がったように感じるものはないか、考えてみていただきたい**

Part4 **Promotion**

■ ライセンシングのプロセス

　基本的なライセンシングは、以下の通り行われる。まず商標を持っている側（ライセンサー）が第三者（ライセンシー）に対し、ロゴ、ブランドネーム、キャラクター、登録用語、図版の使用を許可する。そしてライセンシーは通常、ライセンサーに対し最低保証額を払い、さらにライセンシングを受けた全ての製品の売上に対してロイヤルティを支払うのである。

　簡単な例を紹介したい。NBAのマイアミ・ヒート（Miami Heat）のヘッドコーチであるパット・ライリー（Pat Riely）は「スリー・ピート」（Three-Peat、3回連続で勝利することを表す）という言葉を商標登録した。現在では、この言葉を使用したい人は、誰でも必ず彼にロイヤルティを支払わなければならない。シカゴ・ブルズが1998年にNBAで3年連続優勝した時には、彼は多額のライセンス料を手にした。というのも、シカゴ・ブルズ（Chicago Bulls）の優勝に関するTシャツ、帽子、ビデオなど、「スリー・ピート」という言葉を使用する全ての企業は、彼にロイヤルティを支払わなければならなかったのである！

　もうひとつ具体的な例として、あなたは小さな時計会社を経営しているとする。消費者調査を行った結果、卒業した大学のロゴが付いた壁掛け時計に大きな需要があることが判明した。ロゴは大学の所有物であるため、裁判沙汰を覚悟しない限り、無断で時計にロゴを使用することはできない。そこで、大学名と大学のロゴをつけた時計の製造・販売に関するライセンスを供与して欲しいと、大学の担当弁護士に交渉に行くことになる。この場合、大学がライセンサーで、あなたの会社がライセンシーである。

　この契約が典型的なライセンス契約の場合には、あなたは大学側に対して、契約時に小額の契約金（金額は製品のカテゴリーによって様々）を払い、またライセンスを受けた時計の販売量に応じてロイヤルティ（交渉次第だが、通常は価格の10〜15％程度）を支払うことになる。大学側は、ライセンス契約に「最低販売数量保証」の条項を含めるように要求してくるであろう。この条項により、あなたは大学に対してある決められた数量の時計の販売を保証しなくてはならない。もし決められた数量の時計が販売できなかった場合には、あなたのライセンス権は無効になり、大学のロゴ付時計の販売権は

大学に戻ってしまう。この「最低販売数量保証」により、あなたの会社はライセンス供与された時計を一生懸命に販売しなくてはならないため、大学側は最低限の利益を確保できるのである。

　大学側はまた、ライセンス契約に「デザイン認可権」に関する条項を含めるように要求してくるであろう。これは、あなたが時計を製造・販売する前に、大学側が時計のデザインを確認する権利である。この権利により、大学側は製品や広告の上で、商標が正しい色、図柄、言葉、文脈など使用されているかを確認する。例えば、大学のキャラクターはビールを飲んだり、ライバル校のマスコットを殴ったりしてはならないのである。

　あなたの権利を守るため、この契約には「独占」に関する条項、つまり大学は他の時計会社に対してはライセンス供与を行わない、という条項が含まれるであろう。またこの権利には通常、大学キャンパス内の売店および卒業生向けのカタログでの独占的な展示・販売も含まれている。

　もちろん、実際のライセンス契約には弁護士を巻き込む必要があるため、大変な時間と労力がかかり、また極めて詳細な検討が行われる。しかし、これまで説明した内容が、基本的なライセンシング契約の概要である。

■ 大手企業がライセンス供与を行う理由

　ライセンスも供与できるような商標を保有している企業は、ライセンシー候補企業から問い合わせを受けるたびに、ライセンスを供与すべきか、すべきでないか、決断しなくてはならない。感覚的には、ライセンスを供与せずに自社で製品を製造・販売すれば、発生する利益をすべて自社のものとすることができるため、ライセンスを供与して少しばかりのライセンス料を受け取るよりかは儲かりそうである。あなたは欲に目がくらんで、自社で製造あるいは販売できないものを除いては、ライセンス供与は行うべきでないと考えるかもしれない。しかし、この考えは大きな誤りである。

　自社で製造・販売した場合とライセンス供与した場合でどのように収益が異なるかを、先ほど挙げた、大学のロゴ付の時計の事例で考えてみよう。大学側のライセンス担当弁護士の視点で、考えてみていただきたい。

Part4 Promotion

	自社で製造・販売	ライセンス供与
卸価格	12.99ドル	12.99ドル
製造原価	8.79ドル	7.79ドル
粗利益	4.20ドル	5.20ドル
間接費	2.33ドル*	なし
純利益	1.87ドル	1.94ドル**

*間接費は売上の18%と仮定
**ロイヤルティは卸価格の15%と計算

　信じられない結果かもしれないが、落ち着いて検討してみよう。この計算には3つのポイントがある。まず最初のポイントは時計の製造原価である。当然ながら大学には時計の製造設備はないため、自ら時計の事業を行うためには別の製造工場と契約しなくてはならない。製造工場側もある程度の利益を出さなくてはならないため、大学が製造する時計の原価は、自社に製造設備を持つライセンシー企業が自社内で製造する原価よりは高くなるのである。

　第2のポイントは間接費である。大学が自ら時計を製造・販売する場合、製造から販売までの業務の管理、営業、受注、製品発送などの担当者を雇わなければならない。また製造単価を下げるためにある程度の量をまとめて製造するため、製品を発送まで倉庫にしまっておく在庫費もかかる。この他に配送費、時計の在庫に対する利子などもかかってくるのである。

　そして最も重要な第3のポイントは、大学はそれまで時計事業を行っていないため、時計の小売店、つまり流通チャネルを全く持っていないということである。従って、流通チャネルは白紙の状態から、時間をかけてじっくりと開拓しなければならないのである。

　このような分析を行ってみると、大学にとって自ら製造・販売を行うことは、ライセンス供与してライセンス料を受け取る場合と較べると、決して魅力的ではないことがわかる。ライセンシングが大きなビジネスとなっているのは、まさにこの理由である。製品を販売できる独自のチャネルを持ち、メーカーとしての利益と流通としての利益の両方を獲得できない限り、ライセンス供与の方が、ライセンス供与せずに製造・販売・在庫・配送などに関する費用を全て自社で背負うよりも、常に効率的なのである。

> ● 競争に勝つための原則 ●
> 自社で流通網を開拓して製品を拡販しようと試みるよりは、自社の商標を他社にライセンス供与して収入を得た方が効率的である

■「ミッキー・マウス」（Mickey Mouse）のライセンシング会社

　ライセンシングのビジネスに関して、ディズニー社（Disney）の右に出る企業はない。ディズニー社の消費者製品部門は、毎年25億ドルもの売上がある。この売上は、テーマ・パーク、「ディズニー・カタログ」（Disney Catalog）、「ディズニー・ストア」（The Disney Store）などのディズニー社が所有している小売の売上と、それ以外のあらゆる小売からの収入という、2つの要素で構成されている。

　ディズニー社の消費者向け製品のライセンシング対する考え方は、以下の通り非常に明快である。

- テーマ・パーク、「ディズニー・ストア」、「ディズニー・カタログ」、ディズニースタジオ内の売店など、ディズニー社の所有する小売チャネルで販売される製品は、全てディズニー社が独自に製造・販売し、全ての利益を享受する
- おもちゃ屋、本屋、スーパーマーケット、デパートなど、ディズニー社の所有ではない全ての小売チャネルで販売される製品は、ディズニー社はライセンス供与を行うことでロイヤルティを得る

　この戦略で、ディズニー社は利益を最大化している。先ほど検討した、「大学はロゴ付時計をライセンス供与した方が獲得できる利益が大きい」という事例と同じことが、ディズニー社にも当てはまる。自社に適切な小売チャネルがないような製品の場合には、ディズニー社にとっても、第三者へのライセンス供与の方が、利益が多く、苦労も少ないのである。

Part4 Promotion

ディズニー社のライセンス戦略（小売チャネル別）

自社で製造・販売	ライセンス供与
テーマ・パークの店舗	自社の所有ではない小売チャネル
ディズニー・ストア	
ディズニー・カタログ	
スタジオ・ストア*	

*ディズニー・スタジオ内の店舗

　より深く理解していただくために、再び時計の事例で考えてみよう。今度は、我々はディズニー社で働いていることとする。次表の左列はディズニー社が時計を自社で製造し、テーマ・パークと「ディズニー・カタログ」で販売している場合である。右列はライセンス供与し、ディズニー社の所有ではない、「ターゲット」（Target）などの小売チャネルで販売する場合である。

	テーマ・パーク内の時計	ライセンス供与した時計
小売価格	24.99ドル	19.99ドル
卸価格	なし	12.99ドル
製造原価	8.79ドル	7.79ドル
粗利益	16.20ドル	5.20ドル
間接費	4.49ドル*	なし
ディズニー社の純利益	<u>11.71ドル</u>	<u>1.94ドル**</u>

*間接費は売上の18％と仮定
**ロイヤルティは卸価格の15％と計算

　右と左の列で微妙に異っているいくつかの数字の中でも、小売価格の違いが目立っている。テーマ・パークやディズニー社が所有している小売チャネルでは、ディズニー社が販売される環境を完全に自由にできるため、高めの価格設定が可能である。消費者は、同じ時計なら「ディズニーランド」（Disneyland）や「ディズニー・ストア」で買う方が高いと理解していながら、これらの店の「限定製品」や魅惑的な店の雰囲気などによって、ついつ

い衝動的に買い物をしてしまうのである。

　ディズニー社の戦略に関するもうひとつの特徴は、製品開発である。「ディズニー・ストア」、「ディズニー・カタログ」、ディズニー社のテーマ・パークにある製品は、ディズニー社の所有ではない一般の小売店で見つけることはできない。この戦略により、消費者は価格を気にしながら買い物をしたり、「一般の店に行けばもっと安く買える」と考えたりしなくなるのである。

　ディズニー社の所有ではない小売チャネルでは、無数のライセンシー企業によって製造・流通されたディズニー製品が販売されている。ディズニー社がライセンス供与している製品は、タオル、レジャーシートからおもちゃまで、想像できるあらゆる製品カテゴリーに及んでいる。これが米国だけの現象でないことは、ディズニー社の消費者製品部門における売上の何と58％が海外であることからも御理解いただけると思う。ディズニー社にとって、このビジネスは「美女」ばかりで「野獣」はいない、つまり大量に儲けることができるがリスクが少ないのである。あの有名なミッキー・マウスは、実際の仕事の全てを行っているライセンシーから送られてくる小切手を、ただソファーに座って待っているだけでよい。ディズニー社はこのような二段構えの小売戦略により、世界最強の小売ブランドのひとつになっているのである。

■ 正しいライセンスの活用方法

　ライセンシングのビジネスには、正しい方法と誤った方法がある。競争に勝つためには、ライセンシングを正しい方法を知っておかなくてはならない。

> ● 競争に勝つための原則 ●
>
> ライセンス供与を有効に活用できるのは、あなたの会社が既に製造設備と流通網を持っている場合であり、製品に他社のブランドや商標を付けることでその製品カテゴリーの売上をさらに拡大できる。あなたの会社が製造設備と流通網を持たない新規分野への進出には、ライセンシングを使うべきではない

Part4 Promotion

❗ マーケティング・ゴールド・スタンダード

　ホールマーク社（Hallmark）はライセンシングを効果的に活用している企業のひとつである。ホールマーク社は世界最大のグリーティング・カード・メーカーとして、消費者のあらゆるニーズに対応するため、毎年何千もの新デザインのカードを製作している。ホールマーク社は、花や一般的なイラストを用いたデザインだけでは、全ての消費者ニーズを満足させることができないという問題に直面した。そこでホールマーク社は、漫画「ピーナッツ」（Peanuts）のキャラクターである「チャーリー・ブラウン」（Charlie Brown）や「スヌーピー」（Snoopy）、「くまのプーさん」（Winnie the pooh）、「ガーフィールド」（Garfield）などのキャラクターのライセンス供与を受け、既存製品を補完する新しいグリーティング・カードの製品ラインを開発した。この戦略により、ホールマーク社は消費者のどのような気分・用途にも対応できるバラエティ豊かな製品群を提供できるようになったのである。

　ホイル・プレイング・カード社（Hoyle Playing Cards）も、上手にライセンシングを活用した企業のひとつである。ホイル・プレイング・カード社は、「スペシャル・オリンピック」（Special Olympics）30周年特別限定トランプ（寄付金付）の製造権のライセンス供与を獲得し、この新製品を利用して小売店での自社製品の棚スペースを拡大して売上の増加に結びつけた。しかも、このトランプの1組の売上につき50セントを、「スペシャル・オリンピック」に寄付したのである。

　P&G社（Procter & Gamble）で働いていた時、残念ながら全国発売には至らなかったが、ライセンシングを活用した素晴らしい製品を思いついた。これは、ケーキ・ミックス、クッキー・ミックス、ケーキ用の糖衣などのブランドであった「ダンカン・ハインツ」（Duncan Hines）の新製品であった。このブランドは全国に数箇所の製造拠点があり、また流通は全国の食料品店の約90％に配荷されていた。ライセンシング供与を受けてビジネスを拡大するために、最高の条件が揃っていたのである。

　我々はクッキー・ミックスの市場を分析し、ライセンシングを活用することで、現在の「ダンカン・ハインツ」のラインナップである普通のクッ

キー、チョコレート・クッキー、ピーナッツ・バター・クッキー以上に事業を拡大する計画を立案した。消費者調査によると、消費者は「ミセス・フィールズ・クッキー」（Mrs. Field's Cookies）などの「焼きたてクッキー」ブランドを高く評価していた。また多くの母親は、ショッピングモールのクッキー専門店で買うのと同じ味のクッキーを、自分の家で焼きたいと考えていた。

　我々はユタ州のパークシティに行き、「ミセス・フィールズ・クッキー」の責任者であるデビー・フィールズ（Debbie Fields）とライセンシング担当の弁護士に会い、「ミセス・フィールズ・クッキー」のブランドで新しいプレミアム・クッキー・ミックスを開発したいという提案を行なった。この製品の名前は、「ダンカン・ハインツ『ミセス・フィールズの手作りクッキー』」（"Mrs. Field's Home Recipe Cookies" by Duncan Hines）と予定していた。このクッキー・ミックスにより、「ミセス・フィールズ・クッキー」の店で買うのと同じように美味しいクッキーを焼くことができる、というアイデアであった。デビーはこのアイデアを大変気に入り、「ダンカン・ハインツ『ミセス・フィールズ・キッズ・クッキー』」（"Mrs. Field's Kids Cookies" by Duncan Hines）という子供向けクッキー・ミックスのアイデアを提案してくれた。このクッキー・ミックスは、「M&M」チョコレートやキャンディーなど色とりどりの菓子がクッキーの中身・飾りとして入っており、母親と子供がキッチンで一緒に楽しくクッキーを焼くことができるというアイデアの製品であった。会議は成功裡に終了し、出席した誰もがこの提携は最高の組み合わせだと信じて疑わなかった。

　我々はただちに製品とパッケージの開発を開始し、テスト・マーケットに投入するという計画を策定した。我々はこの新製品が「ダンカン・ハインツ」の売上を格段に増加させると期待していたが、残念ながらすぐに障害にぶつかり、この計画は「お蔵入り」となってしまった。「ミセス・フィールズ」の弁護士が、テスト・マーケティングの実施に当たり、P&G社に100万ドルのライセンス料を事前に支払うように要求してきたのである。この要求額は我々にとってはあまりに非常識な金額であり、交渉でも減額されることはなかったため、我々はこのアイデアを諦めざる

を得なかったのである。私はこの製品は発売されれば大ヒットになると確信していたため、この製品が発売されなかったのは今でも残念でならない。

「ミセス・フィールズ」とのライセンス契約が失敗したため、我々は「ダンカン・ハインツ・ケーキ・ミックス」のライセンシングの可能性に関して、再度検討を開始した。上司と私は、高価な鉄製のケーキ皿が家になくても、ハート、野球のグラウンド、フットボール、漫画のキャラクターの顔など様々な形のケーキを焼くことができる、使い捨ての紙製のケーキ皿を開発した。そしてコンセプト調査を行うと、子供向けの漫画キャラクターや大リーグのロゴなどが付くと、この製品に対する消費者の購入意向が格段に向上することが判明した。

我々はわくわくしながら、早速複数のライセンサーとライセンス契約の交渉を開始した。我々は最初にニューヨークの「マペット・マンション」(The Muppet Mansion)のジム・ヘンソン(訳注：Jim Henson、有名なテレビ番組「セサミ・ストリート」に登場するマペットたちの生みの親)を訪ね、「カーミット・ケーキ」(Kermit Cake)と「ミス・ピギー・ケーキ」(Miss Piggy Cake)のライセンシングに関して交渉した。P&G社は1年前にも、「マペット・ソーダ」(Muppet Soda)と名付けられた子供向けソフトドリンクの交渉のためにジム・ヘンソンを訪れていた。このソフトドリンクには、「カーミット・レモンライム」(Kermit Lemon-Lime)、「ミス・ピギー・ピンク・レモネード」(Miss Piggy Pink Lemonade)、「フォジー・ベア・オレンジソーダ」(Fozzie Bear Orange Soda)といった製品が予定されていた。この時ジム・ヘンソンは、このアイデア自体は面白いと考えたが、「自分のキャラクターを食べて欲しくない」という理由でライセンス提供には応じなかった。

ジム・ヘンソンはそれまで、「マペット・チューインガム」、「カーミット歯磨き」、「ミス・ピギー・トゥインクル」、「マペット・アイスキャンディー」などの様々なライセンス供与の話を全て断っていた。彼自身も、ライセンス供与の話を断ることで何百万ドルもの収入をふいにしていると理解していた。しかし彼は、自分のキャラクターが人に食べられるのを好まなかったため、自分の考えを変えなかった。

我々は断られることは半分承知で、「カーミット・ケーキ」と「ミス・

ピギー・ケーキ」の試作品を焼き、ニューヨーク行きの飛行機に乗り、そして彼のマンションに向かった。我々荷物を運び込んだ2階の会議室は、桜の木でできた大きな本棚と大きく長いテーブルがある、荘厳な雰囲気の部屋であった。部屋の奥には縦6フィート横4フィートの大きな「カエルのカーミット」の油絵が展示されており、左には映画「ザ・マペット・ムービー」(The Muppet Movie) に登場した大きな椅子が置かれていた。

　ジム・ヘンソンが部屋に入ってきた時、私の上司はすぐに「あなたが自分のキャラクターを人に食べて欲しくないと考えていることは知っているが、このアイデアは非常に素晴らしいので、ぜひあなた自身で試していただきたい」と言って今回の会議の要件を話し始めた。私の上司は「このケーキは、全ての子供の誕生日パーティを素晴らしいものに演出するのです！」と明快に説明し、ケーキの試作品が入っている箱を空けて、彼の反応を見守った。

　何と驚いたことに、また嬉しいことに、ジム・ヘンソンはこのアイデアを大変気に入った。彼はこのケーキを「今まで見た中で最高のアイデアだ！」と評し、食べ物にはライセンス供与をしないという彼自身の原則を、初めて変更することにしたのである！　彼は「子供の誕生日パーティーがこのケーキによって素晴らしいものになる」という我々の考えを認め、ライセンシング担当者にライセンス供与を行なうよう指示した。そして我々は、製品の第1号ライセンサーとなってくれたジム・ヘンソンに礼を言い、会議室を後にした。

　その後我々はガーフィールド、大リーグ、NFLのライセンシング担当者たちと交渉を行い、全ての担当者から我々のケーキ・ミックスに対するライセンス供与の合意を得た。交渉内容は至って単純であった。どのライセンサーとの契約も、ジム・ヘンソンとの契約と同じ条件・内容としたのである。また、あるライセンサーに対して何か追加条件を設定する場合には、全てのライセンサーに対して同様の条件が適用されるようにした。ライセンシングに関する金銭的な交渉などは数週間で終了し、いよいよこのケーキの製造と、テスト・マーケットへの発売準備にとりかかった。

　このケーキ・ミックスがテスト・マーケットの店頭に並ぶと同時に、

消費者はこの製品のまとめ買いを始めた。これは私が今まで目撃した最も驚くべき光景のひとつなのであるが、この製品を買いに来た母親の多くが5～6箱を1度にショッピング・カートに入れていたのである。こんなに大量のケーキ・ミックスを買う理由を聞くと、典型的な答えは「子供や孫が住んでいる場所ではこの製品が手に入らないため、親族が集まる次回の誕生日パーティ用に購入しておく」というものであった。郵便局は、人々がこのケーキ・ミックスを全米へ発送したため、大きな売上をあげていた。製品発売に際し、チラシを家庭に配布した以外は一切広告を行わなかったにも関わらず、6カ月分と予測していた在庫が、わずか3週間で売り切れてしまったのである

● 競争に勝つための原則 ●

ライセンシングの可能性を判断するための基準は非常に簡単である。あなたは、「このブランド・商標を付けることで、支払わなくてはならないライセンス料以上の価値を、消費者が製品に感じるか？」という、たったひとつの質問に答えればよい

■■ ライセンシングを賢く活用している製品カテゴリー

多くのTシャツのメーカーは、ライセンシング抜きではビジネスを語ることはできないし、また成り立たない。今時、真っ白なTシャツを着る人はいない。アトランタに住んでいる私の友人は小さなTシャツ・メーカーを経営しており、「フーターズ・レストラン」（Footer's Restaurant）からNASCAR、「コカ・コーラ」（Coca-Cola）までさまざまなロゴ付Tシャツを製造し、毎年数百万ドルの売上がある。しかし、彼の会社はこの業界ではまだまだ小さい方である。

ヘインズ社（Hanes）は、オリンピック・ロゴの最高の活用法を知ってい

る企業である。サラ・リー社（Sara Lee）の子会社であるヘインズ社は、サラ・リー社の全世界的なオリンピック・スポンサー契約を通じて、衣服に関するオリンピック・ロゴのライセンス権を獲得した。ヘインズ社自身は無地のTシャツなどベーシックな衣服だけを生産し、ロゴをプリントしたTシャツは製造していないため、オリンピック・ロゴをプリントする権利を（アトランタに住んでいる友人の会社のような）他のTシャツ・メーカーに対してサブ・ライセンスの提供を行った（訳注：サブ・ライセンスとは、ライセンス供与を受けたライセンシーが、さらに第三者に対して2次的にライセンス供与を行うこと）。ヘインズ社はこの賢い方法で、スポンサー契約料の全額を、サブ・ライセンシーからのライセンス料でまかなうことができたのである。

　テレビ・ゲーム業界にもライセンシングを活用している企業が多数ある。その中でも、スポーツ・ゲームのNo1メーカーであるエレクトロニック・アーツ社（Electronic Arts）は、ライセンシングを最も賢く活用している企業のひとつである。この会社は、NBAの名前がついて有名選手が実名で登場するようなバスケットボール・ゲームの方が、一般的な架空の選手が登場するバスケットボール・ゲームより、消費者の購入意向が格段に高いことに早い段階で気が付いた。レーシング・ゲームをただのレーシング・ゲームではなく、「デイトナ500 NASCAR」（Daytona 500 NASCAR）レーシング・ゲームとしたのも同様である。ライセンス供与を受けることで、支払うライセンス料以上に、消費者に対する製品の価値を上昇させることが可能である。エレクトロニック・アーツ社のゲームが、ライセンスを受けた製品ではなくて一般的なスポーツ・ゲームであれば、おそらく消費者はエレクトロニック・アーツ社の製品を購入せず、他社が販売する実在の組織・団体からライセンスを受けた「公認」ゲームを購入するであろう。

最適なライセンサーを発見する

　一般的にはどのような商標・ブランドでもライセンス供与される可能性があるため、保有している企業とライセンス契約さえできればその商標・ブランドを使用することができる。ライセンス契約を専門とする弁護士に相談すれば、その商標の所有権を確認したり、契約の交渉を行うことなどにサポー

トを受けることもできる。また、ライセンシングに関する見本市は全国各地で開催されている。あなたが既に何らかの製品の製造施設と流通網を持っているのであれば、成功の鍵はあなたの既存の事業基盤を活かして現在のビジネスをさらに拡大できるようなライセンサーを見つけることである。

　リスクの方がリターンよりもはるかに大きいため、ライセンス供与を受けて新規ビジネスへ参入しようとしてはならない。一般的には、製造や流通で規模のメリットがない限り、ライセンシングによって十分な利益を生み出すことは難しい。この理由は単純である。ライセンス供与を受ける場合には、利益の一部をライセンサーに提供しなければならない。消費者がライセンスを受けた製品に対して感じる価値が、ライセンスなしの一般的な製品に対して感じる価値より遥かに大きくない限り、支払ったライセンス料を吸収できるだけのプレミアム価格を製品に設定することはできない。ライセンシングとは、上手に使えば自分の基盤事業を拡大することができるかもしれないが、利益率の低いビジネスなのである。

この章のまとめ

- もしあなたが他社が欲しがるような商標を保有しているのであれば、ライセンス供与は素晴らしいビジネスである。送られてくる小切手を、ただソファーに座って待っているだけでよいのである
- ほとんどの商標で、ライセンス供与を受けることが可能である。そのメリットは、ブランド・イメージを拡大し、認知を即時的に獲得できることである。多くの場合、自社で事業を行うよりは、商標をライセンス供与して第三者にビジネスの面倒な部分を全て任せてしまう方が有効な場合が多い
- 唯一、あなた自身が流通チャネルを保有している場合には、ライセンス供与を行わない方がよい(例:ディズニー社が所有しているテーマ・パーク、「ディズニー・ストア」、「ディズニー・カタログ」など)
- 典型的なライセンス契約では、ライセンサーに対して一定の最低保証額と、商標を使用した製品の売上の数%程度のロイヤルティを支払う
- ライセンスが効果的なのは、あなたの会社が何らかの製品カテゴリー

で製造設備と流通網を確保している場合である。ライセンス供与を受けることで、その製品カテゴリーの事業を拡大することができる

エピローグ

　私は「本書の構成と読み方」の中で、この本を読めばあなたのマーケティングに関する考え方が永久に変わるだろうと約束した。あなたが、本書で解説された様々なマーケティングのアイデアを、「スター・トレック」(Star Trek)に登場する敵役の「ボーグ」(The Borg)のように自分の意識の中にどんどん吸収し、ビジネスを成功させることを願っている。

　単純で明確な戦略に分解していけば、マーケティングはそれほど難しいことではない。多くの企業が、一度に多くのことをしようとして失敗している。マーケティング成功の鍵は、明確な戦略的コンセプトを開発し、全てのマーケティング活動をこの戦略に基づいて計画・実施することである。

　本書から、世界的な大企業が非常に素晴らしいマーケティングを行っていること、そしてまた同時に多くの失敗を犯していることを知っていただけたと思う。大企業で成功している手法は、他のどのような企業にも応用することができる。常に正しい答えを知っている、又は必ず成功する方法を知っている人など、この世界には存在しない。例えば、ミシシッピ州のチューペロ(Tupelo)への行き方は無数にある。ある道を行けば早く到着できるかもしれないが、どの道を選んでも最終的には到着できる。マーケティングも同様である。ビジネスの目標に到達するためには多くの方法があるが、難しいのは最適な方法を見つけ出すことである。しかし同時に、到達する過程にこそ楽しみがあるのである。

　本書によって、あなたは「何か素晴らしいことをやってやろう」という気分になり、またあなたの製品は「違う、優れている、特別だ！」と訴求する決心をしていただけたことと思う。本書での私の考えが、多少なりともあなたの夢の実現に貢献できれば、幸いである。

フィードバック

　本書に関する感想や、また本書の考え方を実施した例などがあれば、ぜひ御連絡いただきたい。また、もしあなたが本書の内容について質問があれば、ご連絡いただいても構わない。本書の原書である*The Marketing Game* のホームページ、http://www.themarketinggame.com にある電子メール・アドレスで、私に連絡を取っていただくことができる。メールをいただいた方には、できる限り早い御返事させていただくように努力する。最後に、本書をお読みいただいた皆様には、心から感謝の意を表したい。いつかあなたと、どこかでお会いできることを楽しみにしている。

訳者紹介

足立　光（あだち　ひかる）

ブーズ・アレン・アンド・ハミルトン株式会社，シニア・アソシエイト．1968年生まれ．1990年一橋大学商学部卒業．プロクター＆ギャンブル社（P&G）のマーケティング部における日本・海外勤務を経て，1998年にブーズ・アレン・アンド・ハミルトン（株）入社．マーケティング・販売分野に特に強みを持つ経営コンサルタントとして，製造業・流通業などの日本・外資系企業において，全社成長戦略，ブランド戦略，新製品導入マーケティング戦略，海外進出戦略，マーケティング能力強化，販売・チャネル戦略等のコンサルティングに携わる．主な寄稿に「『消費者調査』にだまされるな！」，「流通販促の最適化」がある．

土合　朋宏（どあい　ともひろ）

日本コカ・コーラ株式会社，マーケティング本部，炭酸担当シニアマネジャー．1966年生まれ．1990年一橋大学商学部卒業．1993年一橋大学大学院商学研究科修士課程修了．CSCインデックス社を経て，1995年に日本コカ・コーラ（株）入社．調査部，経営企画部，ジュース・機能性グループ，ニュープロダクト・グループを経て現職．主な論文・調査に「国際競争力を低下させる『オーバーマーケティング』現象」（マーケティングジャーナル，1993年），「かっこいいとはどういうことか」，「ブームの秘密」，「創造性の秘密」，共訳書に「リエンジニアリング革命」（日本経済新聞社）がある．

マーケティング・ゲーム

2002年4月30日　発行

訳者　足立　光／土合朋宏
発行者　高橋　宏

〒103-8345
発行所　東京都中央区日本橋本石町1-2-1　東洋経済新報社
電話　編集03(3246)5661・販売03(3246)5467　振替00130-5-6518
印刷・製本　日経印刷

本書の全部または一部の複写・複製・転載および磁気または光記録媒体への入力等を禁じます．これらの許諾については小社までご照会ください．
〈検印省略〉落丁・乱丁本はお取替えいたします．
Printed in Japan　ISBN 4-492-55446-7　http://www.toyokeizai.co.jp/

Customer Relationship Management

CRM ［増補改訂版］

顧客はそこにいる

定本をさらに**進化させた決定版**

アクセンチュア
村山 徹／三谷 宏治
＋戦略グループ／CRMグループ 著

定価（本体2400円＋税）

主要目次

第1章	『個客』が企業を変える（Overview）
第2章	見る・創る・考える力（Strategy & Insight）
第3章	『個客』を変える力（Capability）
第4章	インサイトを支える力（DB Technology）
第5章	成長を超えて（Growth & Competition）
第6章	業界リーダーを目指すために（Industry）

東洋経済新報社

図解 マーケティング・マネジメント

最新マーケティング手法を一望

スピード経営・グローバル経営に対応した実践テキスト。

土井 秀生【著】
定価（本体1700円＋税）

▶ **市場のしくみ、顧客との関係が根本から変わった！**

マーケティングに関する様々なテーマを個別のテーマとして理解するのではなく、全体像の理解をはかったうえでそれぞれの個別のテーマがどうかわりあっているかについて解説。

主要目次
- 第Ⅰ部　マーケティングのしくみ
- 第Ⅱ部　市場分析と顧客分析
- 第Ⅲ部　マーケティング戦略とマーケティング・ミックスの役割
- マーケティング・キーターム30

東洋経済新報社

チャネル競争戦略

スティーブン・ウィーラー／エバン・ハーシュ [著]
日本ブーズ・アレン・アンド・ハミルトン [訳]

マーケット・リーダーの強さは、製品による差別化ではなく「**チャネルの力**」にある！

顧客との接点の戦略的な設計なくして、ビジネスの成功はありえない。新たな経営環境下で他社に差をつけるためのマーケティング・アプローチ。

定価（本体2400円＋税）

主要目次

第❶部 チャネルについて（再）考察する
第1章 ▶チャネル・アドバンテージ／第2章 ▶チャネル・マネジメント

第❷部 チャネル・マネジメントのプロセス
第3章 ▶ステップ1：顧客ニーズの理解／第4章 ▶ステップ2：新チャネル・コンセプトの開発／第5章 ▶ステップ3：パイロット・テスト／第6章 ▶ステップ4：迅速な全面展開／第7章 ▶ステップ5：結果の検討とチャネル修正

第❸部 チャネル・チャレンジ
第8章 ▶チャネル・コンフリクトの管理／第9章 ▶チャネルの収益性の最大化／第10章 ▶ワン・トゥ・ワンの優位性

東洋経済新報社

MBA式勉強法
HOW TO GET AN MBA
ビジネススクールの授業の徹底解剖

モーゲン・ウィッツェル 著
内田 学 監訳　山本洋介／内田由里子 訳

「経営の読み書き能力」は、こうして学ぶ

米国・英国で定評の書

◎ケース・スタディの読み方・まとめ方
◎文書と口頭によるプレゼンテーション
◎クラスでの効果的なコミュニケーション法
◎個人的ネットワークの開発と管理の仕方
◎プロジェクトの計画と実施
◎図書館での情報リソースの利用法

定価（本体1800円＋税）

MBAを最大限に活かすには？

本書は下記の方々のための**シンプル**な**スタディ・ガイド**です

・MBA取得を考えていて、実際にビジネススクールで何を学ぶのかを詳しく知りたい方
・MBAレベルのビジネス・スキルの学び方を知りたい方
・来るべきMBA体験へ向けて準備しておきたい方

東洋経済新報社

100 MBAs' Choice
The Best Management Books

MBA 100人が選んだベスト経営書

東洋経済●編

100冊分のエッセンスを1冊に集約!!
あなたは何冊読みました?

▶ **経営学のグルが書いた本**

マイケル・ポーター『競争の戦略』、フィリップ・コトラー『マーケティング・マネジメント』、ピーター・ドラッカー『プロフェッショナルの条件』など

▶ **ビジネスツールとして役立つ本**

バーバラ・ミント『考える技術・書く技術』、K・G・パレプほか『企業分析入門』、齋藤嘉則『戦略シナリオ〔思考と技術〕』など

▶ **本物の経営者が書いた本**

ビル・ゲイツ『思考スピードの経営』、盛田昭夫ほか『MADE IN JAPAN』、小倉昌男『小倉昌男 経営学』など

日本をリードするMBAが選んだ決定版!

INSEAD／インディアナ大学／エモリー大学／カリフォルニア大学／コロンビア大学／シカゴ大学／スタンフォード大学／ダートマス大学／テキサス大学／ニューヨーク大学／ノースウエスタン大学／ハーバード大学／ペンシルバニア大学／マサチューセッツ工科大学／ミシガン大学／ロチェスター大学／ロンドン大学／ワシントン大学などでMBAを取得した100人が協力

● 定価(本体1400円+税)

東洋経済新報社